A1~B2의 학습자라면 꼭 봐야 할

독일어
오류
마스터

A1~B2의 학습자라면 꼭 봐야 할

독일어 오류 마스터

초판 1쇄 발행 2023년 1월 5일

지은이 박성철·전지선·박서현·Harald Gärber
펴낸곳 (주)에스제이더블유인터내셔널
펴낸이 양홍걸 이시원

홈페이지 www.siwonschool.com
주소 서울시 영등포구 국회대로74길 12 시원스쿨
교재 구입 문의 02)2014-8151
고객센터 02)6409-0878

ISBN 979-11-6150-802-3 13750
Number 1-531111-23189999-09

A1~B2의 학습자라면 꼭 봐야 할

독일어
오류
마스터

S 시원스쿨닷컴

머리말

잘 틀리는 독일어, 바로 이렇게 막는다!
A1~B2의 학습자 오류에 대한 자가진단, 해설 및 연습문제

우리는 외국어를 말하거나 쓸 때 이런저런 오류를 범하곤 합니다. 원어민이 아닌 한, 이것은 피할 수 없는 매우 일반적인 현상입니다. 그렇다고 오류에 대해 자책하거나 창피해할 이유는 전혀 없습니다. 그건 너무나 자연스런 일이니까요. 다만 그런 오류들을 좀 더 생산적인 방향에서 발전을 위한 발판으로 활용한다면 보다 빠르고 보다 확실한 외국어 습득이 가능해질 것입니다.

중요한 것은, 오류를 단순히 어떤 잘못으로'만' 볼 것이 아니라 오히려 자기주도적 학습을 위한 중요한 자료로 활용하는 것입니다. 우리 한국인 독일어 학습자가 전형적으로 범하는 오류들과 그에 대한 해설, 그리고 그러한 오류들이 재발하지 않도록 예방해줄 연습문제를 통해 독일어에 대한 근본적인 이해와 보다 정확한 독일어 사용을 돕는 것이 이 책의 집필 목적입니다.

오류의 원인은 다양합니다. 몇 가지 예를 들어보죠. '토요일에 나는 쇼핑하러 간다'를 영어로는 "On Saturday, I go shopping"이라고 하기 때문에 독일어로도 으레 그렇게 표현할 것이라고 생각해서 "Am Samstag, ich gehe einkaufen"이라고 작문하는 학습자가 적지 않습니다. 이는 영어의 어순과 문장구조를 그대로 독일어에 잘못 적용한 사례입니다. 또 한국어로는 '나는 오늘 심심해'라고 하기 때문에 이를 그대로 옮겨 "Ich bin heute langweilig"라고 하는 경우가 있는데, 이는 물론 원어민이라면 너그럽게 잘 이해해주겠지만 사실은 잘못된 표현이고, "Mir ist langweilig heute"가 맞는 표현입니다. 왜 그럴까요? 독일어에서는 그때그때의 기분이나 정서 상태를 표현할 때 우리말에서처럼 '나'를 주어로 삼지 않고 영어와 비슷하게 비인칭 구문을 사용한다는 언어사용 관습이 존재하기 때문입니다. 어휘 차원에서 예를 들자면, 휘발유는 영어로 gasoline 또는 줄여서 gas라 부르는데, 이를 독일어로 Gasolin 또는 Gas로 표현하는 것은 옳지 않고, Bezin이 맞는 표현입니다.

오류를 유발하는 또 다른 요인은 사전에 대한 맹목적 신뢰입니다. 작문을 할 때 사전에 의존하는 것은 어쩔 수 없지만, 문제는 사전에 실린 내용을 무조건적으로 신뢰하는 태도입니다. 두 언어의 상이한 언어 규칙이나 관습에 주의를 기울이지 않고 한 언어의 요소를 다른 언어에 1:1로 옮겨올 때 매우 빈번히 오류가 발생합니다. 어느 학생이 이런 문장을 쓴 적이 있습니다: "Meine Eltern sind sehr salzig." 이게 도대체 무슨 뜻인가요? '나의 부모님은 매우 짜다'? 이 학생이 의도했던 것은 아마 예를 들어 용돈을 잘 안 주시는 부모님의 '인색함'이었을 것입니다. 이런 문장은 출발언어인 한국어 '짜다'에 1:1로 대응되는 목표언어 낱말을 독일어 사전에서 찾아 그대로 옮긴 것입니다. 물론 인색함을 표현할 때 우리말에서는 흔히 '짜다'라는 맛의 형용사를 사용하는데, 문제는 이러한 비유의 관습이 독일어에서도 똑같이 존재하리라는 보장이 전혀 없다는 것입니다. 실제로 그 어느 독일어 사전에도 salzig의 의미 속에 '인색하다'의 의미가 포함되어 있지는 않습니다. 즉 인색한 태도나 성향을 짠맛에 비유하는 것은 한국어에 고유한 표현 관습(메타퍼에 기반한)이므로 이를 묻지마 식으로 단순하게 독일어에 적용해선 안 되는 것입니다.

보다 근본적인 문제 해결을 위해서는 되풀이하여 범하는 오류의 원인을 스스로 깨닫고 연습문제를 통해 오류를 예방하는 습관을 들이는 것이 필요합니다. 물론 오류 없이 정확하고 빈틈없이 표현하는 것보다는 커뮤니케이션을 성공적으로 이어나가는 것이 훨씬 더 중요하다는 것은 누구나 알고 있습니다. 그럼에도 한국인 학습자의 전형적인 오류를 찾아내 기술한 이 책은 한국인으로서 범하는 전형적인 오류를 피하거나 함정에 빠지지 않도록 하고 독일어에서 긴가민가 하는 의심스러운 경우들을 파악하게 하며 언어적 뉘앙스에 대한 감각을 예리하게 가다듬도록 하는 여러 가지 방식으로 독일어 학습자에게 도움이 될 것입니다.

제시된 모든 사례의 선별은 저자들의 주관적인 판단에 따른 것으로, 이 책의 후속판을 위해 또 다른 까다로운 오류들을 알려주십사 독자 여러분께 부탁드립니다. 이 책을 사용하게 될 모든 독일어 학습자가 이 책을 통해 독일어에 대해 좀 더 정확하게 사용하고 깊이 있게 생각하는 습관을 들이게 되고 그럼으로써 독일어를 더 잘할 계기가 마련된다면 저자들로서는 더 이상의 보람은 없을 것입니다.

2023년 12월
저자 일동

목차

제1장

문법 오류

제2장

정서법 오류

제4장

언어 간섭에 의한 오류

제5장

문화 차이에 의한 오류

부록

독일어 해설문

이 책의 구성과 활용법

이 책은 다음과 같이 구성되어 있습니다:

(1) 오류에 관한 퀴즈
(2) 오류에 대한 해설과 대안 표현 제시
(3) 연습문제
(4) 독일어 해설 원문

▪ 오류 진단 = 퀴즈

각 표제 항목별로 가장 먼저 오류 예문이 제시됩니다. 이 부분은 학습자의 선지식과 기억을 활성화하는 차원에서 퀴즈 형식으로 제시됩니다. 이 퀴즈를 풀 단서로서 해당 문장이 사용된 언어적, 상황적 맥락과 함께 화자의 의도가 제시될 수 있고, 또 삽화가 도움을 줄 수도 있습니다. 학습자는 이 문장의 어떤 부분이 오류인지를 알아맞히는 것입니다.

이 퀴즈를 접한 후, 여러분은 잠시 책을 접고 자문해봅니다: 여기서 오류는 어떤 것일까? 그리고 왜 그럴까? 이에 대해 나의 언어감각은 어떻게 반응하는가?... 학습자의 편의를 돕고자 이 책에서는 오류를 크게 다섯 가지로 분류했고 각각의 오류 유형에 따라 챕터를 구성했습니다.

• 오류 유형 1: 문법 오류
• 오류 유형 2: 정서법 오류
• 오류 유형 3: 어휘 선택의 오류
• 오류 유형 4: 언어 간섭에 의한 오류
• 오류 유형 5: 문화 차이에 의한 오류

처음부터 확신이 들지 않는 표제 항목에 대해서는 해당 오류가 속한 유형 분류를 염두에 두고 오류를 탐색한다면 퀴즈가 좀 더 수월하게 느껴질 것입니다.

▪ 오류 처방 = 해설

 오류 처방

우리는 편지 쓸 때 서두에 '사랑하는 우리 엄마'라고 쓰곤 합니다. 그런데 독일어로 편지를 쓸 때도 한국어 어순을 그대로 옮긴 위의 예문 같은 오류가 아주 빈번하게 나타납니다. 한국어에서는 '사랑하는'이라는 동사가 '우리'라는 관형어보다 앞에 오지만, 독일어에서는 한국어의 관형어에 해당하는 소유관사가 형용사보다 앞에 옵니다.

한국어 어순	사랑하는 (동사)	우리 (관형어)	엄마 (명사)
독일어 어순	meine (소유관사)	liebe (형용사)	Mutter (명사)

물론 형용사가 앞에 오는 경우도 있습니다. 아래의 예문과 같이 lieb을 편지의 서두에서 다른 형용사와 함께 쓸 때는 가능합니다.

    Liebe nette Mama   사랑하는 다정한 엄마
    Liebe gute Mama   사랑하는 좋은 엄마

하지만 mein-, dein-, sein-, ihr-, unser-, euer- 같은 소유관사나 지시어는 언제나 형용사보다 앞에 위치합니다.

퀴즈에 대한 자신의 생각을 정리한 후, 해설 부분을 읽고 자신이 생각했던 것과 비교를 해봅니다. 이 해설은 해당 표제 항목과 관련된 오류를 설명해주는 글로, 해당 오류에 대해 보다 깊이 있게 생각해볼 기회가 될 것입니다. 제시된 모든 오류 사례 중 대략 절반 정도, 특히 입말 영역에 속하는 사례들은 저자들의 오랜 교육 경험으로부터 기억에 의존해서 재구성해낸 것입니다. 다른 절반의 사례는 작문 과제나 시험 답안지에서 뽑은 것들입니다. 여기서 주의해야 할 것은, 모든 표제 항목이 똑같은 정도로 틀린 것은 아니라는 점입니다. 어떤 때는 맞는 것도 있긴 하지만, 예를 들어 지금은 더 이상 사용하지 않는 아주 오래된 표현도 있습니다. 어떤 오류는 다른 대안 표현에 비해 덜 적합한 대안에 불과할 수도 있습니다.

오류의 인지, 확인을 넘어서 궁극적으로 그러한 오류를 범하지 않기 위해서는 대안 표현이 매우 중요합니다. 대안 표현을 잘 숙지해놓는다면 보다 정확한 독일어 사용이 가능하겠지요.

 MP3 음원 무료 다운로드
germany.siwonschool.com
홈페이지 접속 ▸ 학습 지원 센터 ▸ 공부 자료실에서 다운로드 가능

▪ 오류 예방 = 연습

해설에 이어 연습을 통해 오류의 원인과 또 다른 대안들을 다시 한번 탐구해볼 수 있습니다.

적절한 어휘와 낱말 형태를 써넣는 주관식 단답형 외에도 문장 연결해 쓰기, 정확한 어순 배열하기, 보기에서 골라 넣기, 우리말로 옮기기, 자유롭게 답변하기 등 다양한 문제 유형을 통해 학습자는 독일어 어휘의 정확한 용례를 습득할 수 있습니다. 모든 연습문제는 학습자로 하여금 적절하고 올바른 낱말을 선택하고 통사적 환경에 맞게 구사하도록 구성되어 있습니다. 예문에 등장하는 모든 낱말은 현대 독일어의 필수 어휘로서, 반복적으로 문제를 풀고 연습한다면 빈번하게 되풀이되는 오류를 학습자 스스로 인지하고 줄여 나갈 수 있을 것입니다.

연습문제를 충실하게 풀어 본 다음 별도로 첨부된 [정답]과 비교분석해 볼 것을 권합니다. 학습자 입장에서 어쩌면 난제로 여겨질 수 있는 오류의 교정과 예방은 반복적인 연습을 통해 분명 가능하다는 사실, 위로가 되지 않나요?

▪ 독일어 해설문

1

„Liebe meine Mama,"

(Zu Beginn eines Briefes.) Interferenz mit 사랑하는 내 엄마? Verwechslung mit der Verbalphrase „ich liebe meine Mama"? „Liebe nette Mama", „liebe gute Mama" oder ähnliches wäre denkbar, wenn auch nicht sehr üblich, doch ein Possessivpronomen wie *mein-* oder Zeigewörter wie *du* müssen immer vor dem Adjektiv stehen, hier also „meine liebe Mama". Ähnlich: „ach, *du* lieber Himmel!" oder „mein liebes Kind".

2

„Er ist ein alter junger Mann."

본서에는 한국의 독일어 학습자에게 빈번하게 나타나는 오류에 대한 원어민 교수자의 해설이 원문으로 제공되어 있습니다. 각 표제 항목의 순서에 일치하게 배열되어 있으므로 원어민이 느끼는 오류의 원인과 문제점을 여러분의 시각과 비교해 보는 것도 흥미로울 것입니다. 독일어 해설문은 초급 이상의 학습자에게는 독해 연습을 하기 위한 훌륭한 읽기 자료입니다. 재미도 있고 유익하기도 한 독일어 읽기 자료를 만나기가 어렵지 않으셨나요? 마치 옆에서 이야기해 주는 듯한 자연스러운 문체 속에 군데군데 숨어 있는 독일식 유머를 발견하는 재미를 느껴 보시기 바랍니다!

문법 오류

01 사랑하는 나의 엄마,

 ## 오류 진단

오류를 찾아 고쳐보세요.

Liebe meine Mama,

[편지의 서두에]
사랑하는 나의 엄마에게

고친 문장 _____

 ## 오류 처방

우리는 편지 쓸 때 서두에 '사랑하는 우리 엄마'라고 쓰곤 합니다. 그런데 독일어로 편지를 쓸 때도 한국어 어순을 그대로 옮긴 위의 예문 같은 오류가 아주 빈번하게 나타납니다. 한국어에서는 '사랑하는'이라는 동사가 '우리'라는 관형어보다 앞에 오지만, 독일어에서는 한국어의 관형어에 해당하는 소유관사가 형용사보다 앞에 옵니다.

한국어 어순	사랑하는 (동사)	우리 (관형어)	엄마 (명사)
독일어 어순	meine (소유관사)	liebe (형용사)	Mutter (명사)

물론 형용사가 앞에 오는 경우도 있습니다. 아래의 예문과 같이 lieb을 편지의 서두에서 다른 형용사와 함께 쓸 때는 가능합니다.

Liebe nette Mama　　　　사랑하는 다정한 엄마
Liebe gute Mama　　　　사랑하는 좋은 엄마

하지만 mein-, dein-, sein-, ihr-, unser-, euer- 같은 소유관사나 지시어는 언제나 형용사보다 앞에 위치합니다.

meine lieben Eltern	사랑하는 나의 부모님
seine große Leistung	그의 위대한 업적

이러한 어순은 놀라움, 반가움, 당황스러움, 어이없음을 표현하는 관용적인 감탄문에서도 나타납니다. 아래 예문에서 du 같은 지시어도 형용사 앞에 오는 것을 확인할 수 있습니다.

Ach, **du** lieber Himmel!	맙소사! / 아이고, 하느님! / 아이고, 세상에나!
Ach, **du** meine Güte!	맙소사! / 저런! / 아이고, 이를 어쩌나!

독일어에서 소유관사를 포함한 관사류는 모두 형용사보다 앞에 위치합니다. 관사류에는 소유관사 (mein-, dein-), 지시관사(dies-, jen-), 부정관사(all-, einig-, viel-)가 포함됩니다.

mein neues Auto	나의 새 차
dieser kleine Tisch	이 작은 탁자
manche großen Männer	몇몇의 큰 남자들
alle guten Dinge	모든 좋은 것들

연습문제

주어진 낱말들을 올바른 순서로 배열해보세요.

1. Müller / lieber / Herr / !

   → _____

2. liebe / Zeit / du / ! / ach /,

   → _____

3. Frau / Kerber / liebe / ,

   → _____

4. Gäste / lieben / für / unsere

   → _____

5. liebe / viele / Grüße

   → _____

고친 표현: Meine liebe Mama,

기준치보다 더하거나 덜하거나

 오류 진단

오류를 찾아 고쳐보세요.

Er ist ein alter junger Mann.

[40대 남자에 대해]
그는 젊은이치고는 나이가 좀 있어.

고친 문장 _____

 오류 처방

젊은 남자(junger Mann)는 나이가 더 들면 어떻게 불릴까요? 비교급을 사용해서 älterer junger Mann(더 나이든 젊은 남자)이 될까요? 아닙니다. 독일어로는 그렇게 표현하지 않고, 오히려 '비교적 젊은', '아직은 젊은' 남자라는 의미로 jüngerer Mann이라고 표현합니다. jung의 비교급인 jünger가 비교의 대상 없이 단독으로 쓰이는 경우, 어떤 특정의 연령대보다 더 젊은 남자가 아니라 비교적 젊거나 아직 젊은 남자(jüngerer Mann)라고 할 수 있습니다. 이와 같이 비교의 구문(대체로 형용사+er als -)이 수반되지 않는 비교급 형태를 '절대 비교급'이라고 합니다.

alter Mann은 나이가 아주 많은 남자를 가리킵니다. 노령으로 거동이 약간 불편할 수도 있는 전형적인 백발 노인을 떠올리면 됩니다. 그렇다면 älterer Mann은 alter Mann보다 나이가 더 많은 남자일까요? 아니지요. älterer Mann은 alter Mann보다 나이가 더 많지 않습니다. älterer Mann은 alter Mann보다 더 늙은 남자가 아니라 거꾸로 덜 늙은, '비교적 늙은', '아직 많이 늙지는 않은' 남자입니다. älterer Mann은 대략 5-60대 정도의 중장년 남자를 가리킵니다.

jung (10-30 Jahre)   jünger (30-50 Jahre)   älter (50-70 Jahre)   alt (über 70 Jahre)
⟵———⟶

위의 연령 척도에서 양극단에 위치한 jung과 alt는 각각 가장 낮은 연령대와 가장 높은 연령대를 가리키고, 그 사이에 있는 jünger는 jung보다 더 높은 연령을, 그리고 älter는 alt보다 더 낮은 연령을 가리 킵니다. 이와 같이 비교의 구문이 수반되지 않는 특수한 형태의 절대 비교급은 그 형태적 특성과 달리 원급보다 덜한 정도를 나타냅니다. 따라서 20세의 남자를 ein junger Mann이라고 부르는 경우에는 상대적으로 더 나이든 3~40대의 남자를 ein jüngerer Mann이라고 부르고, 80세의 남성을 ein alter Mann이라고 부르는 경우에는 상대적으로 덜 나이든 60-70세의 남성을 ein älterer Mann이라고 부릅니다. 여기서 중요한 규칙 한 가지를 알게 되는군요! 즉 절대 비교급이 가리키는 의미영역은 척도의 양극단으로부터 좀 더 가운데에 가깝게 위치한 영역이라는 것입니다.

독일사람도 한국사람처럼 누군가 자신을 실제 나이보다 더 젊게 봐주면 좋아합니다. 젊어질 수는 없어 도 젊게 보이고 싶은 것은 인류의 보편적 욕망이겠지요. 40대 후반의 남성에게 '이봐요, 젊은이(junger Mann)!'라고 말을 걸어주면 아마 아주 기뻐할 겁니다. 혹은 옷가게의 점원이 40대 후반의 남성 고객에 게 'Das Hemd steht Ihnen aber gut, junger Mann!'이라고 하면 이 남성 고객은 우쭐하고 기분이 좋 아져서 어쩌면 그 옷을 살지도 모르겠네요.

연습문제

짝지은 표현의 의미 차이를 설명해보세요.

1. ein neues Haus - ein neueres Haus

2. mein alter Kollege - mein älterer Kollege

3. junge Leute - jüngere Leute

4. ein kurzer Rock - ein kürzerer Rock

5. eine alte Stadt - eine ältere Stadt

고친 표현: Er ist ein **jüngerer** Mann.

앞에서 말한 그 …

 ## 오류 진단

오류를 찾아 고쳐보세요.

Sie hat eine Vase geschenkt bekommen.
Sie sagt, dass eine Vase von ihren Eltern ist.

그녀는 꽃병을 선물 받았어. 그녀가 말하기를, 그 꽃병은 부모님이 주신거래.

고친 문장 _____

 ## 오류 처방

한국인이 독일어를 배우면서 어려워하는 것 중 하나가 바로 관사입니다. 한국어에는 관사가 없기 때문에 더 어렵게 느껴지고, 게다가 부정관사와 정관사를 구분해서 써야 하니 고역이 아닐 수 없습니다. 그렇다면 부정관사는 도대체 언제 써야 하는 것일까요?

부정관사는 대화나 텍스트에서 뭔가를 처음으로 도입하는 경우, 또는 상대방이 들어본 적 없는 것이거나 그것에 대해 아무것도 모를 때 사용됩니다. 두 번째 언급할 때나 상대방이 이미 알고 있다고 전제할 때, 이 세상에 단 하나만 존재하는 것을 가리킬 때는 정관사를 사용합니다(예: die Sonne, der Mond 등). 이와 같이 '정해져 있음' 또는 '알려져 있음'을 나타내는 문법적 수단 가운데 하나가 바로 독일어의 정(定)관사입니다. 반면에 '(아직) 정해져 있지 않음' 또는 '(아직) 알려져 있지 않음'을 나타내는 것이 부정(不定)관사입니다.

위 예문의 두 번째 문장에서 거론된 '꽃병'은 앞 문장에서 이미 도입되었으므로 그 때부터는 대화 참여자들에게 '알려진' 개체가 됩니다. 이처럼 알려진 개체를 가리킬 때는 정관사를 쓰는 것이 맞습니다.

이 두 종류의 관사를 적재적소에 사용하는 일이 우리에게는 특히 어렵게 느껴질 수밖에 없습니다. 그렇지만 '연습이 대가를 만든다'(Übung macht den Meister)라는 말처럼 수많은 사례를 접하다 보면 부정관사를 써야 할지 정관사를 써야 할지 언젠가는 자연스레 알게 될 것입니다.

빈 칸에 부정관사 ein- 또는 정관사 der/die/das의 올바른 형태를 써넣으세요.

1. A: Entschuldigung, gibt es hier _____ Supermarkt?

   B: _____ nächste Supermarkt liegt am Marktplatz.

2. A: Entschuldigung, wo ist bitte _____ Hilton-Hotel?

   B: _____ Hilton ist gleich da drüben.

3. A: Entschuldigung, gibt es hier _____ Bank?

   B: _____ nächste Bank ist _____ City-Bank da vorne an der Ecke.

4. A: Entschuldigung, gibt es hier _____ Post?

   B: Ich glaube, _____ nächste Post ist in der Königstraße.

5. A: Entschuldigung, wo ist _____ Café, in dem immer die Prominenten sitzen?

   B: Ach, Sie meinen _____ *Pascha*? _____ Café gibt es nicht mehr.

6. A: Entschuldigung, wo ist _____ Blumenladen *Rosenstolz*?

   B: Sie suchen _____ Blumenladen? Tut mir leid, hier habe ich noch nie _____ Blumenladen gesehen.

7. A: Können Sie mir _____ Buchladen empfehlen?

   B: Ja, in der Königstraße ist _____ Buchgeschäft.

8. A: Haben Sie _____ neue Buch von Günter Grass?

   B: Na klar, und auch_____ älteren Bücher von ihm.

고친 표현: Sie hat **eine** Vase geschenkt bekommen. Sie sagt, dass **die** Vase von ihren Eltern ist.

04 내가 지금 느끼는 것

오류 진단

오류를 찾아 고쳐보세요.

Ich bin langweilig.

나 지루해.

고친 문장

오류 처방

이 세상의 수많은 사람들 중에는 상대방을 지루하게 만드는 사람이 있을 수 있습니다. 하지만 본인이 그런 사람이라고 자칭하는 것은 듣는 사람 입장에서 좀 불편하지 않을까요? 그러나 예시 문장이 의도한 바는 본인이 '지루한 사람'이라는 범주에 속한다는 것이 아니라 어떤 특정한 상황에서 '지루함을 느꼈다'는 것입니다. 이와 같이 어떤 특정한 시점이나 상황에서 갖게 되는 감정 또는 감각을 표현할 때는 3격형 또는 비인칭 구문을 사용합니다.

Mir ist langweilig.	나 지루해.
Es ist (mir) langweilig.	나 지루해.

좀 더 고상한 표현으로 ich bin gelangweilt라고 할 수도 있습니다.
같은 맥락에서 ich bin interessant라는 표현도 ich bin ein interessanter Mensch라는 것을 표현하려한 것일 수 있겠지만, 본인 스스로에 대해 이런 표현을 쓴다는 것은 그다지 좋게 들리지는 않습니다. 다른 사람에 대해서라면 다음과 같이 쓰는 것이 가능합니다.

Dein älterer Bruder ist ein wirklich interessanter Mann.
네 형은 정말 흥미로운 남자야.

하지만 이보다 더 일반적인 용법은 주어를 사물로 표현하는 것입니다.

Der Film **ist** interessant.	그 영화 흥미로워.
Die Rede **ist** interessant.	그 연설 흥미로워.
Das Thema **ist** interessant.	그 주제 흥미로워.

1인칭 ich를 주어로 해서 내가 어떤 것에 관심이 있다고 할 때는 다음과 같이 finden을 쓰는 것이 좋습니다.

Den Film **finde** ich interessant.	나는 그 영화가 흥미롭다고 생각해.
Die Rede **finde** ich interessant.	나는 그 연설이 흥미롭다고 생각해.
Das Thema **finde** ich interessant.	나는 그 주제가 흥미롭다고 생각해.

연습문제

우리말로 옮겨보세요.

1. Mir ist langweilig.

2. Ich habe Langeweile.

3. Das finde ich langweilig.

4. Ich fühle mich gelangweilt.

5. Die Fernsehsendung *Das aktuelle Sportstudio* ist sehr interessant.

6. Ich bin sehr an Musik interessiert und höre jeden Tag den MelonPlayer.

고친 표현: Mir ist langweilig. 또는 **Es ist** langweilig.

문법 오류

Level A1

05 날씨에 의한 감각

📋 오류 진단

오류를 찾아 고쳐보세요.

Ich bin heiß.

나 더워.

고친 문장 _____

💊 오류 처방

독일인이 위의 예문을 들으면 불필요한 오해가 생길 수 있으니 조심해야 합니다. heiß, warm, kalt 같이 온도를 나타내는 낱말들은 어떤 인칭을 주어로 사용하느냐에 따라 완전히 다른 의미가 되어버리기 때문입니다. 1인칭을 주어로 할 경우, ich bin heiß란 '나는 (성적으로) 매력적이다'거나 심지어 '나는 (성적으로) 흥분해 있다'는 것을 뜻합니다. 3인칭 사람을 주어로 할 경우, er ist warm은(남자에 대해서만 매우 폄하적으로 쓰이니 주의할 것!) 그가 동성애자라는 것을 뜻하고, er/sie ist kalt는 '그/그녀는 감정이 없다', '공감능력이 없다' 또는 '불감증이다'(여자에 대해서만 매우 폄하적으로 쓰이니 주의할 것!)로 이해할 수도 있습니다.

예문의 의도처럼 더위, 추위 같은 기온이나 날씨에 의해 생긴 주관적 감각을 나타내려면 주어 자리에 3격 인칭대명사를 사용하거나 비인칭 구문을 사용하여 다음과 같이 말해야 합니다.

나 더워	Mir ist heiß.	Es ist (mir) heiß.
나 따뜻해	Mir ist warm.	Es ist (mir) warm.
너 춥니?	Ist dir kalt?	Ist es dir kalt?

1. heiß / warm / kalt 일 수 있는 것에는 어떤 것이 있을까요? 각각의 낱말에 대해 몇 가지 씩 예를 들어보세요.

   (1) Heiß sein kann z. B. Kaffee, _____, _____, _____ ….

   (2) Warm sein kann z. B. _____, _____, _____ ….

   (3) Kalt sein kann z. B. _____, _____, _____ ….

2. 빈 칸에 알맞은 말을 보기에서 골라 올바른 형태로 써넣으세요.

   (1) Jetzt ist _____ heiß. Ich schwitze so sehr!

   (2) Draußen sind _____ jetzt 38 Grad! Heute ist es heißer als gestern.

   (3) Die Wohnung kostet mit allen Nebenkosten 750 Euro _____.

   (4) Die Wohnung kostet ohne Nebenkosten 550 Euro _____.

   (5) Der letzte Sommer war angenehm _____. Die Temperaturen waren nicht sehr hoch.

   (6) Pass auf, dass du dir nicht mit der _____ Suppe den Mund verbrennst.

   (7) In dieser Gegend weht im Winter normalerweise ein _____ Wind von Norden.

   (8) Auf meinen Vorschlag hin hat mir mein Chef leider die _____ Schulter gezeigt.

보기	warm	warm	es	kalt	kalt	kalt	heiß	mir

고친 표현: **Mir ist** heiß. 또는 **Es ist** heiß.

문법 오류

06 안부 묻고 표현하기

Level A1

오류 진단

오류를 찾아 고쳐보세요.

A: Wie geht es dir?

B: Danke, ich bin gut!

A: 잘 지내?

B: 고마워, 나 잘 지내!

고친 문장 ________________________________

오류 처방

안부를 묻는 인사말에 Ich bin gut이라고 대답하셨나요? 그렇다면 무엇을 그렇게 잘 하시나요? 수영? 외국어? 아니면 혹시 소주 마시기? Ich bin gut이라는 표현은 어떤 것을 '잘한다'라는 뜻이므로 '잘 지내고 있다' 또는 '기분이나 몸 상태가 좋다'는 안부의 표현이 될 수 없습니다.

Ich bin richtig **gut** in diesem Spiel.
나는 이 게임을 정말 잘한다.

Ich bin **gut** in Deutsch.
나는 독일어 과목 성적이 좋다.

'잘 지낸다'는 뜻으로 gut을 쓸 때에는 비인칭 구문 es geht을 활용해야 올바른 표현이 됩니다.

Mir geht es gut / prima, Danke!

Danke, **mir geht es** gut / toll!

Es geht mir nicht besonders gut.

다음은 애잔한 3격 시입니다. 빈 칸에 알맞은 말을 보기에서 골라 올바른 형태로 써넣으세요. 어떤 동사가 3격 목적어와 함께 사용되는지 주의하며 큰 소리로 읽어보세요. (복수 정답 가능)

Das Buch gehört mir und _____ mir,

Doch das Lesen fällt so schwer mir,

Denn vom Lesen raucht der Kopf mir.

Kaffee _____ mir, gar nichts nützt mir

nichts gelingt mir, alles schlecht hier!

Dir? Ich garantier dir:

Pizza _____ dir, Kaffee nützt dir,

Rotwein _____ dir.

Spiel am Klavier mit viel Gespür, gönn dir ein Bier,

doch nicht vor vier, und konzentrier

dich. Hast du kapiert?

보기	fehlen helfen gefallen schmecken

고친 표현: A: Wie geht es dir?
B: Danke, **mir geht es** gut!

과거에 있었던 일

오류 진단

오류를 찾아 고쳐보세요.

Wenn ich ein Kind war, hatte ich oft Streit mit meinen Brüdern.

어렸을때 나는 형제들과 자주 싸웠지.

고친 문장 _____

오류 처방

과거에 일어난 일을 표현할 때 접속사로 wenn을 쓰느냐 als를 쓰느냐의 문제는 그렇게 복잡하지 않습니다. 하지만 여기서 오류가 잘 나타나는 이유는 영어 표현(when I was a child)과 혼동하기 때문입니다. 그러나 독일어에서 시간을 나타내는 접속사로 wenn을 사용하는 경우는 과거에 되풀이하여 일어났던 일을 묘사할 때입니다. 빈번하게 일어났던 일이라는 것을 더 분명하게 표현하려면 immer(,) wenn 을 쓸 수 있습니다.

> **Der Winter in meiner Kindheit war sehr schön. Wenn es schneite, gingen wir Ski fahren.**
> 어린 시절의 겨울은 아주 멋졌어. 눈이 내릴 때면 우리는 스키를 타러 가고는 했지.

> **Immer wenn ich die Großeltern besuchte, …**
> 조부모님 댁을 방문했을 때마다 늘 …

하지만 오류 예문에서처럼 누군가 어린아이였다는 사실은 반복되지 않는 일회적인 사건이나 과정입니다. 즉 한번 지나가면 다시 오지 않지요. 아이였던 순간은 인생에서 단 한 번뿐입니다. 이와 같이 과거에 일어난 일회성의 사건이나 과정을 묘사할 때는 als로 표현합니다.

wenn은 영어 when과의 형태적 유사성 때문에 혼동하기 쉬우나 본디 조건문을 이끄는 접속사입니다.

Du wirst bald wieder gesund sein, wenn du mal ausruhst.
좀 쉬면 곧 다시 건강해질거야.

연습문제

빈 칸에 시간을 나타내는 접속사 als 또는 wenn을 써넣으세요.

1. Jeden Abend, _____ er nach Hause kam, ging er direkt ins Wohnzimmer.

2. Die Sitzung begann, _____ alle anwesend waren.

3. Es wird rasch kühl, _____ die Sonne hinter einer Wolke verschwindet.

4. _____ es Abend wird, werden wir aufhören zu arbeiten.

5. _____ er um 18 Uhr nach Hause kam, ging er direkt ins Wohnzimmer.

6. Ich war 10 Jahre alt, _____ ich zum ersten Mal Englisch gelernt habe.

고친 표현: **Als** ich ein Kind war, hatte ich oft Streit mit meinen Brüdern.

08 부가? 서술?

 ## 오류 진단

오류를 찾아 고쳐보세요.

Viel lesen ist am besten Methode zum Deutschlernen.

많이 읽는 것이 독일어를 배우는 가장 좋은 방법이야.

고친 문장 _____

 ## 오류 처방

형용사가 가리키는 특성 또는 속성의 가장 높은 단계를 나타내는 최상급 형태는 명사와 결합할 때 언제나 정관사나 소유관사와 함께 사용됩니다.

Sie ist **die beste** Mutter der Welt!   그녀는 세상에서 가장 훌륭한 어머니야!

Von allen Müttern ist sie **die beste**.   모든 어머니들 중에서 그녀가 최고야.

Du hast viele gute Ideen, aber das ist **deine beste**.
너는 좋은 아이디어가 많네. 그런데 이것이 네 것 중에 최고야.

Das ist **das Beste**, was ich heute gehört habe.
이게 내가 오늘 들은 것 중에 최고야.

그런데 최상급 형태를 마치 부사처럼 사용하려면(가장 ~하게) am -sten의 형태로 써야 합니다.

Sie singt **am besten**.   그녀가 노래를 가장 잘 불러.

Das schmeckt **am besten**.   이게 제일 맛있어.

Ehrlich währt **am längsten.** [격언]   정직이 가장 오래 간다.

따라서 오류 예문은 최상급의 두 가지 방법으로 고쳐쓸 수 있습니다.

Viel lesen ist **am besten** zum Deutschlernen.
많이 읽는 것이 독일어 배우기에 가장 좋아.

Viel lesen ist **die beste** Methode zum Deutschlernen.
많이 읽는 것이 독일어를 배우는 가장 좋은 방법이야.

연습문제

1. 빈 칸에 알맞은 최상급 형태를 써넣으세요.

(1) Wer schreibt schneller, Judith, Sarah oder Hanna? - Hanna schreibt

_____.

(2) Was ist los? - Oh Gott, ich habe die _____ (wichtig) Sache vergessen.

(3) Das sind die _____ (teuer) Schuhe, die ich je gekauft habe. - Es sind

aber auch die _____ (elegant), die du je hattest.

(4) Was sind denn Ihre _____ (neu) Reisepläne? - Ich würde

_____ (gern) nochmal nach Island fahren.

(5) Bei Oma schmeckt es immer _____ (gut).

(6) Der dümmste Bauer hat immer die _____ (dick) Kartoffeln. [속담]

2. 물음에 자유롭게 답해보세요.

(1) Was machen Sie am liebsten?

(2) Was können Sie am besten?

(3) Welchen Film finden Sie am interessantesten?

(4) Was essen Sie am meisten?

(5) Was mögen Sie am wenigsten?

고친 표현: Viel lesen ist **die beste** Methode zum Deutschlernen.

09 전체와 각자

 ## 오류 진단

오류를 찾아 고쳐보세요.

Jede Studenten müssen am Wochenende lernen.

모든 대학생은 주말에 공부해야 해.

고친 문장 _____

 ## 오류 처방

jed-는 불특정한 개체를 강조하고 단수로만 사용됩니다. 따라서 뒤에는 단수 명사가 옵니다.

Jeder Student muss am Wochenende lernen.
대학생은 누구나 주말에 공부해야 한다.

위의 예문은 특정되지 않은 개개인, 대학생 한 사람 한 사람을 지칭합니다. 개개인이 아닌 어떤 집단에 속한 모든 사람을 지칭하려면 jed-가 아닌 all-을 써야 하는데, 이때 all-은 문법적으로도 복수입니다.

Alle Studenten müssen am Wochenende lernen.
모든 대학생은 주말에 공부해야 한다.

jed-와 all-의 미세한 뉘앙스 차이는 관점의 차이에서 비롯된 것입니다. jed-는 집단의 구성원 한 사람 한 사람에게 문장의 내용이 적용됨을 나타내고, all-은 구성원 전체에게 적용됨을 나타냅니다. 다만 불특정한 양 또는 추상개념이 양적으로 표시될 경우에 한해 all-은 단수로도 쓰일 수 있습니다.

Alles gefällt mir. Es wird bestimmt **alles** gut ausgehen!
나는 모든 것이 마음에 들어. 분명 모든 것이 다 잘 될거야!

Am Sonntag ist **alles** vorbei.　　　　　　　　　　일요일에는 모든 것이 다 끝날 거야.

All die Mühe, **all** die Anstrengung war umsonst. **Alles** war umsonst.
모든 수고와 모든 노력이 헛된 것이었어. 모든 것이 허사였어.

Alles, was ihr wollt, ist möglich.　　　　　　　너희가 원하는 것은 모두 가능해.

jed-는 또한 어떤 활동이나 과정이 이루어지는 규칙적 시간 간격 또는 주기적으로 반복되는 시간 단위를 표현하기도 합니다.

Jedes Mal kommst du zu spät!　　　　　　　너는 매번 늦는구나!

Jeden Morgen muss ich früh aufstehen.　　　　나는 매일 아침 일찍 일어나야 해.

Jedes Jahr fahre ich Ski.　　　　　　　　　나는 매년 스키를 타.

Der Bus kommt **jede** halbe Stunde.　　　　　　버스는 30분마다 와.

jed-보다는 좀 덜 쓰이긴 하지만 all-도 이 주기적 반복성을 나타낼 수 있습니다.

Der Bus kommt **alle** halbe Stunde.　　　　　　버스는 30분마다 와.

Alle zwei bis drei Jahre besuche ich meine Eltern in Deutschland.
나는 2~3년마다 독일에 계신 부모님 댁에 가.

연습문제

빈 칸에 jed- 또는 all-의 올바른 형태를 써넣으세요.

1. Uns ist _____ Hilfe recht.

2. _____ Gäste sind mit dem Essen zufrieden.

3. Wir konnten im letzten Urlaub _____ Tag baden.

4. Wir haben _____ alten Möbel verkauft.

5. _____ Jahr erscheinen viele neue Bücher.

6. Bis jetzt waren _____ Bewerbungen erfolglos.

7. Das ist das eleganteste von _____ meinen Kleidern.

8. Die Buchmesse findet _____ Jahr im Oktober statt.

9. Nicht nur im Sommer ist München voll von Touristen aus _____ Welt.

10. _____ Spieler bestimmt die Reihenfolge der Würfelkombinationen selbst.

고친 표현: Alle Studenten müssen am Wochenende lernen.

10 te-ka-mo-lo

 ## 오류 진단

오류를 찾아 고쳐보세요.

Ich lerne Deutsch fleißig an der Uni seit einem Jahr.

나는 1년 전부터 대학에서 독일어를 열심히 배우고 있어.

고친 문장 _____

 ## 오류 처방

독일어의 어순은 우리에게 특별히 어렵다기보다는 영어와 다른 점이 있어서 헷갈리는 면이 조금 있습니다. 독일어 어순과 관련하여 두 가지 규칙에만 유념하면 과히 어렵지 않으니 꼭 기억해두세요!

규칙 1) Deutsch lernen, Sport machen, Wasser trinken, Spaß haben과 같이 명사-동사의 결합으로 고정되어 있는 표현은 마치 분리동사처럼 동사를 정동사*의 자리에 놓고 목적어(Deutsch, Sport, Wasser, Spaß)를 맨 마지막에 위치시킵니다.

Ich **mache** jeden Abend viel **Sport**.	나는 매일 저녁 운동을 많이 해.
Ich **trinke** immer viel **Wasser**.	나는 항상 물을 많이 마셔.
Spielst du noch gern **Tennis**?	아직도 테니스 즐겨 쳐?
Hattest du gestern auf der Party viel **Spaß**?	어제 파티에서 많이 재미있었어?

---

* 정동사란 주어의 수와 인칭에 따라 어미가 변화된 동사 형태로서 시제와 서법(직설법, 명령법, 접속법) 같은 문법적 특징들을 표현한다.

예: Er macht gern Sport에서 macht라는 정동사는 3인칭 단수 직설법 현재라는 정보를 담고 있다.

규칙 2) 동사와 목적어 사이에 들어가는 부사어들은 다음의 순서를 지킵니다.

temporal		kausal		modal		lokal	
시간	wann?	이유	warum?	방법	wie?	장소	wo?
Ich gehe	heute	wegen des schlechten Wetters		mit dem Bus		nach Hause.	

연습문제

맨 앞에 있는 낱말로 시작하는 문장을 만들어보세요.

1. Endlich - Stunden - Verspätung - Zug - der - fuhr - mit - zwei - ab

   → _____

2. Sabine - Umzug - bei - gestern - hat - unserem - uns - geholfen

   → _____

3. Ungeduldig - Stunden - drei - am - seit - sie - wartet - Flughafen

   → _____

4. Leider - Biologie - Prüfung - die - hat - in - nicht - sie - bestanden

   → _____

5. Wir - acht - am - treffen - um - uns - Bahnhof

   → _____

6. Er - Frankfurt - Jahren - drei - ist - nach - vor - umgezogen

   → _____

7. Nach - Entscheidung - eine - hat - langem - sie - Überlegen - getroffen

   → _____

8. Ich - Bahnhof - Polizisten - Weg - dem - den - nach - werde - zum - fragen

   → _____

> **고친 표현**: Ich lerne **seit einem Jahr fleißig an der Uni Deutsch.** 또는 **Seit einem Jahr lerne ich fleißig an der Uni Deutsch.**

11 모든 것, 모든 일, 모든 면

오류 진단

오류를 찾아 고쳐보세요.

Mir geht's alles gut.

나는 모든 면에서 잘 지내.

고친 문장 _____

오류 처방

alles는 vieles, einiges, manches, etwas, nichts와 같은 부정(不定)대명사입니다. 오류 문장에서 alles는 es와 함께 쓰일 수 없습니다. 왜냐하면 alles와 es 모두 주격(1격)인데 이 문장 안에는 두 개의 주격이 있을 수 없기 때문입니다.

es geht는 그 바로 뒤에 나오는 3격으로 표시된 사람의 상태가 어떠한지를 나타냅니다.

Es geht mir gut. (사람) (상태)	나 잘 지내.
Es geht ihr jetzt wieder gut.	그녀는 요즘 다시 잘 지내고 있어.
Es geht ihm langsam besser.	그는 천천히 나아지고 있어.

'모든 면에서' 잘 지낸다라는 의미를 특별히 강조하고 싶다면 다음과 같이 표현할 수 있습니다.

Mir geht's mit allem gut.

alles는 항상 단수로만 사용되기 때문에 alles를 주어로 할 경우, 동사는 3인칭 단수의 주어에 맞는 형태로 써야 합니다.

Alles ist wunderbar!   모든 게 끝내주네!

Mir geht's gut, **alles** ist prima. 나 잘 지내. 모든 게 좋아.

Alles läuft prima. 모든 일이 잘 진행 돼.

Alles **ist**, wie ich es mir geträumt habe. 모든 것이 내가 꿈꾸었던 대로야.

연습문제

빈 칸에 all-의 올바른 형태를 써넣으세요.

1. _____ bleibt beim Alten.

2. _____ Menschen sind vor dem Gesetz gleich.

3. Im Angesicht des Todes sind _____ gleich.

4. _____ Anfang ist schwer. [속담]

5. _____ spricht dafür.

6. _____ guten Dinge sind drei. [속담]

7. Die Entscheidung der Kanzlerin macht _____ noch schlimmer.

8. In der Geschichte wiederholt sich _____.

9. _____ hat seine Grenzen.

10. Von jetzt an geht _____ glatt.

11. Die Zeit heilt _____ Wunden.

고친 표현: Mir geht's **mit allem** gut.

12 정해진 것

오류 진단

오류를 찾아 고쳐보세요.

Wir haben ein arabisches Essen „Falafel" probiert.

우리는 아랍 음식 팔라펠을 먹어봤어.

고친 문장 _____

오류 처방

독일어에는 '문장 안에서 새로운 정보에 관사를 붙여야 한다면 부정관사를 사용하라'라는 규칙이 있지만, 이 규칙은 위의 예문에는 적용되지 않습니다. 왜냐하면 새로운 정보(arabisches Essen)의 바로 뒤에 이름(고유명사 Falafel)이 붙었기 때문입니다. 어떤 개체의 이름이 언급되는 순간, 이미 알려진 정보가 되기 때문에 부정관사를 붙이면 어색해집니다. 이 문제는 다음과 같은 방법으로 해결할 수 있습니다.

(1) Wir haben **ein** arabisches Essen, **nämlich** die Falafel, probiert.

(2) Wir haben **ein** arabisches Essen (Falafel) probiert.

(3) Wir haben **das** arabische Essen **Falafel** probiert.

(1)에서 새로운 정보는 동격 부가어를 삽입하여 부연 설명할 수 있습니다. nämlich 대신 und zwar를 사용하는 것도 가능합니다.
(2)에서는 괄호 안의 추가요소를 통해 새로운 정보를 제시하고 있습니다. 괄호 대신 앞과 뒤로 대시(-선, 줄표)를 넣어도 되는데, 이 때는 대시 사이에 구체적인 내용을 꼭 써야 합니다! 말할 때에는 톤을 달리해서, 이를테면 문장의 나머지 다른 부분보다 더 깊은 톤으로 발음하여 새로운 정보라는 것을 표시합니다.

(3)에서도 Falafel이라는 낱말을 말할 때 톤을 달리해서 대상언어라는 것을 나타낼 수 있습니다. 글로 쓸 때는 겹따옴표 „ … "를 쓸 수 있지만, 이것은 보통 인용문에만 쓰고, *이탤릭체*로 표시하는 것이 보다 일반적입니다.

빈 칸에 정관사 또는 부정관사를 넣고(관사가 필요 없는 것도 있음), 왜 그런지 설명해보세요. 필요하다면 형용사 어미도 넣으세요.

1. _____ Stadt Heidelberg ist bekannt für ihr schönes Schloss.

2. A: Hier wohnt - ich weiß seinen Namen leider nicht - _____ bekannt_____ Schauspieler.
   B: Aber ich weiß, dass _____ Schauspieler viele Fans hat.

3. _____ Rhein ist _____ größt _____ Fluss Deutschlands.

4. Wie viele Badezimmer hat deine Wohnung? - Nur _____ einzig_____.

5. Sie hat keine Geschwister. Sie ist _____ einzig_____ Erbin.

6. Im dritten Stock wohnt _____ Familie mit zwei Kindern. _____ Kinder sieht man oft.

7. Fährst du gerne _____ Auto? - Nein, ich nehme lieber _____ Zug.

8. _____ Fleisch, _____ Obst und _____ Gemüse sind in Deutschland sehr billig, aber _____ Fisch nicht.

9. _____ *Fado*, _____ Musikstil Portugals, handelt meist von unglücklicher Liebe und Sehnsucht.

10. _____ bekannt_____ traurig_____ Musikstil Portugals nennt man _____ *Fado*.

고친 표현: Wir haben **das arabische** Essen „Falafel" probiert.

13 무엇을 추천하나...

 오류 진단

오류를 찾아 고쳐보세요.

Er hat uns empfohlen, dass dort die beste Falafel von Köln war.

그는 거기에 쾰른 최고의 팔라펠이 있다면서
가보라고 우리에게 추천해줬어.

고친 문장 _____

 오류 처방

누군가에게 어떤 것을 '추천한다'(empfehlen)는 것은 그에게 도움이 될 어떤 행동을 하라는 말을 해주는 것(조언)입니다. 따라서 추천하는 것은 상대방에게 도움이 되는 것이어야 합니다. 그러나 '그곳에 쾰른 최고의 팔라펠이 있다'는 사실 또는 주장 자체를 추천할 수는 없습니다. 물론 쾰른 최고의 팔라펠을 맛보러 직접 한번 가볼 것을 추천할 수는 있습니다. 이것을 표현하기 위해서는 목적어 문장으로서 dass 부문장 대신 zu 부정법 구문을 사용하는 것이 일반적입니다.

> **Er hat uns empfohlen, dort hinzugehen, weil es dort die beste Falafel von Köln gibt.**
> 그는 그곳에 쾰른 최고의 팔라펠이 있으니 그곳에 가보라고 우리에게 추천해 주었어.

위의 예문과 같이 어떤 행위를 수행하라고 추천할 수도 있지만 구체적인 특정 장소나 사물을 직접 추천하는 것도 가능합니다. 특정 식당을 추천한다는 것은 그 식당에 한번 직접 가서 음식 맛을 보라는 권고를 이미 내포하고 있기 때문입니다.

Er hat uns **diesen Imbiss empfohlen**, weil es dort die beste Falafel von Köln gibt.

그는 그 가게에 쾰른 최고의 팔라펠이 있으니 가보라고 우리에게 추천해 주었어.

빈 칸에 알맞은 말을 보기에서 골라 써넣으세요.

1. Das Restaurant ist sehr _____.

2. Der Film *Parasite* wird von vielen Kritikern als sehr sehenswert _____.

3. Ich möchte Ihnen _____, diesen Wein zu probieren.

4. Was hat er dir _____?

5. Kannst du mir bitte eine Lektüre _____ geben?

6. Was würdest du mir in dieser Situation _____?

보기	empfehlen | empfehlen | empfohlen | empfohlen Empfehlung | empfehlenswert | zu empfehlen

고친 표현: Er hat uns **diesen Imbiss empfohlen**, weil es dort die beste Falafel von Köln gibt. 또는 Er hat uns **empfohlen**, dort hin**zu**gehen, weil es dort die beste Falafel von Köln gibt.

망각의 표현

 ## 오류 진단

오류를 찾아 고쳐보세요..

Ich vergesse die Hausaufgabe.

나 숙제 깜빡했어.

 고친 문장 _____

오류 처방

vergessen(잊어버리다)은 특정한 낱말, 지식, 약속, 일정, 의무 등을 더 이상 기억해낼 수 없음을 뜻합니다. 의식 속에서 뭔가 처음에는 존재했다가 나중에 사라져버린 것입니다. 그 사라져버린 시점은 발화시점 이전이기 때문에 vergessen 동사는 대부분 과거를 나타내는 시제로 표현되며, 일상대화에서는 주로 현재완료형으로 쓰입니다.

> Ich habe □□□ vergessen.
>
> Ich habe vergessen, □□□ zu tun.

위의 오류 예문처럼 vergessen을 현재형으로 쓰는 경우, 뭔가 의식에서 자연스럽게 사라져버린 것이 아니라 주어가 그것을 의도적으로 사라지게 하고 있거나 앞으로 사라지게 할 것임을 나타냅니다. 그런데 이것은 뭔가를 잊어버리는 자연스러운 망각이 아니라 의도적 행위를 나타냅니다. 따라서 오류 예문은 '나는 숙제를 (의식적으로) 잊어버릴 거야'로 해석할 수 있습니다.

하지만 의도적으로 뭔가를 잊어버리려고 한번 해보세요! 그것이 과연 가능할까요? '숙제를 (의식적으로, 일부러) 하지 않겠다'라는 의미를 제대로 표현하려면 vergessen보다는 ignorieren(의도적으로 어떤 것에 대해 생각하지 않다, 외면하다, 무시하다)을 쓰는 것이 더 적절합니다.

> **Bitte ignorieren Sie mich nicht!**
> 저를 외면하지 마세요!

그밖에 '어떤 것에 대해 더 이상 신경쓰지 않아도 된다'라는 뜻을 전달하고 싶다면 다음과 같이 표현할 수 있습니다.

Das kannst du vergessen!
그런건 잊어버려도 돼! / 신경쓰지 마!

'숙제하는 것을 잊었다'라는 것을 표현하려면 일반적으로 다음과 같이 과거를 나타내는 시제를 사용합니다.

Ich habe die Hausaufgabe vergessen.
난 숙제를 깜빡했어.

혹은 반복적으로 잊는 습관에 대해 자기성찰의 관점에서 표현하려면 다음과 같이 말할 수도 있습니다.

Oh, immer vergesse ich die Hausaufgabe!
아, 난 맨날 숙제를 잊어버려!

연습문제

빈 칸에 vergessen, Vergessen, Vergessenheit, vergesslich, unvergesslich, Vergesslichkeit 가운데 알맞은 낱말을 써넣으세요.

1. Seine Oma leidet in letzter Zeit unter _____. Sie vergisst nämlich viel mehr als früher.

2. Das ist ein historisches Ereignis. Es darf nicht in _____ geraten.

3. Der Jubel des Publikums war für ihn _____.

4. Meine Mutter hat _____, ihm den Schlüssel mitzugeben.

5. Museen sind Institutionen gegen das _____.

6. Du hast mein Buch wieder nicht mitgebracht? Warum bist du immer so _____?

고친 표현: Ich **habe** die Hausaufgabe **vergessen**.

15 알려진 것에서 새로운 것으로

 ## 오류 진단

오류를 찾아 고쳐보세요.

A: Wann stehst du
am Wochenende auf?
B: Ich stehe früh
am Wochenende auf.

A: 너는 주말에 언제 일어나?
B: 나는 주말에 일찍 일어나.

고친 문장 _____

 ## 오류 처방

우리는 일반적으로 예전에 접했던 정보를 최근에 접한 정보보다 더 쉽게 잊어버립니다. 우리의 머리속에는 방금 들은 새로운 것이 저장될 확률이 예전에 들었던 것, 이미 알고 있는 것이 저장될 확률보다 높습니다. 이러한 원리는 독일어 문장의 정보구조에서도 나타납니다. 독일어에서는 내용적으로 중요한 것을 문장의 끝에 위치시키는 경향이 강한데, 이는 새로운 정보가 중요한 것으로 간주되기 때문입니다. 문장의 주제에 해당되는 성분을 앞에 위치시키고 그 주제에 대한 진술에 해당되는 성분을 뒤에 위치시키는 것이 정보구조의 기본 원칙입니다. 이른바 '틀 구조' 또는 '괄호 구조'를 갖는 독일어 문장에서 정동사는 보통 두 번째 자리를 차지하고, 그 동사와 밀접하게 결부된 성분은 마지막 자리에 옵니다.

Ich gebe dir später nach der ganzen Anstrengung eine Belohnung.
   (정동사)   (목적어)

나중에 일이 다 끝나고 나면 수고비를 줄게.

Allerdings **kommen** meine Eltern heute Abend wegen des schlechten Wetters **nicht**.

부모님은 오늘 저녁에 날씨가 좋지 않아서 안 오셔.

위의 두 예문에서 eine Belohnung과 nicht는 각각 정동사인 gebe, kommen과 내용적으로 직접 관련되고 강한 결속성을 갖는 성분입니다. eine Belohnung은 gebe의 목적어이고 nicht는 kommen 동사를 부정함으로써 문장 전체를 부정문으로 만드는 성분이기 때문입니다. 이와 같이 중요한 것(새로운 것)을 문장의 맨 뒤에 위치시키는 독일어 문장구조의 특성을 고려하면 오류 문장의 문제점이 무엇인지 알 수 있습니다. 오류 문장에서 알려진 정보는 '내가 주말에 잠자리에서 기상한다'는 것이고, 질문에 대한 답변을 통해 새롭게 등장하는 정보는 '일찍'(früh)입니다. 이 새로운 정보는 문장의 앞쪽이 아닌 뒤쪽에 위치해야 합니다.

Ich stehe am Wochenende **früh** auf.

이보다 더 나은 어순은 알려진 정보인 주말에(am Wochenende)를 문장의 맨 앞에 위치시키는 것입니다. 이러한 현상을 우리는 '알려진 것에서 새로운 것으로' 원칙이라 부릅니다. 이와 같은 정보구조를 갖는 문장들을 연습하면 보다 더 자연스러운 독일어를 구사할 수 있습니다.

주어진 낱말을 올바른 순서로 배열하여 문장을 만드세요.

1. Kaffee – mit Freunden – Nach dem Kurs – ich – getrunken – in einem Café – habe

   → _____

2. zu Hause – Letzten Samstag – ich – zwischen 2 und 5 Uhr – war

   → _____

3. mit dem Schiff – sind – Vor drei Jahren – wir – zum Opa – gefahren – auf Jeju

   → _____

4. in Seoul – Mein Praktikum – ich – vor zwei Jahren – habe – bei der Firma – gemacht

   → _____

5. gearbeitet – Vor einem Jahr – wir – in einem Unternehmen – als Informatiker – haben – in Berlin

   → _____

6. nach Österreich – wir – Nächstes Jahr – fahren – möchten – in Urlaub

   → _____

7. entschuldigen – dich – Du – für dein Verhalten – solltest – bei Onkel Fritz

   → _____

고친 표현: A: Wann stehst du am Wochenende auf?
B: **Am Wochenende stehe ich früh** auf.

16 '나'는 어디에…?

오류 진단

오류를 찾아 고쳐보세요.

Ich und meine Freundin waren gestern im Schwimmbad.

나와 내 여자친구는 어제 수영장에 갔어.

고친 문장 _____

오류 처방

독일에서 어린아이가 위의 예문처럼 말하면 그 말을 들은 어른은 "당나귀는 항상 자기 이름을 먼저 대지"(Der Esel nennt sich immer zuerst)라고 말해줄 가능성이 높습니다*. 독일에서는 자신을 앞에 내세우지 않고 상대방을 먼저 언급하도록 교육하기 때문입니다. 따라서 올바른 표현은 Meine Freundin und ich입니다.

> **Mein jüngerer Bruder und ich** haben gestern Fußball gespielt.
> 나와 내 남동생은 어제 축구를 했어.

그리고 여기서 중요한 것은 ich를 영어 I와는 달리 항상 소문자로 써야 한다는 점입니다. 물론 대문자로 쓰는 경우도 있지만 das Ich는 대명사가 아니라 '자아', 즉 자기 자신에 대한 의식이나 관념을 뜻하는 명사입니다.
그밖에 성별을 언급할 때는 '여성 우선'(Damen zuerst!)의 규칙이 있어서 아래의 굳어진 표현들과 같이 여성을 먼저 언급하는 것이 일반적입니다.

---

* 당나귀는 독일에서 우둔함(Dummheit)을 상징한다.

Sehr geehrte **Damen und Herren**

Liebe **Kolleginnen und Kollegen**

Liebe **Studentinnen und Studenten**

Guten Tag, meine **Damen und Herren**!
안녕하세요, 신사 숙녀 여러분!

아래 네 가지의 젠더 중립적 표기는 남성과 여성을 총괄하여 지칭하는 방법들입니다.

SchülerInnen	Schüler:innen	Schüler_innen	Schüler*innen
LehrerInnen	Lehrer:innen	Lehrer_innen	Lehrer*innen
ÄrztInnen	Ärzt:innen	Ärzt_innen	Ärzt*innen

연습문제

잘못된 부분을 찾아 고쳐보세요.

1. Ich und meine Freunde haben gestern eine Party gefeiert.

2. Künstler und Künstlerinnen zeigen ihre Werke in der Galerie.

3. Ich und mein Nachbar haben heute den Garten gemeinsam gepflegt.

4. Ich und meine Klasse haben gestern einen Ausflug ins Museum gemacht.

5. Sportler und Sportlerinnen trainieren hart für bevorstehende Wettbewerbe.

6. Musiker und Musikerinnen treten auf der Bühne auf, um ihr Talent zu zeigen.

7. Ich und mein Arbeitspartner haben heute ein wichtiges Projekt abgeschlossen.

8. Ich und meine Arbeitskollegen sind heute gemeinsam zum Mittagessen gegangen.

고친 표현: **Meine Freundin und ich** waren gestern im Schwimmbad.

17 열거하기의 규칙

 ## 오류 진단

오류를 찾아 고쳐보세요.

Sie hat Tim, Maria, Jana eingeladen.

그녀는 팀, 마리아, 야나를 초대했어.

고친 문장 _____

 ## 오류 처방

위의 문장을 보면 조금 개운치 않습니다. 왜냐하면 독일어의 정서법 규칙상 Jana까지 열거한 다음에 또 다른 사람이 나오기를 기대하고 있는데 Jana에서 바로 끝나버리기 때문입니다. 여러 낱말을 열거할 때의 콤마는 일종의 주의 신호를 주는 메시지(이제 또 뭔가가 나오니까 계속해서 잘 들어!)라고 할 수 있습니다. 음성 대화를 할 때는 억양을 내리지 않는 것이 콤마와 같은 역할을 합니다.

여러 낱말을 열거할 때 콤마로 연결시키다가 맨 마지막 낱말을 열거하기 직전에 콤마 대신 und를 넣는 것은 '열거가 이제 곧 끝나니 긴장 풀어!'라는 신호입니다. 그래서 독일어에서는 마지막으로 열거하는 낱말 앞에는 콤마를 넣지 않고 und로 대신합니다.

Ich habe Äpfel, Bananen, Orangen **und** Trauben gekauft.
나는 사과, 바나나, 오렌지, 포도를 샀어.

Das Restaurant bietet Pizza, Pasta, Salate **und** Suppen an.
그 식당은 피자, 파스타, 샐러드, 수프를 제공해.

다음에서 und가 연결하는 것은 낱말, 명사구, 문장 **가운데 무엇일까요?**

1. Sie ist 19 Jahre alt und studiert jetzt.

2. Ich lade den Lehrer und seine Frau ein.

3. Heute packe ich und morgen fahre ich fort.

4. Eine Biene hat sechs Beine und zwei Paare Flügel.

5. Er spielt gerne Fußball, Basketball, Volleyball und Tischtennis.

6. Ich besuche heute meine Eltern und mein Bruder besucht sie am Samstag.

7. Die Eltern wollen nach Italien fahren und die Tante soll für die Kinder sorgen.

8. In der gestohlenen Tasche waren Schlüssel, Geld und Ausweis.

고친 표현: Sie hat Tim, Maria **und** Jana eingeladen.

둘, 두 개, 두 사람

오류 진단

오류를 찾아 고쳐보세요.

Die Beiden sind Studenten und sehr nett zu mir.

두 사람은 대학생이고 나에게 아주 친절해.

고친 문장 _____

오류 처방

beide를 대문자로 잘못 쓰는 경우가 많습니다. beide가 명사라서 대문자로 써야 할까요? 명사류의 종류를 알면 쉽게 이해할 수 있습니다.

일반명사		고유명사	대명사		
구체명사	추상명사		인칭대명사	재귀대명사	부정대명사
Frau	Liebe	Peter	ich	mich	man
Student	Angst	DAAD	du	dich	etwas
Löffel	Hoffnung	Seoul	er	sich	nichts
Teller	Kindheit	Korea	wir	uns	alle/alles
Kamera	Gesundheit	Haribo	ihr	euch	jemand
Baum	Mut	BMW	sie	sich	**beide/beides**

일반명사와 고유명사는 대문자로 쓰지만, 대명사는 소문자로 씁니다. beide는 부정대명사이기 때문에 대문자가 아닌 소문자로 써야 맞습니다.

여기서 한국인 학습자가 어려워하는 점이 하나 있습니다. 아래의 표에서 볼 수 있듯이 '두 사람'을 표현할 때는 복수형 beide를 사용하고 '두 개의 사물'을 가리킬 때는 단수형 beides를 사용해야 한다는 것입니다.

	단수(사물)	복수	복수(정관사와 함께 쓸 때)
1격(Nominativ)	beides	beide	die beiden
4격(Akkusativ)	beides	beide	die beiden
3격(Dativ)	beidem	beiden	den beiden
2격(Genitiv)	beides	beider	der beiden

Die beiden sind immer noch verliebt.　　　두 사람은 여전히 사랑에 빠져 있어.

Einer **der beiden** wird gewinnen.　　　두 사람 중 한 명이 이길 거야.

Beides gleichzeitig ist nicht möglich.　　　두 가지를 동시에 하는 것은 불가능해.

die beiden으로 써야 할지 아니면 beide로 써야 할지도 같이 고민이 될 때는 정관사의 용법을 기억하세요(3번 항목 참고!) 위 예문에 나오는 학생들이 이미 알려진 특정의 학생들이라면 die beiden Studenten이라고 써야 합니다.

연습문제

빈 칸에 beide의 올바른 형태를 써넣으세요.

1. Kommst du mit _____ Kindern oder lässt du deinen Sohn allein zu Hause?
   - Nein, ich bringe _____ mit.

2. Schau dir dieses Foto mal an! Kennst du diese _____?

3. Die Eltern sind nicht zu Hause. _____ sind noch nicht von der Arbeit zurück.

4. Ich kann weder Papas noch Mamas Auto benutzen, _____ Autos sind kaputt!

5. Ich weiß noch nicht, ob ich die _____ da nehme oder doch lieber die drei da.

6. War das gestern Ihre Frau? Ich habe Sie _____ im Theater gesehen.

7. Möchtest du Wasser oder Wein? - _____ bitte.

고친 표현: Die **beiden** sind Studenten und sehr nett zu mir.

19 파생된 말

 ## 오류 진단

오류를 찾아 고쳐보세요.

Mark ist oft ziemlich unhöfflich.

마크는 꽤 무례할 때가 자주 있어.

고친 문장

 ## 오류 처방

höflich는 '희망하다'라는 뜻의 hoffen에서 파생된 말이 아니라 '궁정', '뜰'을 뜻하는 Hof에서 파생된 형용사입니다. 처음에는 근세 초기 프랑스 영주의 궁정에서 통용되던 예절규칙, 예법 또는 사회적 행동규범과 관계된 말로 '궁정에 맞는', '궁정이나 그 안에서의 생활에 어울리는(höfisch, höflich)' 정도의 의미였습니다. 하지만 현재는 궁정이라는 장소의 제약을 넘어 의미가 확장되었으니, 아래와 같이 의미를 구분해서 사용해야 합니다.

höfisch: 궁정에 맞는, 궁정이나 그 안에서의 생활에 어울리는

höflich: 존중과 배려심을 보이는, 공손한, 정중한

Die **höfische** Gesellschaft des Mittelalters hatte strenge Regeln und Rituale.
중세의 궁정사회에는 엄격한 규칙과 의례가 있었다.

Sie war immer **höflich** in ihren Gesprächen.
그녀는 대화할 때 언제나 공손했다.

hoffen에서 파생된 말로는 hoffentlich, Hoffnung 등이 있습니다.

Hoffentlich regnet es morgen nicht.
내일 비가 안 왔으면 좋겠어.

Ich habe die **Hoffnung**, dass alles gut wird.
모든 게 잘 될 거라는 희망을 가지고 있어.

연습문제

빈 칸에 알맞은 말을 보기에서 골라 올바른 형태로 써넣으세요.

1. Ich mache mir Sorgen um deine Gesundheit. _____ wirst du bald wieder gesund.

2. Die _____ Gesellschaft schätzte Kunst, Musik und Poesie.

3. Nicht nur im Berufsleben ist der _____ Umgang mit Menschen ganz wichtig.

4. In jeder Gesellschaft wird mehr oder weniger großer Wert auf _____ gelegt.

5. Im Schloss wird an die _____ und im Museum an die bürgerliche Welt erinnert.

6. Dein Versuch klappt jetzt _____ mal!

보기   hoffentlich   hoffentlich   höflich   höfisch   höfisch   Höflichkeit

고친 표현: Mark ist oft ziemlich **unhöflich**.

20 문장부호의 사용 규칙

오류 진단

오류를 찾아 고쳐보세요.

(Tom)Was glaubst du:Funktioniert das?–(Miko)Klar,warum nicht?

(톰) 어떻게 생각해? 효과가 있어? -(미코) 물론이지, 왜 안 되겠어?

고친 문장 _____

오류 처방

띄어쓰기를하지않으면글을읽기가매우어려워집니다. 그렇겠지요? 이번에는 독일어 문장부호에 적용되는 띄어쓰기 규칙에 대해 살펴보겠습니다. 가장 기본적으로 . , ; ! ?는 앞의 단어와 붙이고 뒤를 띄어씁니다. 여는 괄호의 앞과 닫는 괄호의 뒤, 그리고 대시 -의 앞과 뒤도 띄어씁니다.

?	Wie geht's ?	X
	물음표는 빈 칸 없이 앞에 붙인다. Wie geht's?	O
,	Danke,gut!	X
	콤마 뒤는 반드시 빈 칸으로 둔다. Danke, gut!	O
( )	Regensburg(Bayern)ist schön.	X
	여는 괄호의 앞과 닫는 괄호의 뒤는 빈 칸으로 둔다. Regensburg (Bayern) ist schön.	O

	Wie geht's? – Danke, gut! Regensburg – eine Stadt in Bayern – ist schön.	X
–	대시의 앞과 뒤는 빈 칸으로 둔다. Wie geht's? – Danke, gut! Regensburg – eine Stadt in Bayern – ist schön.	○

주의할 것은 문장부호 대시 – (Gedankenstrich)와 이음표(Bindestrich) -는 서로 다르다는 것입니다.

Sie hat einen langen Spaziergang – fast zwei Stunden – gemacht.
그녀는 긴 산책 – 거의 두 시간 – 을 했어.

Ich habe einen Schwarz-Weiß-Film gesehen.　　나는 흑백 영화를 봤어.

대시는 긴 줄표이고 이음표는 짧은 줄표입니다. 독일어에서 이음표는 두 낱말이 결합된 하나의 낱말이라는 것을 표현하고 앞뒤로 붙여서 사용합니다. 영어에서 차용한 make up, stand by도 이음표를 사용하여 각각 Make-up, Stand-by로 표기합니다.

연습문제

어떤 것이 맞나요?

1. Kopf-an-Kopf-Rennen　　　또는　Kopf an Kopf Rennen

2. 3-Zimmer-Wohnung　　　또는　3 Zimmer Wohnung

3. Hals-Nasen-Ohren-Arzt　　또는　Hals Nasen Ohren Arzt

4. Service-Center Mitarbeiterin　또는　Service-Center-Mitarbeiterin

5. Rheinland Pfalz　　　　또는　Rheinland-Pfalz

6. Strichpunkt(Semikolon)　또는　Strichpunkt (Semikolon)

7. Danke !　　　　　　　또는　Danke!

8. Entschuldigung.　　　또는　Entschuldigung .

9. mein Bruder,der Held　또는　mein Bruder, der Held

10. Butter, Brot und Salz　또는　Butter,Brot und Salz

11. Menschen hier A1.2(2023)　또는　Menschen hier A1.2 (2023)

12. Lissabon (Portugal)　　또는　Lissabon(Portugal)

고친 표현: (Tom) Was glaubst du: Funktioniert das? – (Miko) Klar, warum nicht?

정서법 오류

21 여러 낱말로 된 주어

Level **B1**

 ## 오류 진단

오류를 찾아 고쳐보세요.

Aber manchmal mit der Hand schreiben macht man Spaß!

가끔은 손으로 쓰는 것도 재미있어!

고친 문장 _____

 ## 오류 처방

Spaß machen은 어떤 것이 누군가'에게' 재미있다는 것이므로 그 재미있어 하는 사람을 3격(Dativ)으로 표현합니다. 그런데, '나'에게 재미있으면 mir를 쓰면 되지만 불특정의 인물인 man에게 재미있었다면 어떤 형태를 써야 할까요? 바로 man의 3격에 해당되는 einem입니다. 부정대명사 man은 특이하게도 단수 1격의 형태로만 사용되고, 3격이나 4격이 요구되는 상황에서는 부정대명사 einer의 3격, 4격인 einem과 einen을 '빌려' 씁니다.

1격(Nominativ)	4격(Akkusativ)	3격(Dativ)
man	einen	einem

위의 예문에는 또 하나의 오류가 있습니다. '손으로 편지를 쓰는 것'(mit der Hand schreiben)이라는 주어는 여러 개의 낱말로 이루어진 구의 형태입니다. 이와 같이 주어가 여러 개의 낱말로 이루어져 있을 때는 이음표(-)를 이용하여 모든 낱말을 붙여서 표기해야 합니다. 따라서 예문은 다음과 같이 수정되어야 합니다.

Aber manchmal macht einem das **Mit-der-Hand-Schreiben** Spaß!

사실 독일 사람조차도 이렇게 정확하게 쓰는 경우는 많지 않습니다. 게다가 우리에게 친숙한 영어에도 이런 표기법 규칙은 존재하지 않습니다. 그렇다면 좀 더 현실적인 대안을 생각해 볼 필요가 있습니다. 예를 들어 여러 개의 낱말을 이음표로 연결하는 번거로움을 피하기 위해 zu 부정법 구문을 사용할 수도 있습니다. 그럴 경우에는 가주어 es를 문두에 놓는 것이 좋습니다.

Es macht einem (aber) Spaß, **manchmal mit der Hand zu schreiben.**

연습문제

빈 칸에 man, einem, einen을 **구분해서 써넣으세요.**

1. _____ lebt nur einmal.

2. Auf dem Schulhof sieht man viele Kinder. Einige davon winken _____ zu.

3. Es gelingt ihr immer wieder, _____ zu überraschen.

4. Er kann _____ nur leidtun.

5. Das nächste Mal sollte _____ besser aufpassen.

6. Es macht _____ fröhlich, wenn die Sonne scheint.

7. Im See kann _____ schwimmen.

8. Die Schulleitung schreibt _____ einen Brief, wenn man schlecht in der Schule ist.

9. Es ist einfach gut, wenn _____ geholfen wird.

10. Hier ist das Büro des Rektors, der _____ herzlich begrüßt.

11. _____ kann die Bibliothek und die Kantine besichtigen. In der Kantine serviert _____ das Servicepersonal einen Kaffee.

고친 표현: Aber manchmal macht **einem das Mit-der-Hand-Schreiben** Spaß!

대상언어 표시

 ## 오류 진단

오류를 찾아 고쳐보세요.

Kuchen hat sechs Buchstaben.

Kuchen에는 여섯 개의 철자가 있다.

고친 문장 _____

 ## 오류 처방

Kuchen은 '케이크'라는 뜻입니다. 케이크를 만들 때는 일반적으로 버터, 크림, 달걀, 설탕, 초콜릿, 과일 등을 넣습니다. 그렇다면 '케이크에 여섯 개의 철자가 들어 있다'라는 말은 무슨 뜻일까요? 위 예문의 Kuchen은 먹는 케이크가 아니라 Kuchen이라는 독일어 낱말을 가리킵니다. 위 예문과 같이 언어를 언어로 설명하는 것을 메타언어(Metasprache)라고 합니다.

메타언어란 대상언어(Objektsprache)의 상대개념으로, 대상언어에 대하여 말하거나 대상언어의 개념을 정의내리거나 대상언어의 의미를 보다 분명히 하는 데 쓰입니다. 반면 대상언어는 어떤 대상이나 사태를 묘사, 진술, 보고하는 데 쓰입니다.

> 산이 높다. (대상언어)
> '산'은 명사이고 '높다'는 형용사이다. (메타언어)
> (대상언어)　　　(대상언어)

우리는 평소에 대상언어를 주로 사용하기 때문에 메타언어를 사용할 때는 그 대상이 되는 언어가 시각적으로 분명히 구분되도록 표시를 해야 합니다. 컴퓨터로 문서 작성을 할 경우에는 *이탤릭체*를 사용하는 것이 가장 좋습니다. 하지만 손으로 쓸 때는 글씨체를 따로 구분하여 쓰기가 어렵기 때문에 인용부호„... "를 쓰는 것이 가장 적절합니다. 이때 조심해야 하는 것은 독일어식 인용부호는 한국어와 달리 왼쪽 아래에서 열고 오른쪽 위에서 닫는다는 점입니다.

Arbeit ist ein Substantiv und *gehen* passt in diesem Satz nicht.

Arbeit는 명사이고, gehen은 이 문장에 맞지 않다.

Hier muss ein *und* oder ein *oder* stehen. Das Komma ist falsch.

여기에는 und나 oder가 와야 한다. 콤마를 쓰면 틀린다.

Zwischen *Spaß machen* und *Spaß haben* besteht ein feiner Unterschied.

Spaß machen과 Spaß haben 사이에는 미세한 차이가 있다.

연습문제

대상언어에 해당하는 표현을 찾아 *이탤릭체*로 표시해보세요.

1. Der Ausdruck Nelke duftet nicht.

2. Das Wort Nelke ist viel schöner als das Wort carnation.

3. Fritz ist einsilbig.*

4. Der Satz Essen ist eine Stadt ist wahr.

5. Die Bedeutung von Freiheit kann in verschiedenen Kontexten variieren.

6. Das Verb sein wird in der ersten Person Singular im Präsens mit ich bin konjugiert.

고친 표현: *Kuchen* hat sechs Buchstaben. 또는 „Kuchen" hat sechs Buchstaben.

---

* Fritz ist einsilbig는 'Fritz라는 낱말은 단음절이다'를 뜻하지만 'Fritz라는 사람은 과묵하다, 말이 없다'라는 뜻도 됩니다.

오류 진단

오류를 찾아 고쳐보세요.

Und dann sagte er, „Gut!"

그리고는 그가 말했다. "좋아!"

고친 문장 _____

오류 처방

쌍점(Doppelpunkt)은 하는 역할이 아주 많음에도 불구하고 홀대받는 경향이 있습니다. 쌍점은 바로 뒤에 이어지는 내용에 뭔가 중요한 것이 있으니 집중해서 잘 보라는 신호를 주며, 다음과 같은 뜻으로 사용합니다.

'중요한 말이 남아 있으니 잘 봐!'
'앞에서 포괄적으로 말한 것을 이제부터 구체적으로 소개할게!'
'앞에서 말한 것의 예를 들어볼게!'
'앞에서 어려웠던 내용을 이제 설명할게!'
'직접 인용을 할게!'

우리는 대체로 쌍점 사용을 주저하는 편입니다. 서양에서 유입된 문장부호들을 선뜻 받아들이는 분위기가 아직 형성되어 있지 않은 듯합니다. 우리말을 쓸 때는 우리말의 표기법을 따른다 하더라도 독일어를 쓸 때 만큼은 알맞은 문장부호를 적절하게 쓰도록 합시다!
쌍점은 쌍반점과 혼동되어 쓰이는 경우가 흔합니다. 쌍점이 어떤 역할을 하는지 몇 가지 예를 통해 살펴보겠습니다.

In dem Haus wohnen drei Generationen einer großen Familie: die Großeltern, die Eltern und Anna mit ihren vier Geschwistern.
집에는 세 세대의 대가족이 살고 있습니다: 조부모님, 부모님, 안나와 네 명의 형제자매.

61

위의 예문에서는 쌍점을 사용하여 가족 구성원들을 구체적으로 열거하기 전에 '세 세대'라는 포괄적 언급만 하고 있습니다. 그리고 이 쌍점을 통해 이 세 세대에 속하는 구성원들을 구체적으로 열거하고 있습니다.

> Lotterie: Eine Steuer für Leute, die schlecht in Mathematik sind.
> 복권: 수학을 못하는 사람들이 내는 세금

여기서는 어떤 개념에 대한 정의를 내릴 때 쌍점을 사용했습니다.
그리고 쌍점은 직접화법이나 인용문을 도입할 때도 쓰입니다.

> … und dann stellte er sein Glas ab, schaute sie ernst an und sagte:
> „Aber ich liebe dich doch."
> ⋯ 그리고 나서 그는 잔을 내려놓고 그녀를 진지하게 바라보며 말했다: "난 정말 너를 사랑하거든."

> Einstein hatte wohl Recht: „Phantasie ist wichtiger als Wissen, denn
> Wissen ist begrenzt."
> 아인슈타인이 옳았던 것 같다: "상상력은 지식보다 더 중요하다. 지식에는 한계가 있으니까."

연습문제

마침표 및 콤마 가운데 쌍점으로 바꾸어야 하는 것은?

1. Er rief sie alle zusammen. seinen Koch, seine Frau und ihren Liebhaber.

2. In Hamburg fand sie, was sie sich lange gewünscht hatte. eine unterirdische Villa.

고친 표현: Und dann sagte er: „Gut!"

오류 진단

오류를 찾아 고쳐보세요.

**Ich mag Klassik, Pop und Jazz,
Volksmusik mag ich nicht so gern.**

나는 클래식, 팝, 재즈를 좋아하고 민요는 별로 안 좋아해.

고친 문장 _____

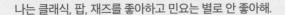

오류 처방

예문의 주어 ich가 좋아하는 것과 좋아하지 않는 것은 각각 무엇일까요? 클래식과 팝은 좋아하고 재즈와 민요는 좋아하지 않는다는 뜻일까요? 아니면 클래식, 팝, 재즈를 좋아하고, 민요는 좋아하지 않는다는 것일까요? 이 문장에서는 접속사 und가 무엇과 무엇을 연결하는지에 따라 다양한 해석을 할 수 있습니다. 이렇게 서로 다른 해석이 가능하지 않도록 하기 위해 사용하는 문장부호가 바로 쌍반점 (Semikolon) ; 입니다. 쌍반점은 마침표만큼 강하지는 않지만 콤마보다는 훨씬 더 강하게 앞과 뒤의 내용을 구분해줍니다. 쌍반점은 아주 긴 문장을 내용적으로 나누어서 이해를 도와줍니다.

Es gibt rote, grüne und gelbe Gummibärchen; die roten sind am beliebtesten.
빨간색, 초록색, 노란색 곰젤리가 있어요. 빨간색이 가장 인기있어요.

Bitte noch einkaufen: Äpfel, Kirschen und Bananen; Brot und Kuchen; Wurst, Schinken und Käse.
사과와 체리와 바나나, 빵과 케이크, 소시지와 햄과 치즈도 사오세요.

위의 예문은 식료품들을 범주별로 나누어서 열거하고 있습니다. 콤마는 같은 범주 내의 요소들을 구분하지만 쌍반점은 범주들 사이의 차이를 명시적으로 구분해주기 때문에 내용이 보다 분명해집니다.

Stundenlang hatte sie gewartet, ob er doch noch kommen würde; sie hatte ihn angerufen, angesimst und heimlich verflucht; jetzt hatte sie genug, und sie ging nach Hause.

그녀는 그가 과연 올지 보려고 몇 시간 동안 기다렸었다. 그녀는 그에게 전화도 걸었었고, 문자도 보냈었으며, 몰래 그를 원망했었다. 그녀는 이제 지쳤고, 그만 집으로 갔다.

위의 예문에서 쌍반점은 그녀가 하는 행위들을 순서에 따라 나열하는 데 사용되었습니다. 이와 같이 쌍반점은 시각적 구분을 통해 여러 행위를 명확하게 하여 내용을 이해하는 데 도움을 줍니다.

Zweimal im Jahr findet unser TestDaF-Vorbereitungskurs statt, der jeweils drei Wochen dauert; wer beim TestDaF erfolgreich sein will, sollte unbedingt daran teilnehmen.

1년에 두 번 열리는 TestDaF 준비과정은 3주씩 진행됩니다. TestDaF에서 좋은 성적을 받으려면 준비과정에 참여하는 것이 좋습니다.

위의 예문에서는 물론 쌍반점 대신 마침표를 사용할 수도 있지만 두 문장이 내용적으로 연결된다는 것을 시각적으로 나타내기 위해 쌍반점이 사용되었습니다.

연습문제

콤마 가운데 쌍반점으로 바꾸어야 하는 것은?

1. Er kam nach Hause, müde, hungrig und schlecht gelaunt, seine Frau war noch nicht da.

2. Zum Nachtisch gab es Äpfel, Bananen und Kirschen, doch den hochprozentigen Schnaps trank der Vater ganz alleine.

3. Es reicht absolut nicht, nur Grammatik zu pauken, wer eine Fremdsprache erfolgreich lernen will, muss außer Strukturen auch einen breiten Wortschatz differenziert anwenden können.

고친 표현: Ich mag Klassik, Pop und Jazz; Volksmusik mag ich nicht so gern.

NOTE

25 긍정 응대

오류 진단

오류를 찾아 고쳐보세요.

A: Könnten Sie bitte Frau Kim Bescheid sagen?
B: Jawohl!

A: 김 선생님께 말씀 좀 전해주시겠어요?
B: 네, 그렇게 할게요!

고친 문장 _____

오류 처방

Jawohl은 특정 상황에서 사용하는 응대 표현인데, 이 말을 일상에서 쓰기에는 좀 꺼려집니다. 이 말은 '무조건적인 동의, 수용'을 나타내기 때문에 군대에서 상관의 명령에 대한 응대로만 사용됩니다. 우리 말로 하면 '예, 알겠습니다!', '예, 그렇게 하겠습니다!' 정도에 해당됩니다. jawohl은 그 자체로서도 이미 매우 낡은 표현이고, 실제로 사용자의 연령도 매우 높습니다. 언어뿐만 아니라 언어사용도 사회의 변화와 사람들의 의식 흐름에 영향을 받아 변화합니다. 시간이 지나면서 일상에서는 잘 쓰지 않게 된 이러한 말을 굳이 고수할 필요는 없습니다. 언어란 소통을 위한 도구이므로 현재의 소통을 위해서라면 통용성이 큰 언어수단을 위주로 학습하는 것이 필요합니다.

요청이나 부탁에 대한 긍정적 반응으로서 jawohl보다 훨씬 더 나은 응대 표현은 다음과 같습니다.

Gerne!	그러지요!
Aber gerne!	물론이죠!
(das) Mache ich (gerne)!	그렇게 할게요!

Aber natürlich!   당연하지요!

Selbstverständlich (mache ich das)!   당연히 (그렇게 해야죠)!

요청의 말에 응대 표현을 하듯이 감사의 말에 적절하게 반응하는 표현 역시 사회적으로 중요합니다. 감사 표현에 아래와 같이 응대하면 한결 성숙된 대화 분위기를 연출할 수 있습니다.

감사합니다!	Danke! Vielen Dank! Ich bedanke mich!	천만에요!	Bitte (schön)! Gerne! Keine Ursache! Gern geschehen! Ach, nicht der Rede wert! Kein Problem! Macht nichts!

연습문제

A의 인사말에 알맞은 B의 응대 표현을 써보세요.

1. A: Guten Abend!
   B: _____!

2. A: Auf Wiedersehen!
   B: _____!

3. A: Danke!
   B: _____!

4. A: Entschuldigung!
   B: _____!

고친 표현: A: Könnten Sie bitte Frau Kim Bescheid sagen?
　　　　　 B: **Mache ich!**

26 작별 인사

 ## 오류 진단

오류를 찾아 고쳐보세요.

Bis bald!

[방과 후 두 친구가 헤어지면서]
내일 봐!

고친 문장 _____

 ## 오류 처방

bald는 '이른 시간 내에', '짧은 시간 후에'라는 의미를 갖기는 하지만 독일인이 인사말로 주고받는 bis bald!는 '언제가 될지는 몰라도 다시 만나자'라는 뜻으로, 몇 주 또는 몇 달 후에 다시 만날 수 있지 모를 때, 즉 기약 없이 주고받는 인사말입니다. 반면에 언제 다시 만날지 알거나 조금 후에 다시 만나는 것이 확실하다면 다음과 같이 구체적으로 말하는 것이 좋습니다.

Bis später!	나중에 보자!
Bis heute Abend!	오늘 저녁에 보자!
Bis Freitag!	금요일에 보자!
Bis nachher!	이따가 보자!
Bis (über)morgen!	내일(모레) 보자!
Bis nächste Woche!	다음주에 보자!

며칠 후에 만날 것이 분명하지만 정확하게 언제 만날지 모를 때에는 '그때 봐!'라는 뜻으로 다음과 같이 말할 수 있습니다.

Bis dann! 그때 봐!

Bis demnächst! 다음에 봐!

예문의 상황에서 두 학생은 방과 후 헤어지면서 다음날 다시 만날 것을 기약하고 있습니다. 이 경우는 언제 다시 만날지가 분명하기 때문에 Bis morgen!이 가장 적합한 인사말입니다.

연습문제

아래 표에 만났을 때와 헤어질 때 사용하는 인사말을 구분하여 써넣으세요.

Grüß Gott - Guten Tag - Bis nachher - Adieu - Moin, moin - Schönen Tag noch - Hallo - Willkommen - Servus - Tschüs(s) - Angenehm - Man sieht sich - Bis dann - Grüezi - Schön, dich zu sehen - Mahlzeit - Auf Wiederschauen - Salü - Ciao

만났을 때의 인사말	헤어질 때의 인사말	만났을 때와 헤어질 때 모두 가능한 인사말

고친 표현: Bis **morgen!**

27 재미

 ## 오류 진단

오류를 찾아 고쳐보세요.

Am Wochenende habe ich viel Spaß gemacht.

주말에 정말 재미있었어.

고친 문장 _____

 ## 오류 처방

위의 예문은 '내가 주말에 (개그맨처럼 웃긴 이야기를 많이 해서) 사람들에게 재미를 선사했다'는 것을 뜻합니다. 물론 당연히 가능한 일입니다. 하지만 그런 것이 아니라 나 스스로가 주말에 재미를 느꼈다는 것을 표현하려면 다음과 같이 말해야 합니다.

Am Wochenende habe ich viel Spaß gehabt.
Am Wochenende hatte ich viel Spaß.

또는 재미있었던 주말을 주어로 해서 표현할 수도 있습니다.

Das Wochenende hat mir viel Spaß gemacht.

주어에 따라 haben과 machen 동사를 구분해서 써야 합니다. 재미를 느낀 사람을 주어로 할 때는 haben을 쓰고, 재미있었던 것을 주어로 할 때는 machen을 씁니다.

Die Achterbahnfahrt hat uns Spaß gemacht.
우리는 롤러코스터를 타는 것이 재미있었어.

Sie **haben** am Strand Volleyball gespielt und **Spaß gehabt**.
그들은 해변에서 배구하면서 재미있게 놀았어.

연습문제

빈칸에 machen 또는 haben의 올바른 형태를 써넣으세요.

1. Dieses Spiel hat ihnen riesigen Spaß _____.

2. Habt ihr letztes Wochenende beim Ausflug viel Spaß _____?

3. Diese Arbeit _____ mir keinen Spaß mehr.

4. So eine tolle Show! Sie _____ mir Spaß.

5. Ich fand die Show toll! Ich _____ wirklich viel Spaß.

6. Fremdsprachen zu lernen _____ mir immer Spaß.

7. Die Kinder _____ im Freizeitpark Spaß.

8. Wir _____ gestern viel Spaß beim Kegeln.

고친 표현: Am Wochenende habe ich viel Spaß **gehabt**.

오류 진단

오류를 찾아 고쳐보세요.

Mein Vater hat ein neues Auto eingekauft.

나의 아버지가 차를 새로 사셨어.

고친 문장

오류 처방

동사 kaufen은 어떤 것을 돈과 교환하는 것을 뜻합니다. 이때 강조되는 것은 화폐를 지불하고 그에 대한 대가로 어떤 것을 얻는다는 '교환'의 개념입니다. 책, 옷, 자전거 등과 같이 가끔씩 사는 개별 물품에 대해 우리는 이러한 것들을 구매한다(kaufen)고 말하고, 이것은 우리말의 '사다'와 일치합니다.

그렇다면 einkaufen은 어떤 것에 대해 쓰는 말일까요? 식료품을 비롯해서 '일상적으로 필요한 것'을 집에 갖춰 놓기 위해 대개 '정기적으로' '어떤 가게에 직접 가서' '사오는' 것을 einkaufen이라고 하며, 이것은 우리말 '장보다'에 가깝습니다. 흔히 gehen 동사를 함께 사용합니다.

Wann **gehst** du heute **einkaufen**?　　오늘 장보러 언제 가?

Was möchtest du **einkaufen**?　　뭐 장 봐 오려고 해?

Ich bin gestern schon **einkaufen gegangen**.　　어제 이미 장봤어.

Für fast hundert Euro habe ich **eingekauft**.　　거의 100유로 어치 장봤어.

Warst du auch **einkaufen**? – Ja, ich war im Aldi und habe Obst, Gemüse, Brot und chilenischen Wein **gekauft**.

너도 장봐왔니? – 응, Aldi에 가서 과일, 야채, 빵, 칠레산 와인을 샀어.

Später habe ich für meine Schwester **ein Geschenk gekauft,** und für mich eine Jacke.

그 이후에 언니한테 줄 선물이랑 내 재킷 하나 샀어.

위의 예문에서 볼 수 있듯이 einkaufen은 뚜렷한 구매의 대상을 구체적으로 언급하지 않더라도 문제가 없습니다. 그 속뜻이 이미 일상적으로 필요한 것들을 정기적으로 구매하는 것이기 때문입니다. 일상에서 필요한 것이 무엇인지는 굳이 말하지 않더라도 누구나 다 알지요. 반면에 kaufen은 선물을 사거나 자전거를 사거나 옷을 구매하는 등, 그때그때 필요한 개별 물품을 구매하는 것을 뜻합니다. 이럴 때는 구매하는 물품을 직접 언급하는 것이 일반적입니다. 오류 예문에서 자동차는 어쩌다 한 번씩 구매하는 물품이기 때문에 kaufen을 쓰는 것이 맞습니다.

연습문제

빈 칸에 kaufen과 einkaufen을 구분하여 올바른 형태를 써넣으세요.

1. Ich habe im Supermarkt _____.

2. Ich habe Wurst im Bioladen _____.

3. Wenn ich einmal genug Geld habe, _____ ich mir ein Auto.

4. Ich will mal schnell in unserem Laden ein paar Sachen fürs Wochenende _____.

5. Als Kind hatte er bei Herrn Weber oft _____.

6. Die Werbung möchte, dass die Leute mehr _____.

7. In der Stadt gibt es ein neues _____haus.

8. Am Rande der Stadt gibt es ein neues _____zentrum.

9. Ich liebe es, _____ zu gehen!

10. _____ nicht so viel unnützes Zeug!

고친 표현: Mein Vater hat ein neues Auto **gekauft**.

29 불특정한 사람

오류 진단

오류를 찾아 고쳐보세요.

Hier kann Mann sich gut erholen.

여기선 잘 쉴 수 있어.

고친 문장 _____

오류 처방

어떤 곳이 남자(Mann)가 쉴 수 있는 곳이라면, 여자가 쉴 수 있는 곳은 아니라는 뜻인가요? 남자만 쉴 수 있다는 뜻이 아니라 '누구나' 쉴 수 있다는 것을 말하려면 불특정한 사람을 지시하는 부정대명사 man을 사용해야 합니다.

불특정한 사람을 지칭하는 man은 부정대명사이기 때문에 문장을 시작하는 첫 번째 단어일 때만 대문자로 쓰고 문장 중간에 올 때는 소문자로 씁니다. 반면에 '남자'를 뜻하는 Mann은 일반명사이므로 문장의 어디에 위치하든 반드시 대문자로 써야 합니다. 오류 예문의 화자는 아마도 부정대명사 man과 일반 명사 Mann을 혼동한 것으로 보입니다. 음성과 형태가 유사하더라도 서로 완전히 다른 것이니 주의해야겠지요?

성별을 불문하고 불특정한 사람을 지칭함에도 man을 사용하는 것에 반발한 일부 여성들이 "Hier kann frau sich gut erholen."처럼 Frau와 대비되는 소문자 frau를 사용하기도 하는데, 이 낱말(frau)은 독일어권에서 가장 공신력 있는 사전 가운데 하나인 DUDEN에도 실려 있습니다.

빈 칸에 man 또는 Mann을 구분하여 올바른 형태로 써넣으세요.

1. Es hatte bei mir geklingelt. Als ich die Tür öffnete, stand ein _____ da.

2. Ohne sich anzumelden, besucht _____ normalerweise niemanden.

3. Entschuldigen Sie, wie kommt _____ zum Flughafen?

4. Der junge _____ hat gerade ein Motorrad gekauft.

5. Ein _____ fragt die Verkäuferin, wo er bezahlen kann.

6. _____ sagt, sie hat im Lotto gewonnen.

7. Fußball liebt _____ in Deutschland.

8. Manchmal ärgert _____ sich darüber, dass _____ im Deutschen so oft *man* benutzt.

고친 표현: Hier kann **man** sich gut erholen.

어휘 선택의 오류   Level A2

30 뭔가를 안다는 것

 ## 오류 진단

오류를 찾아 고쳐보세요.

Wissen Sie Busan?

[한국을 방문한 독일인에게]
부산을 아세요?

고친 문장 _____

 ## 오류 처방

'부산을 안다'는 것은 과연 무엇을 뜻하는 것일까요? 부산에 가본 적이 있다는 것일까요? 부산에 대해 들어봤다는 것일까요? 아니면 부산에 대한 정보를 가지고 있다는 것일까요? 물론 여러가지를 뜻할 수 있겠지요. 여기서는 크게 두 가지로 구분해보겠습니다.

우리는 부산이라는 특정 도시를 알고 있습니다(kennen). 우리는 사람, 장소, 사물, 이야기들을 보고, 듣고, 느끼고, 맛보고, 향을 맡는 등 감각을 통해 경험적으로 알게 됩니다(kennen). 이렇게 알게 된 것은 상당히 구체적이고 자세합니다. 이때 kennen 동사는 일반적으로 어떤 대상을 나타내는 4격 명사(구)와 함께 사용합니다.

> Ich **kenne** diesen Fußballspieler.
> 나는 이 축구선수를 알아.

반면에 배웠거나 목격을 했거나 생각을 통해 어떤 정보나 지식을 갖게 되는(wissen) '사실들'이 있습니다. 이 사실들은 비교적 추상적입니다. 이때 사용되는 wissen 동사는 dass가 이끄는 관계문장이나 ob 또는 W-의문사가 이끄는 간접 의문문을 목적어로 갖는 경우가 많습니다.

Ich weiß, dass dieser Fußballspieler in der letzten Saison viele Tore geschossen hat.
나는 이 축구 선수가 지난 시즌에 골을 많이 넣었다는 것을 알고 있어.

물론 kennen과 wissen 모두 가능한 경우도 있습니다.

Ich kenne das Wort.	(낱말 자체를 전에 이미 들어봤거나 읽어 본 적이 있음)
Ich weiß das Wort.	(낱말의 의미, 즉 낱말이 무엇을 뜻하는지를 알고 있음)
Kennst du einen guten Arzt?	(아는 사람 중에 좋은 의사가 있는지 물음)
Weißt du einen guten Arzt?	(좋은 의사가 어디에 있는지, 그 의사가 일하는 병원이 믿을 만한지 물음)

어떤 것을 경험을 통해 식별할 줄 알게 된 것이 아니라 어떤 것에 대한 정보 또는 지식의 소유를 표현하는 경우에는 wissen을 씁니다.

Weißt du meinen Geburtstag?   내 생일 알아?

위의 질문에서 묻고자 하는 것은 상대방이 '나의 생일을 겪어봐서' 그것이 무엇인지를 알고 있는지가 아니라 '나의 생일이 언제인지'에 대한 정보를 가지고 있는지입니다. 따라서 위의 문장은 아래와 같이 바꾸어 말할 수 있습니다.

Weißt du, wann ich Geburtstag habe?   내 생일이 언제인지 알아?

전화번호를 알고 있느냐는 질문에서도 마찬가지로 전화번호를 알아차리고 식별할 수 있는지가 아니라 전화번호가 어떻게 되는지, 바로 그 정보가 중요합니다. 아래의 질문들은 동일한 정보를 얻기 위한 다양한 질문 표현입니다.

Weißt du ihre Telefonnummer?	그녀의 전화번호를 알아?
Weißt du, wie ihre Telefonnummer lautet?	그녀의 전화번호가 어떻게 되는지 알아?
Weißt du, wie ihre Telefonnummer ist?	그녀의 전화번호가 어떻게 되는지 알아?
Hast du ihre Telefonnummer?	그녀의 전화번호 가지고 있어?

자, 다시 kennen으로 돌아와서, Ich kenne mein Passwort nicht mehr라고 말할 수 있을까요? 알고 있던 패스워드를 '잊어버렸다', 즉 '더 이상 생각나지 않는다'라는 것을 표현하려 할 때 말이죠.
뭔가를 잊어버렸으면 그것을 더 이상 알지 못하는, 즉 정보나 지식이 소실된 상태(nicht wissen)입니다. 그런데 그것을 더 이상 알지 못한다, 즉 '경험해본 적이 없다'(nicht kennen)라고 말할 수 있을까요? 안 됩니다. 예를 들어 Das kenne ich nicht mehr라고 말하는 것은 불가능합니다! kennen을 사용한다는 의미는, 바로 지금 이 순간에 알고 있으면(kennen) 아는 것이고(kennen), 모르고 있으면(nicht kennen) 모르는 것이지(nicht kennen), 전엔 알았는데 이제 '더 이상' 알지 못한다는 것은 말이 안

된다는 것입니다. 뭔가를 잊어버렸다는 것은 '그것을 더 이상 기억해낼 수 없다'는 뜻으로 sich nicht an etwas erinnern(기억나지 않는다)이라는 좋은 대안표현이 있습니다.

> Ich kann **mich** nicht **an** mein Passwort **erinnern.** Ich **weiß** mein Passwort nicht mehr.
> 나의 패스워드가 기억이 안 나. 나의 패스워드를 모르겠어.

여기서 sich an etwas erinnern은 '뭔가를 기억 속에 간직하고 있다'라는 뜻입니다. 그것의 부정은 '기억 속에 있던 뭔가 사라져버렸다'라는 것입니다.

연습문제

빈 칸에 wissen 또는 kennen을 구분하여 올바른 형태로 써넣으세요.

1. _____ du, wer dieses Gedicht geschrieben hat?

2. Ich _____ noch nicht, ob wir morgen frei haben werden.

3. _____ du Irinas neuen Freund?

4. Ich habe nicht _____ , dass Einstein gar kein guter Schüler war.

5. Er war ein Fan von Alfred Hitchcock und _____ alle seinen Filme.

6. _____ du, wer in dem Film die Hauptrolle spielt?

7. Er hat, bis er 18 war, nicht _____ , dass er noch einen Bruder hat.

8. Sascha hat seinen Vater nie _____ .

9. „Morgen haben wir kein Mathe." - „Das _____ ich schon."

10. Ich _____ den Weg. Ich war schon mal da.

11. „_____ Sie das Gesicht auf dem Foto?" - „Nein, nie gesehen."

12. Ich _____ nicht, wer gestern das Fußballspiel gewonnen hat.

13. _____ du, wer der Autor von *Der DaVinci-Code* ist?

14. Niemand _____ , wo unser Lehrer wohnt.

15. „Ihr solltet doch um 10 Uhr hier sein!" - „Das haben wir nicht _____ ."

고친 표현: **Kennen** Sie Busan?

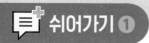

메타언어 오류의 예

몇 년 전 독일의 한 DIY용 건축자재 마트 광고에서 콤마를 잘못 찍어 웃음거리가 된 적이 있다. 오류 문장은 '그건 안 됩니다. 그건 없습니다', 즉 '그건 가능하지 않은 일이고, 우리는 (당신이 찾는) 그것을 가지고 있지 않습니다'라는 뜻이다. DIY를 즐기는 고객이 찾는 것이라면 없는 것 없이 뭐든 제공할 수 있다고 자부하는 회사가 본디 광고를 통해 전달하려고 했던 메시지는 '안 된다라는 것은 없다', 즉 자기네 마트에는 '없는 게 없어서 뭐든 살 수 있다'라는 것이다. 따라서 위 광고 문구에서는 콤마가 없어야 이 회사의 의도가 제대로 전달될 수 있었을 것이다.

이러한 오해의 여지를 없애려면 Geht nicht라는 짧은 문장이 es gibt의 목적어에 해당된다는 것을 메타언어적으로 잘 드러나도록 표시했어야 했다. 이를테면 다음과 같이 따옴표를 넣는다든가 글씨체를 달리한다든가 기울여 쓴다든가 해서 말이다.

‚Geht nicht' gibt's nicht: 누군가 당신에게 '안 됩니다'라고 말했나요? 그건 (우리 회사에서는) 있을 수 없는 일입니다.

Geht nicht gibt's nicht: '안 됩니다'라고 하는 것은 존재하지 않습니다.

또는 Geht nicht 전체를 그 뒤의 문장에서 지시대명사 또는 명사구로 다시 받는 방법도 있다.

Geht nicht. Das gibt's nicht: '안 됩니다.' 그건 우리에게 없습니다.

Geht nicht. Diese Vermutung gibt's nicht: '안 됩니다.' 이런 추측은 우리에게 없습니다.

예문의 광고 문구는 이러한 여러 가지 방법을 외면하고 오히려 불필요하게 콤마를 사용함으로써 Geht nicht와 gibt's nicht를 단순히 병렬적으로 연결시켰고, 따라서 본디 전달하려 의도했던 것과 정반대의 뜻, 즉 고객이 원하는 것을 회사는 가지고 있지 않다는 뜻을 오히려 더 증폭시켜 전달하게 된 셈이었으니, 결국 조롱거리가 된 것이다.

31 오해

오류 진단

오류를 찾아 고쳐보세요.

Ich habe gedacht, dass ich mit zwei Frauen zusammenleben würde. Das habe ich falsch gewusst.

나는 여자 두 명이랑 같이 살거라고 생각했는데,
내가 잘못 알았던 거였어.

고친 문장 _____

오류 처방

앞 장에서 우리는 kennen과 wissen의 용법 차이를 배웠습니다.

위의 오류 예문에서처럼 etwas falsch wissen이라는 표현은 우리말의 '잘못(틀리게) 알았다'를 그대로 독일어로 옮긴 것으로 독일어에서는 쓰이지 않는 표현입니다. 지식이나 정보가 없었던 경우에는 '그것을 몰랐다', '알지 못했다'는 의미로 Das habe ich nicht gewusst라고 표현할 수 있습니다. 하지만 예문이 의미하는 것은 자신이 처음에 알고 있던 것(여자 두 명과 같이 살게 된다는 것)과 실제 사실이 다르다는 것입니다. 말하자면 뭔가를 '사실과 다르게 이해했던' 것입니다. 따라서 의도한대로 말하고자 한다면 다음과 같이 표현해야 합니다.

Das habe ich falsch verstanden.	난 그걸 잘못 알고 있었어.
Das habe ich missverstanden.	난 그걸 오해했어.

또는 이렇게도 표현할 수 있습니다.

Das war ein Irrtum.	그것은 착각이었어.

Das war falsch.

그것은 틀렸어.

Das hat nicht gestimmt.

그것은 맞지 않았어.

연습문제

빈 칸에 verstehen, missverstehen, sich irren, wissen, stimmen의 올바른 형태를 써넣으세요.

1. Sein Vortrag war sehr schlecht, denn einige seiner angeblichen Fakten _____ nicht.

2. Das meinte ich nicht! Er hat mich falsch _____.

3. Tut mir leid, ich habe das total _____.

4. Jeder kann sich mal _____.

5. Ich _____ nicht, dass mein Freund so verzweifelt ist.

고친 표현: Ich habe gedacht, dass ich mit zwei Frauen zusammenleben würde. Das habe
ich **falsch verstanden**.

32 젊은이들

오류 진단

오류를 찾아 고쳐보세요.

Die Jungen in Korea haben keine Freizeit, sondern müssen nur lernen.

한국 청소년들은 자유시간이 없고 공부만 해야 해.

고친 문장 _____

오류 처방

Junge는 남자아이, 즉 소년을 뜻합니다. 이 예문은 한국의 남자아이들이 자유시간은 없고 오직 공부만 해야 한다는 뜻입니다. 그럼 여자아이들(Mädchen)은 남자아이들과 상황이 다른가요? 그렇진 않겠죠? 위 오류 예문을 쓴 학습자는 결코 남자아이들(die Jungen)로만 한정해서 가리키려고 한 것이 아니고 한국의 남녀 청소년 전체를 가리키려 했습니다. 그렇다면 '청소년'을 뜻하는 'die Jugendlichen'을 사용했어야 합니다. 그런데 이 말은 단수형보다는 성별 구분 없이 주로 복수형으로 쓰이니 유의해야 하겠습니다.

'젊은'을 뜻하는 jung이라는 형용사의 파생명사 der Junge는 '젊은이'를 가리키는 말이라고 오해할 수 있지만, 사실은 오직 '남자아이'만을 가리킵니다. 형용사 jung의 반대말은 alt이지만 명사형 der Junge의 반대말은 das Mädchen이니 이것 또한 주의해주세요!

형용사를 명사화한 die Jungen(젊은이들)은 맥락에 따라서는 die Alten(노인들)과 반대말 관계에 있을 수 있으나 '소년들'을 의미하는 die Jungen과 철자가 동일하여 중의적일 수 있습니다.

Die Jungen und die Alten wandern gern.
젊은이들(소년들)과 노인들이 등산을 즐긴다.

이런 중의성을 피하기 위해서는 다음과 같이 보다 구체적으로 표현하는 것이 좋습니다.

Die jungen Männer und die Alten (alten Leute)	젊은 남자들과 노인들
Die jungen und die Alten	젊은 사람들과 노인들
Die männlichen Jugendlichen und die Alten	남자 청소년들과 노인들
Die Jugendlichen und die Alten	청소년들과 노인들
Die jungen und die alten Leute	젊은 사람들과 나이 든 사람들

소년을 뜻하는 der Knabe라는 낱말도 있지만, 이 낱말은 고조 할아버지 세대의 낱말이니 부디 쓰지 않기를 바랍니다! 참고로 die Jugend라는 말은 '청소년기' 또는 '청춘'을 뜻하므로 die Jugendlichen과 혼동하지 말아야 합니다.

연습문제

jugendlich와 jung에 올바른 어미를 붙여보세요. (필요한 경우에만)

1. Die Kinder und Jugendlich_____ fanden sich in Gruppen zusammen.

2. Offenbar waren die Jugendlich_____ am Anfang neugierig.

3. Aus dem jugendlich_____ Dieb wurde ein ehrlicher Mann.

4. Die Jugendlich_____ wollen wissen, wie sie später Arbeit finden können.

5. Die gut gelaunten jung_____ Leute beachteten sie nicht.

6. Einem jung_____ Mädchen tut es einfach weh, so ausgegrenzt zu sein.

7. Die Frustration jung_____ Immigranten, die in Frankreichs Vorstädten zu Unruhen führen, kann alle Staaten treffen.

8. Ich bin zwar nicht mehr ganz jung_____, doch zu den Alt _____ gehöre ich noch lange nicht!

9. Nach Ansicht der Jugendlich_____ lohnt es sich, ein Praktikum zu machen.

10. Ein jung_____ Mädchen lief strahlend auf ihn zu.

고친 표현: **Die Jugendlichen** in Korea haben keine Freizeit, sondern müssen nur lernen.

33 복장 착용

오류 진단

오류를 찾아 고쳐보세요.

Er sah stolz aus. Er hat eine Lederjacke und eine Sonnenbrille angezogen.

그는 자신감에 차 보였어.
가죽 재킷을 입고 선글라스를 쓰고 있었거든.

고친 문장 _____

오류 처방

anziehen은 '옷가지를 걸치다', '옷을 입(히)다'라는 뜻으로 (Kleidung) tragen과 혼동하는 경우가 많습니다. 하지만 이 두 동사의 의미는 두 가지 면에서 서로 다릅니다. 우선 anziehen은 옷을 입는 일시적 동작을 일컫는 말입니다(옷을 입는다/입힌다). 반면 tragen은 옷이나 장식품을 몸에 걸치고 있는 상태 즉, 옷 입는 동작의 결과를 나타냅니다(입은 상태에 있다). 그런데 발화 시점에서 진행되고 있는 동작이 아니라 옷 입는 것과 관련된 기호나 습관을 표현하기 위해 현재 시제로 쓸 때는 두 동사를 혼용해도 됩니다. 예를 들어 상대방이 평소에 흰색 바지를 즐겨 입는지 궁금할 때는 다음과 같이 표현할 수 있습니다.

Ziehst du gern weiße Hosen **an**?   너 흰 바지를 즐겨 입니?

Trägst du gern weiße Hosen?   너 흰 바지를 즐겨 입니?

그러나 과거 시점에서 어떤 것을 입었던 일시적 동작에 대해서는 anziehen을 써야 하고, 그 동작의 결과로서 옷을 입고 있는 상태에 대해서는 tragen을 써야 합니다. 옷에만 사용되는 anziehen과 달리 tragen은 선글라스, 모자, 안경, 악세시리 등을 착용하고 있는 것도 가리킵니다.

오류 예문은 그가 가죽 재킷을 입고 선글라스를 착용하고 있는 상태를 뽐내고 있는 것처럼 보였다는 것을 표현하고자 합니다. 즉 그의 복장 '상태'에 대해 묘사한 문장입니다. 그렇다면 일시적 동작을 나타내는 anziehen 대신에 지속되는 상태를 나타내는 tragen을 써야 의도를 올바로 전달할 수 있습니다.

옷을 입는다는 것은 '자신의 몸에 맞게' 옷을 걸치는 것이므로 '옷을 걸치고 있다'라는 뜻으로는 tragen 대신에 anhaben도 흔히 사용됩니다.

> **Heute hat er ein rotes T-Shirt und eine schwarze Hose an.**
> 오늘 그는 빨간 티셔츠와 검정 바지를 입고 있어.

특별히 모자나 안경처럼 특정 신체 부위에 올려놓거나 걸쳐 놓는 것은 aufsetzen으로 표현합니다.

> **Setz den Hut auf, er steht dir gut.**
> 그 모자 써봐. 그거 너한테 잘 어울려.

연습문제

빈 칸에 tragen, anhaben, anziehen, aufsetzen**의 올바른 형태를 써넣으세요.**

1. Ich weiß nicht, was ich heute für die Party _____ soll.

2. Gib mir fünf Minuten Zeit, damit ich mich _____ kann.

3. Sie _____ ein schwarzes Kleid _____, als ich sie heute gesehen habe.

4. Sie war gestern sehr schick _____.

5. Um die Zeitung zu lesen, _____ die alte Dame ihre Brille _____.

6. Sie _____ gerne Schmuck, an jedem Finger einen Ring, und immer auffällige Ohrringe.

7. An kalten Wintertagen sollten Kinder draußen Mütze und Handschuhe _____.

고친 표현: Er sah stolz aus. Er hat eine Lederjacke und eine Sonnenbrille **getragen**.

34 찾으라, 그리하면 얻으리라

오류 진단

오류를 찾아 고쳐보세요.

Wenn ich das Studium beendet habe, will ich schnell einen Job suchen.

학업을 마치면 빨리 일자리를 얻으려고 해.

고친 문장 _____

오류 처방

예문에서 공부를 마친 후에 빨리 하겠다고 한 것은 일자리를 그저 찾아보겠다는 것(suchen)이 아닙니다. 어떤 것을 찾는 일은 한 순간 벌어지는 일회적인 일이 아니라 지속되는 과정입니다. 일자리를 찾는 일(suchen)이 잘 진행됐다면 빠른 시간 내에 발견해(finden) 드디어 일자리를 얻게 됩니다. 어떤 것을 '발견한다'는 것은 '찾는다'는 것과 다르게 어느 한 순간 벌어지는 일회적인 사건입니다.

Wir müssen einen neuen Mitarbeiter **suchen**. 우리는 새 직원을 구해야 해.

Er **sucht** nach einer Lösung für das Problem. 그는 문제 해결책을 찾고 있어.

Gestern habe ich einen interessanten Artikel im Internet **gefunden**.
어제 나는 인터넷에서 흥미로운 기사 하나를 발견했어.

Es ist nicht einfach, die richtigen Worte zu **finden**.
올바른 말을 찾는 것은 쉽지 않아.

suchen과 finden 동사의 의미 차이를 명확히 파악하기 위해서 다음과 같은 일련의 과정을 순서대로 기억하세요!

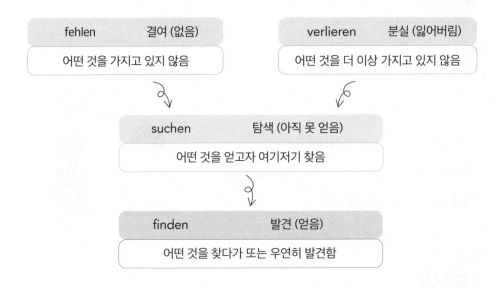

이 네 가지 동사를 연결시켜 하나의 스토리를 만들 수 있습니다. 어떤 것을 가지고 있지 않거나(fehlen) 잃어버려서 더 이상 가지고 있지 않을 때(verlieren), 그것을 얻고자 여기저기 탐색하고(suchen) 그 탐색이 성공적인 경우 그것을 발견해서(finden) 결국 얻게 됩니다. 바로 이때의 탐색하는 행위가 suchen 이고, 찾던 것을 성공적으로 발견해내는 것이 finden입니다. 이렇게 논리적인 의미관계에 따라 어휘의 미를 익히는 것은 외국어를 공부할 때 매우 효과적입니다.

Wenn du etwas **verloren** hast, dann **suche** es, und du wirst es **finden**!
잃어버린 것이 있다면 찾아봐, 그러면 찾을 거야!

Ich habe es **verloren, gesucht** und zum Glück **gefunden**!
나는 그것을 잃어버려서 찾았고, 다행히 찾았어!

맥락도 없이 1:1 대응 짝을 암기하는 기존의 어휘 학습 방법보다 이처럼 일련의 행위를 논리적으로 묶어서 함께 기억하면 보다 정확한 어휘 학습이 가능합니다. 위의 설명과 예문들을 통해 suchen과 finden의 의미를 이제 확실히 구분할 수 있겠죠?
비슷한 예로 abholen을 사전에 쓰여 있는 대로 '누군가를 데리러 가다'라고 단순히 암기만 하는 것이 아니라 일련의 연속적 행위가 abholen 동사에 내포되어 있음을 이해하는 것이 중요합니다.

'어떤 장소에 가서'(zu einem Ort gehen)
→ '그 곳에서 어떤 사람을 만나고'(dort jemanden treffen)
→ '그 사람과 함께'(mit dieser Person)
→ '다른 장소로 이동한다'(an einen anderen Ort weitergehen)

A2에서 B1 단계에 이르기까지 우리가 접하게 되는 상당수의 어휘를 이러한 방식으로 풀어써 가며 익힐 수 있습니다.

연습문제

1. 빈 칸에 suchen, besuchen, versuchen, aussuchen, untersuchen, durchsuchen의 올바른 형태를 써넣으세요.

(1) Ich _____ seit Tagen mein Handy. Ich weiß nicht, wo ich es hingelegt habe.

(2) Ich habe meine ganze Wohnung _____, aber ich finde mein Handy nicht.

(3) Er hatte Schmerzen und ließ sich deshalb von seinem Hausarzt _____.

(4) Wollen wir nicht mal die neue Ausstellung im Museum _____?

(5) Darf ich mir den Nachtisch selber _____?

(6) Nach der Ausbildung hat er lange eine Stelle _____.

2. 빈 칸에 finden, erfinden, herausfinden, befinden의 올바른 형태를 써넣으세요.

(1) Der Tresor _____ sich hinter dem Bild im Wohnzimmer.

(2) Das Auto _____ sich in einem schlechten Zustand.

(3) Ich habe den Schlüssel _____! Er war im Kühlschrank!

(4) Deinen Plan _____ ich fantastisch!

(5) In deutschen Fernseh-Krimis sind alle Fälle frei _____.

(6) Im Alter von zwei Jahren _____ ich _____, dass man sich an Kerzen die Finger verbrennen kann.

고친 표현: Wenn ich das Studium beendet habe, will ich schnell einen Job **finden**.

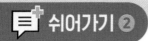
독일어 지역/국가 방언

오류가 아님에도 오류로 잘못 인식될 수 있는 사례들

	독일	오스트리아	스위스
오믈렛	Eierkuchen	Omelette	Omelett(e)
왕복표	Rückfahrkarte	Retourkarte	Retourbillet
칠면조	Puter	Indian	Truthahn
모서리	Ecke	Corner	Corner
건물 관리인	Hausmeister	Hausmeister	Abwart
지갑	Portemonnaie	Geldbörse	Portemonnaie
운전면허증	Führerschein	Führerschein	Führerausweis
당근	Möhre	Karotte	Rüebli
감자	Kartoffel	Erdapfel	Kartoffel
냄비	Topf	Topf	Pfanne
작은 빵	Brötchen	Semmel	Brötli
계단	Treppe	Stiege	Treppe
전차	Straßenbahn	Straßenbahn	Tram
토마토	Tomate	Paradeiser	Tomate
대학입학자격시험	Abitur	Matura	Matura

다양한 수업 형태

 오류 진단

오류를 찾아 고쳐보세요.

Tut mir leid, dass ich gestern Ihre Vorlesung nicht besuchen konnte!

어제 강의에 못 가서 죄송해요!

고친 문장 _____

 오류 처방

독일 대학에서 학생이 강의(Vorlesung)에 참석을 했는지 안 했는지의 여부는 교강사와 상관이 없습니다. Vorlesung은 많은 학생이 수강하는 수업 형태이지만 출석의 의무가 없기 때문에 교강사는 누가 출석했고 누가 결석했는지 알아차리지 못하고 또 알려고 하지도 않습니다. 보통 Vorlesung 시간 내내 교강사만 말하고 수강생들은 듣거나 받아적기만 하고, 질문이 있으면 강의가 끝난 후에야 합니다. 물론 강의 시간 중에 질의와 응답이 오가기도 하는데, 이는 교강사의 재량입니다. Vorlesung은 수강을 하더라도 학점이 나오지 않고, 시험을 치르지 않으니 성적을 산출할 수도 없습니다.

그렇지만 세미나(Seminar)와 (어학)수업(Kurs)은 Vorlesung과 완전히 다릅니다. Seminar와 Kurs는 일반적으로 수강생이 더 적고 지속적인 출석이 요구되기도 합니다. 이러한 형태의 수업에서는 수강생의 능동적인 참여가 중요하기 때문입니다. Kurs를 수강한 학생들은 파트너 학습이나 조별 학습을 통해 함께 공부해야 하고, Seminar의 경우에는 어떤 주제에 대해 준비해서 발표(Referat)를 하고 그 주제에 관하여 레포트(Hausarbeit)를 써서 제출하는 것이 일반적이며, 그래야만 학점을 받을 수 있습니다.

Vorlesung에서는 몰래 음악을 듣거나 스마트폰을 사용하는 등 딴짓을 할 수도 있기 때문에 학생에게 편할 수 있습니다. 건성으로 듣고 제대로 경청하지 않을 수도 있다는 것입니다. 그러나 Seminar니 Kurs는 교강사에게 학생을 위한 노동을 의미합니다.

위의 예문은 출석 여부의 중요성에 따라 세미나나 수업에 참여하지 못한 것에 대한 사과이기 때문에 Vorlesung 대신 Seminar나 Kurs를 사용해야 적절합니다.

| Vorlesung | Seminar | Kurs |

특히 Vorlesung이라는 말은 독일 대학의 모든 수업 형태를 지칭하는 것으로 오해해서는 안 되며, 이를 잘 구분하기 위해서는 우리나라와 독일 대학의 수업 형태가 약간 다르다는 것을 인지해야겠습니다.

- Vorlesung: 교강사가 (대개 혼자서) 어떤 특정한 주제에 대하여 설명하는 수업 형태
- Seminar: 참가자들의 활동으로 이루어지는 수업 형태
- Kurs: 가르치거나 지식을 늘려주는 방식의 수업 형태

연습문제

빈 칸에 Vorlesung, Seminar, Kurs**의 올바른 형태를 써넣으세요.**

1. Zu den _____ komme ich immer pünktlich, obwohl man nicht anwesend sein muss.

2. Im letzten Semester habe ich ein _____ über Spieltheorie besucht und ein Referat gehalten.

3. Der kostenlose Online- _____ *Deutsch Interaktiv* richtet sich an Deutschlerner der Niveaustufen A1 bis B1.

4. Die _____ an der Hochschule werden als Diskussionsplattform betrachtet.

5. Ich will im Sommer nach Berlin gehen und dort an den Deutsch_____ teilnehmen.

6. Die _____ sind für das Studium insofern wichtig, als man dort die fachlichen Grundkenntnisse der Wissenschaft erwerben kann.

고친 표현: Tut mir leid, dass ich gestern **Ihren Kurs (Ihr Seminar)** nicht besuchen konnte!

36 애호의 표현

 오류 진단

오류를 찾아 고쳐보세요.

Mir gefällt deutsches Bier!

나는 독일 맥주를 좋아해!

고친 문장 _____

 오류 처방

넓은 의미의 '애호' 표현에 관한 것입니다. 우선 möchten과 wollen은 어떤 것을 지금 바로 그 자리에서 원한다는 것을 나타내는 반면, mögen은 일반적인 기호나 좋아하는 성향을 가리킵니다.

> **Normalerweise mag ich kein Bier, aber heute möchte ich eins.**
> 나는 보통 맥주를 좋아하지 않지만 오늘은 한잔하고 싶네.

> **Ich mag dich.**　　　　　　　　　　　　나 너를 좋아해.

> **Ich mag Gespräche über Politik.**　　　나는 정치에 대해 대화하는 거 좋아해.

> **Magst du lange Spaziergänge?**　　　　오래 산책하는 거 좋아해?

mögen은 어떤 특정한 사람을 좋아한다든지 어떤 특정한 분야에 관한 대화를 좋아한다든지 선택 가능한 어떤 행동을 좋아한다든지처럼 일반적으로 어떤 것에 대한 긍정적 태도나 그것을 좋아하는 성향을 표현할 때 쓰입니다. 이러한 용법의 mögen은 화법조동사가 아니라(독일 남부와 오스트리아를 제외하고), 본동사입니다. 본동사 mögen은 명사 또는 명사구를 목적어로 취합니다. 과거시제로는 다음과 같이 표현합니다.

> **Früher mochte ich keinen Alkohol.**　　난 예전에는 술을 좋아하지 않았어.

mögen과 의미적으로 비슷하지만 문법적으로 다른 것이 gern + 동사입니다. 이것은 '어떤 것을 행하는 것을 좋아한다'를 뜻합니다.

Ich trinke **gern** Bier.　　　　　　　　　나는 맥주 마시는 걸 좋아해.

Ich sehe **gern** fern.　　　　　　　　　　나는 TV 보는 것을 좋아해.

Ich spreche **gern** über Politik.　　　　　나는 정치에 대해 이야기하는 걸 좋아해.

Machst du **gern** lange Spaziergänge?　오래 산책하는 거 좋아해?

Früher habe ich nur **ungern** Alkohol getrunken.
예전에 나는 술을 잘 안 마셨어.

gefallen은 어떤 것에 대한 일반적인 기호나 좋아하는 성향이 아니라 어떤 특정한 상황 맥락에서 뭔가를 심미적으로 아름답거나 편안하게 느끼는 지각이나 판단과 관계됩니다.

Das Etikett auf der Flasche ist sehr schön, das **gefällt** mir!
병에 붙은 라벨이 예술이야, 마음에 들어!

Du bist heute sehr schick, du **gefällst** mir!
너 오늘 아주 멋지다, 마음에 들어!

Gefällt es dir, wenn wir über Politik sprechen?
정치에 대해서 대화하는 거, 마음에 들어?

Gefallen dir lange Spaziergänge?
오래 산책하는 거, 마음에 들어?

Der Film *Parasite* hat mir **gefallen**.
영화 기생충은 내 마음에 들었어.

빈 칸에 mögen, möchten, wollen, gefallen, gern + 동사의 올바른 형태를 써넣으세요.
(복수 정답 가능)

1. Meine Frau _____ ein neues Abendkleid kaufen.

2. Ich _____ morgen zum Friseur.

3. Ich spiele _____ Schach.

4. Ich _____ diese endlosen Diskussionen nicht.

5. Deine Idee _____ mir.

6. Mir _____, wie er arbeitet.

7. _____ du moderne Architektur?

8. _____ du K-Pop?

9. Hier gibt es Eis! _____ du ein Eis?

10. _____ du eigentlich Erdbeereis?

11. Isst du _____ Schweinehaxen?

고친 표현: **Ich mag** deutsches Bier!

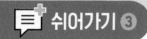

혀꼬임말

Zungenbrecher('혀를 깨부수는 것')란 혀가 꼬이거나 어색한 소리가 나도록 만든 어구나 문장이다. 예를 들어 Fischers Fritze fischt frische Fische. Frische Fische fischt Fischers Fritze는 빠르게 발음하면 혀가 엉켜버려서 끝까지 발음하기가 어렵다.

Zungenbrecher는 언어 학습자나 연극, 언어놀이를 즐기는 사람들 사이에서 인기가 있고, 발음 연습이나 언어놀이를 하는 데 사용된다.

처음에는 크게 소리내어 또박 또박 연습하다가 점점 속도를 올려가며 반복 연습을 해보자!

> Brautkleid bleibt Brautkleid und Blaukraut bleibt Blaukraut.

> Wenn hinter Griechen Griechen kriechen, kriechen Griechen Griechen nach.

> Wenn Fliegen hinter Fliegen fliegen, dann fliegen Fliegen Fliegen nach.

> Ein weißer Whiskeymixer mixt weißen Whiskey. Weißen Whiskey mixt ein weißer Whiskeymixer.

> Max wachst Wachsmasken. Was wachst Max? Wachsmasken wachst Max.

37 말과 낱말

오류 진단

오류를 찾아 고쳐보세요.

Zu diesem Thema möchte ich noch ein paar Wörter sagen.

이 주제에 대해 몇 마디 더 말하고 싶어.

고친 문장 _____

오류 처방

Wort의 복수형에는 Wörter와 Worte의 두 가지가 있습니다. 우선 Wörter는 여러 개의 '낱말'을 가리킵니다. 이와 달리 Worte는 특정 맥락 안에서 어떤 메시지나 의미를 담고 있는 말을 가리킵니다.

Wie viele **Wörter** hat dieser Satz?   이 문장은 낱말이 몇 개야?

Diese **Wörter** solltest du lernen!   이 낱말들은 꼭 익혀야 해!

Ich will nur wenige **Worte** dazu sagen.   나는 그것에 대해 한두 마디만 말하려고 해.

여기서 wenige Worte는 '몇 마디 말'로, 여기에 몇 개의 '낱말'이 포함되는지는 중요하지 않고, 특정 주제와 관련 있는 말을 짧게라도 한다는 것이 중요합니다. 다른 예로 wahre Worte는 올바른 길로 인도하는 '참된 말'이라는 의미로, 개개의 여러 낱말을 가리키지는 않습니다.

Er sagte **Worte** des Dankes, bevor er mit seinem Vortrag begann.
그는 강연을 시작하기 전에 감사의 말을 했다.

여기서는 감사를 표하는 데 사용되는 특정 '낱말들'이 중요한 것이 아니라 강연과 관련하여 누구에게 왜 감사한지 '말'을 한다는 것이 중요합니다.

오류 예문에서 의도하는 것은 단지 몇 개의 '낱말'들을 입밖으로 내겠다는 것이 아니라 해당 주제와 관련 있는 몇 마디의 '말'을 하겠다는 것이기 때문에 Wörter 대신에 Worte를 쓰는 것이 맞습니다.

> Die Kinder lernen neue **Wörter** in der Schule.
> 아이들은 학교에서 새로운 낱말들을 배워.

> In diesem Buch gibt es viele schwierige **Wörter**.
> 이 책에는 어려운 낱말들이 많이 있어.

> Ihre freundlichen **Worte** haben mich glücklich gemacht.
> 당신의/그녀의 친절한 말이 나를 행복하게 만들었어.

> Manchmal sind **Worte** mächtiger als Taten.
> 가끔씩 말이 행동보다 더 강력할 때도 있어.

연습문제

빈 칸에 Wort의 올바른 형태를 써넣으세요.

1. _____ kann man zählen, nach _____ muss man suchen.

2. Geben Sie acht auf seine _____.

3. Sätze bestehen aus _____.

4. Ich traue seinen _____ nicht.

5. Er macht nicht viel _____.

6. Ein Mann, ein _____. Eine Frau, ein _____ buch.
   [속담의 익살스런 변용]

7. Seinen _____ sollte man Taten folgen lassen.

8. Worte, nichts als _____! (말만 하는 사람을 믿지 못할 때)

9. Vorsicht, er dreht einem das _____ im Mund herum.
   (타인의 말을 의도적으로 잘못 전달/반복하다)

고친 표현: Zu diesem Thema möchte ich noch ein paar **Worte** sagen.

38 편치 않은 마음

오류 진단

오류를 찾아 고쳐보세요.

A: Ich bin heute krank.

B: Schade!

A: 나 오늘 아파.

B: 안됐다!

고친 문장 _____

오류 처방

타인에게 일어난 안 좋은 일이나 불리하게 전개된 상황에 대해 공감하거나 동정심을 느낄 때, 그 일이 나에게 leid tun한다(고통을 가한다, 아프게 한다)고 말합니다. 즉 상대방이 그 상황에 대해 느끼는 것처럼 나도 마음이 편치 않다는 뜻입니다. 그 좋지 않은 일에는 나의 책임이 있을 수도 있지만, 그렇지 않을 때도 leid tun이라고 말할 수 있습니다.

어떤 것에 대하여 Schade!라고 말할 때, 그 뜻은 '원치 않았던 일이 발생했거나 원하는 일이 발생하지 않았음에 대해 좋지 않게 생각한다'는 뜻입니다. 상황에 따라서 이 두 표현이 호환될 수는 있지만 schade는 leid tun보다 감정적 공감의 정도가 훨씬 더 약합니다. 문법적 구조의 측면에서 보더라도 leid tun에는 항상 3격을 써서 누구에게 편치 않은지, 그것을 느끼는 사람을 명시하는 반면, schade는 그 주어가 항상 es, das 같은 인칭대명사나 지시대명사로서 좋지 않게 느끼는 사람이 누구인지가 구체적으로 표현되지 않는 경우가 많습니다.

> (1) A: Ich kann dir leider nicht helfen, tut mir leid.
>
> 너를 도와줄 수 없어, 미안해.
>
> B: Das ist schade!
>
> 아쉽네!

(2) Es **tut mir leid** (für dich), dass du so krank geworden bist.
네가 그렇게 아프다니, 내 마음이 안 좋아.

(3) Es ist wirklich **schade**, dass du deine Reise deshalb nicht antreten kannst.
그래서 네가 여행을 못 간다니, 정말 아쉬워.

예문(2)에서는 상대방의 좋지 않은 건강에 대해 leid tun을 사용하여 동정심을 나타내고 감정적으로 공감하고 있습니다. 반면 예문(3)에서는 여행을 떠나지 못하게 된 데 대해 schade를 사용하여 감정적으로 공감하고 동정하기보다 그 사실 자체가 아쉽다고 표현하고 있습니다. 상황에 따라서는 두 표현 모두 사용할 수 있지만 미세한 차이가 있습니다.

Du hast die Prüfung nicht bestanden? **Schade.**
너 시험에 합격 못 했어? 아쉽구나. (약한 공감)

Du hast die Prüfung nicht bestanden? Das **tut mir leid.**
너 시험에 합격 못 했어? 안됐네. (보다 강한 공감)

우리말의 상응 표현을 중심으로 공감과 동정의 표현을 아래와 같이 비교해볼 수 있습니다.

(1) 아쉽다: 미련이 남아 서운하다, 뭔가를 기대했는데 이루어지지 않거나 만족스럽지 않아 미련이 남는다 (Schade!)
(2) 유감이다: 마음에 차지 아니하여 섭섭하거나 불만스럽게 남아 있다, 뭔가 마음에 들지 않는 일이 일어난 데 대해 불만(족감)을 느낀다 (Schade!)
(3) 안타깝다: 보기에 딱하여 가슴 아프고 답답하다, 뭔가 안 좋은 일에 대해 마음이 답답하다 (Es tut mir leid!)
(4) 안됐다: 섭섭하거나 가엾어 마음이 언짢다, 남에게 뭔가 안 좋은 일이 일어난 데 대해 마음이 불편하다, 좋지 않은 일이 일어난 남을 딱하게 여기다. (Es tut mir leid!)
(5) 미안하다: 남에 대하여 마음이 편치 못하고 부끄럽다, 내가 남에게 어떤 해를 끼치거나 손해를 입혀 마음이 불편하고 갚아야 할 빚을 진 느낌이다 (Es tut mir leid!)

오류 예문에서 A의 좋지 않은 건강에 대해 B로서는 위의 (4)와 같은 공감과 동정을 표하는 것이 일반적이나, 만약 B가 Schade라고 말한다면, 그것은 공감 표시나 동정보다는 그로 인해서 놓쳐버리게 된 것에 대한 아쉬움 또는 불만족감의 표현으로 이해됩니다. 이는 최소한 자연스러운 반응으로 볼 수 없습니다.

빈 칸에 schade sein과 leid tun을 구분하여 올바른 형태를 써넣으세요.

1. Es _____, dass du nicht kommen kannst.

2. Bitte verurteile mich nicht für das, was ich getan habe. Es _____.

3. Ich möchte noch einmal betonen, dass es sich um ein Versehen handelte, das mir _____ und wofür ich mich entschuldige.

4. Es _____, dass Sie schon gehen müssen.

5. Es _____ ihm von Herzen _____, aber es war nicht mehr zu ändern.

6. Die Menschen in Kriegsgebieten können einem nur _____. Kriege sind fürchterlich.

7. Es _____ um jede Energie, die verschwendet wird.

고친 표현: A: Ich bin heute krank.
    B: **Das tut mir leid.**

언어마다 상이한 의성어

소리	한국어	독일어
풍선	펑	peng
새	짹짹	piep piep, tschiep
고양이	야옹	miau, mietz
충돌	쿵	rumms, bumms
까마귀	까악까악	krah krah
소	음매	muh
개	멍멍	wau wau, waff waff, wuff wuff
오리	꽥꽥	quak quak
심장	두근두근	ba-dumm, bumm bumm
말	히힝	hüa
뽀뽀	쪽	muah, schmatz
수탉	꼬끼오	kikeriki
재채기	에치	hatschi
사이렌	삐뽀삐뽀	tatütata

39 이동

오류 진단

오류를 찾아 고쳐보세요.

Juhu, ein Stipendium! Im Sommer fliege ich nach Deutschland!

앗싸, 장학금이다! 여름에 나 독일 간다!

고친 문장 _____

오류 처방

한국에서 독일에 갈 때는 비행기를 탑니다. 배나 기차를 이용하는 것은 거의 상상하기 어렵죠. 따라서 위의 문장이 틀렸다고 말하기는 어렵지만 상황에 따라서는 어색하게 들릴 수 있습니다. 왜냐하면 위의 예문은 '항공편을 이용한다'는 사실 자체보다는 독일로 '이동한다'는 것을 말하려고 하는 것이기 때문입니다.

Ich fliege nach Deutschland라는 표현은 마치 사업상 한국에서 독일로 출장을 가는데 장거리 이동 경로를 생각해서 보다 편리한 이동 방법에 신경 쓰는 사람이 하는 말처럼 들립니다. 즉 배나 기차 같은 다른 교통편을 택하는 대신에 항공편을 택해서 독일에 간다는 것을 전달하려는 것처럼 들립니다. 그리고 이것은 오늘날 낯설게 들릴 수밖에 없습니다. 한국에서 독일로 가는 거의 모든 경우에 선택의 여지 없이 일반적으로 항공편을 이용하기 때문이지요.

Ich reise nach Deutschland처럼 reisen 동사를 쓰는 것도 위 예문의 취지에는 그다지 잘 맞지 않습니다. reisen은 사업이나 학업 같은 특정한 목적 없이 여행하는 것을 뜻하기 때문입니다. 위 예문의 학생은 비행에 초점을 맞추는 것도 아니고 또 독일에 여행하러 가는 것도 아니기 때문에 이런 맥락에서는 gehen을 사용하는 것이 '독일로 이동한다'는 화자의 의도에 가장 잘 맞습니다. 물론 여기서 gehen은 '걸어서 간다'라는 것을 뜻하지는 않으니까 안심해도 됩니다.

'이동'을 뜻하는 몇몇 동사의 용법을 정리해봅시다!

Ach, schon wieder muss ich fliegen!
아, 또 비행기로 가야 하네. (비행기 타는 게 싫은 경우)

In den Ferien wollen wir drei Wochen durch Spanien reisen.
방학 때 우리는 3주간 스페인 여행을 할거야. (고정된 하나의 목적지 없이 여기저기 여행을 다니는 경우)

Oh, eine Einladung! Toll, ich gehe zum Symposium nach München!
오, 초대장이네! 멋진데, 나 심포지엄에 참석하러 뮌헨에 가게 됐어! (교통편과 상관 없이 다른 장소로의 이동에 초점을 맞추는 경우)

연습문제

빈 칸에 gehen동사의 올바른 형태를 써넣고 그 의미를 구분해보세요.

1. Die Uhr _____ nicht mehr.

2. Es _____ nichts mehr in den Koffer.

3. Von jetzt an _____ es aufwärts.

4. Nein, so _____ es nicht. Wir müssen etwas anderes versuchen.

5. Die Hauptstraße _____ bis zum Bahnhof.

6. Die Preise _____ kräftig nach oben.

7. Ich _____ nächste Woche für einige Monate nach London.

8. Kannst du am Freitag kommen? - Ja, das _____.

9. Die Speisen _____ heute auf mich, die Getränke zahlt ihr bitte selbst.

10. Wann _____ der nächste Zug nach Berlin?

고친 표현: Juhu, ein Stipendium! Im Sommer **gehe** ich nach Deutschland.

40 확실성의 표현

 오류 진단

오류를 찾아 고쳐보세요.

Ich finde, dass Patrick Jojo mag.

내 생각에, 파트릭은 조조를 좋아해.

 _____

 오류 처방

독일어 학습자들은 '~라고 생각하다'라는 뜻의 동사 finden을 denken, meinen, glauben과 동일시하는 일이 흔합니다. 물론 호환이 가능한 문장들이 있긴 합니다.

Ich finde die Küche zu klein.

내가 생각하기에 주방이 너무 작아.

여기서는 finden을 대신하여 denken, meinen을 쓸 수도 있지만, 그럴 경우 뉘앙스가 달라집니다. finden은 모든 사람이 동의하지 않을 수도 있는, 어쩌면 좀 과감하고 주관적일 수 있는 의견을 나타낸다는 점에서 denken, meinen, glauben과 구분됩니다. 따라서 어떤 주관적 의견이 성립될 수 없을 정도로 충분히 명백한 것에 대해서는 finden 동사를 사용할 수 없습니다.

Ich finde, dass morgen die Sonne wieder aufgeht. (X)

나는 내일 해가 다시 뜰 거라고 생각해.

오류 문장이 발생한 배경 맥락을 보면, Patrick이 Jojo를 좋아한다는 것에는 아무런 의심의 여지도 없습니다. 따라서 위의 오류 문장에서는 finden을 대신하여 denken, meinen, glauben을 써야 합니다. 어떤 것에 대한 확신을 표현하고자 할 때 더 나은 몇 가지 방법을 들자면 다음과 같습니다.

Es ist (doch) klar / eindeutig / offensichtlich, dass Patrick Jojo mag.

Mir ist klar, dass Patrick Jojo mag.

Natürlich / Selbstverständlich mag Patrick Jojo.

Ich bin sicher, dass Patrick Jojo mag.

finden(~라고 생각하다)은 herausfinden(~을 알아내다, 알게 되다)의 의미로 잘못 사용되는 경우도 흔합니다. finden과 herausfinden의 차이는 무엇일까요? finden은 어떤 대상, 장소, 인물을 4격 목적어로 취하여 그것과 관련된 주관적인 생각이나 의견을 나타냅니다. 반면 herausfinden은 전에 몰랐던 사실의 인지나 새로운 지식의 발견이나 습득을 추상적으로 나타내기 때문에 목적어는 dass가 이끄는 관계문장, W-의문사가 이끄는 보충 의문문 또는 ob이 이끄는 간접 의문문으로 표현됩니다.

Er hat gefunden, dass man sich beim Einwohnermeldeamt anmelden muss. (X)

Er hat herausgefunden, dass man sich beim Einwohnermeldeamt anmelden muss. (O)
그는 주민센터에서 전입신고를 해야 한다는 것을 알게 되었어.

연습문제

빈 칸에 finden과 herausfinden의 올바른 형태를 써넣으세요.

1. Welche Ursache die Alzheimer-Krankheit hat, müssen die Forscher noch _____.

2. Ich _____, wir sollten jetzt langsam gehen.

3. Wie _____ du meine neue Jacke?

4. Ich habe _____, dass mir mein Freund nicht die Wahrheit gesagt hat.

5. Ich habe meinen verlorenen Schlüssel wieder _____!

6. Ich _____ unseren neuen Deutschlehrer sympathisch.

7. Seine Bemerkungen _____ ich völlig unangebracht.

8. Ich will _____, wie diese Maschine funktioniert.

9. _____ ihr das etwa komisch?

고친 표현: Ich denke / glaube / meine, dass Patrick Jojo mag.

41 과거에 일어난 사건의 순간에

 ## 오류 진단

오류를 찾아 고쳐보세요.

Vor dem Kölner Dom hat mich ein Mann angerempelt. Damals war ich so erschrocken, dass ich nicht sprechen konnte.

[일주일 전의 사건]
쾰른 대성당 앞에서 어떤 남자가 나를 밀쳤어.
그때 너무 놀라서 말도 안 나왔어.

고친 문장 _____

 ## 오류 처방

위의 예문에서 화자는 불과 며칠 전에 일어난 일을 이야기하고 있습니다. 그런데 damals는 비교적 오래 전에 있었던 일을 묘사할 때 사용하는 표현입니다. 몇 년 전 혹은 몇 십년 전의 일이거나 아니면 화자가 자기 자신과 과거의 특정한 시점 사이에 일부러 심리적 간격을 두려고 의도하는 경우에 damals를 사용합니다. 그런데 예문의 배경 상황처럼 조금 전에, 며칠 전, 몇 주 전 또는 몇 달 전에 일어난 일을 표현하려면 다른 방식을 택해야 합니다.

특히 오류 예문의 경우에는 쾰른 대성당 앞에서 어떤 남자가 나를 밀친 행동과 내가 놀란 사실 사이의 동시성을 드러내는 것이 중요하기 때문에 damals 대신 da, dabei, in diesem Moment, in dieser Minute, in dieser Situation 등으로 표현해야 맞습니다. dann을 쓰면 어떤 행위, 과정의 결과 또는 후속 사태가 표현되기 때문에 예문에서처럼 두 가지 사태 사이의 동시성을 표현하려는 취지와는 잘 맞지 않습니다.

Da hörte ich ein Lachen.
그때 나는 웃음소리를 들었어.

Als ich jung war, hatten wir noch kein Internet. **Damals** haben wir viel draußen gespielt.
내가 어릴 때는 인터넷이 아직 없었어. 그 시절에는 밖에서 많이 놀았지.

Ich esse zuerst mein Abendessen und **dann** mache ich meine Hausaufgaben.
나는 먼저 저녁을 먹고 그런 다음 숙제를 해.

Zuerst müssen wir einkaufen gehen und können **dann** ins Kino.
먼저 쇼핑을 해야 하고 그 다음에 영화관에 가야 해.

연습문제

빈 칸에 알맞은 말로 da, dann, damals**를 구분해서 써넣으세요. (복수 정답 가능)**

1. König Sejong regierte im 15. Jahrhundert das Land. _____ hatten die Koreaner noch kein eigenes Alphabet, sondern verwendeten nur die chinesischen Schriftzeichen.

2. Wenn du nicht mitkommen willst, _____ bleibst du hier.

3. Der Vorhang fiel, _____ rief das Publikum „Zugabe!".

4. Nach dem großen Erdbeben gab es _____ auch noch Epidemien.

5. Der Korea-Krieg brach 1950 aus und dauerte drei Jahre. _____ kamen mehr als vier Millionen Menschen ums Leben.

6. Das letzte Mal hat er wieder einen Witz erzählt, was haben wir _____ gelacht!

7. Wir werden heute Abend gegen 20 Uhr dort ankommen. _____ wird es schon dunkel sein.

8. Alle waren gestern auf der Party, nur du nicht. Wo warst du _____?

9. Alle waren am 31.12.1999 auf dieser tollen Silvesterparty. Wo warst du _____?

> **고친 표현**: Vor dem Kölner Dom hat mich ein Mann angerempelt. **Da** war ich so erschrocken, dass ich nicht sprechen konnte.

42 들뜬 마음으로 기다리기

 ## 오류 진단

오류를 찾아 고쳐보세요.

Ich erwarte das Wochenende.

[주말 여행을 계획하며]
나는 주말이 기다려져.

고친 문장 _____

 ## 오류 처방

손님이 오기로 되어 있으면 우리는 보통 그 손님을 기다립니다. 약속이 되어 있는 손님은 사실 어차피 오게 되어 있습니다. 또는 친구가 저녁에 전화하겠다고 했으면, 저녁에는 그 친구의 전화를 기다립니다. 이럴 때 '기다리다'의 뜻으로 사용하는 erwarten 동사는 약속이 되어 있거나, 예정되어 있거나, 피할 수 없어서, 충분히 예상하면서, 어떤 것을 맞이할 마음의 준비가 된 상태에서 그것을 기다린다는 것을 뜻합니다. 이때의 심리 상태는 담담하면서 특별한 감정의 동요가 없는 상태입니다. 어차피 올 것은 올 것이고 또 바꿀 수도 없음을 알고 있기에 오는 대로 맞이하는 것입니다. 예를 들어 일정한 간격을 두고 오는 계절, 매일 거의 일정한 시각에 들르는 우편 배달부, 약속된 전화 연락 같은 것들이 우리가 erwarten하는 것들입니다.

우리는 이런 것들에 대해서는 보통 들떠서 손꼽아 기다린다거나 어떤 기대심을 품지는 않습니다. 하지만 애인이 보낸 손편지가 오늘 도착한다는 것을 알면 매일 오는 우편 배달부라 할지라도 특별히 오늘만큼은 한껏 기다려지기도 하겠지요. 즉 이미 정해진 어떤 평범한 것을 기다리는 것과 달리 우리가 들떠서 기쁜 마음으로 손꼽아 기다리는 것들도 있다는 것입니다. 이럴 때는 erwarten이 아닌 다른 동사를 쓰는 것이 일반적입니다. 위 예문의 경우는 신나는 여행이 예정되어 있는 주말이 오기를 매우 들떠서 기다린다는 뜻이므로 erwarten은 어울리지 않습니다. 앞으로 다가올 어떤 것을 기쁜 마음으로 학수고대할 때는 erwarten 대신에 sich auf etwas freuen을 사용하는 것이 좋습니다.

Ich freue mich auf dich. 나는 너(를 만나기)를 고대하고 있어.

Ich freue mich auf den Urlaub. 나는 휴가를 고대하고 있어.

Ich freue mich auf das Wochenende. 나는 주말이 기다려져.

그런데 만약 기쁨의 대상이 현재의 상황에 놓여 있거나 이미 지나간 것이라면, 예를 들어 선물을 받고 나서 그것에 대해 기쁘거나 조금 전에 친구한테서 오랜만에 전화를 받아 기쁠 때는 sich über etwas freuen을 써서 기쁜 마음을 표현할 수 있습니다.

Ich freue mich sehr über dein Geschenk.
네 선물에 나는 너무 기뻐.

Ich freue mich sehr darüber, dass du mich angerufen hast.
나한테 전화해줘서 정말 기뻐.

연습문제

특정 전치사구를 요구하는 동사들입니다. 빈 칸에 알맞은 전치사를 써넣으세요.

1. Ich freue mich immer _____ ein gutes Essen.

2. Man ärgert sich immer _____ die häufigen Zugverspätungen bei der Deutschen Bahn.

3. Er interessiert sich nicht _____ Politik.

4. Hast du dich bei Onkel Fritz _____ deine Verspätung entschuldigt?

5. Die Angestellten möchten mit ihrem Chef _____ die Arbeitsbedingungen sprechen.

6. Freust du dich _____ den Urlaub in Australien?

7. Seit einer halben Stunde warte ich im Café _____ meine Freundin.

8. Am Wochenende treffe ich mich _____ meinen Eltern und wir gehen essen.

9. Jeder träumt einmal in seinem Leben _____ der großen Liebe.

10. In diesem Restaurant bin ich immer zufrieden _____ dem Essen, aber nicht _____ dem Service.

11. Wenn ich zu Oma gehe, denke ich immer _____ meine Schulzeit.

12. Beim Sprechen sollte man immer _____ die Aussprache achten.

고친 표현: Ich **freue mich auf** das Wochenende.

43 끝나든지 끝내든지

 ## 오류 진단

오류를 찾아 고쳐보세요.

Um 2 Uhr hat der Lehrer den Unterricht geendet.

2시에 선생님이 수업을 끝내셨어.

고친 문장 _____

 ## 오류 처방

사전에서 enden을 찾아보면 자동사(intransitiv)라고 나와 있습니다. 자동사는 4격 목적어를 취하지 않고 일반적으로는 수동태를 구성할 수도 없습니다. 말하자면 '누군가'(주격) '어떤 것을'(목적격) '끝낸다'는 것이 아니라 '어떤 것'(주격)이 '끝난다'는 것입니다. 따라서 enden은 위 예문에서처럼 사람을 주어로 가질 수 없습니다. '끝나는' 것은 사람이 아니라 보통 수업과 같이 시작과 끝이 있고 일정한 시간이 소요되는 활동이기 때문입니다. 오류 예문에서는 말하자면 주어 der Lehrer와 동사 enden의 조합이 적절치 않습니다.

그에 반해 enden의 파생어로서 전철 be-가 붙은 beenden은 대개 4격 목적어를 취하고 수동태도 구성할 수 있습니다.

Um 2 Uhr hat er den Unterricht beendet.
2시에 그는 수업을 끝냈다.

Um 2 Uhr wurde der Unterricht von ihm beendet.
2시에 수업이 종료되었다.

Ich werde gleich meine Arbeit beenden.
나는 곧 작업을 끝낼 거야.

Die Renovierungsarbeiten wurden pünktlich **beendet**.
수리 작업은 정시에 종료되었다.

추가로 언급하자면, 비분리 전철 be-가 붙은 동사는 누군가에게 해를 끼치거나 손해를 입힌다는 부정적인 뜻을 갖는 경우가 많습니다. 예를 들어 어떤 사람을 거짓말로 속이거나(belügen) 성가시게 하거나(belästigen) 부담을 주거나(belasten) 기만할 때(betrügen), 어떤 사람을 조롱하는 듯한 눈길로 쳐다보거나(begaffen) 신체의 어떤 부분을 만지거나(begrapschen) 엿듣거나(belauschen) 평가할(bewerten) 때 한결같이 be-가 등장합니다. 더 나아가 타인의 잘못을 지적하고 교정할 때(berichtigen), 후견인처럼 간섭하는(bevormunden) 동사는 be-로 시작하며, 무엇이 부족하다고 탓하거나 비난할 때(bemängeln), 상대방의 잘못을 지적하거나 이의를 제기할 때(beanstanden), 누군가에게 상해를 입힐 때(beschädigen)도 be-가 붙습니다. 물론 beenden에는 이러한 부정적 뉘앙스가 들어 있지 않습니다. 그저 어떤 시간적 과정을 종료한다는 뜻입니다.

연습문제

빈 칸에 알맞은 동사를 보기에서 찾아 올바른 형태로 써넣으세요.

1. Pass auf, dass du mit solchen Aktionen nicht deinen guten Ruf _____!

2. Er vermeidet, andere Gäste mit dem Rauch zu _____.

3. Er hat mich nur _____. Er sagte mir nie die Wahrheit.

4. Ich _____ die Frage.

5. Wie würden Sie als Fachmann die Situation _____?

6. Der Händler hat mich mit überhöhten Preisen _____.

7. Woher weißt du das? Hast du uns etwa _____?

8. Die Zeugen haben den Angeklagten durch ihre Aussagen _____.

9. Es ist Ihre Sache, wenn Sie meinen Rat nicht _____ wollen.

10. Könnten Sie mich bitte zu diesem Thema _____?

보기   belügen   belästigen   betrügen   belauschen   bewerten
belasten   beraten   befolgen   beschädigen   beantworten

고친 표현: Um 2 Uhr hat der Lehrer den Unterricht **beendet**.

44 취소

 ## 오류 진단

오류를 찾아 고쳐보세요.

Ich muss unser Treffen heute leider ablehnen.

아쉽지만 오늘 우리 만나기로 한 약속을 취소해야 해.

고친 문장 _____

 ## 오류 처방

어떤 새로운 제안이 처음부터 마음에 들지 않거나 기본 여건에 맞지 않을 때 우리는 그것을 거절할 (ablehnen) 수 있습니다. 처음부터 거절하면 어떤 약속이나 일정도 잡히지 않습니다. 하지만 이미 어 떤 일정이나 약속을 정해 놓았음에도 임박해서 발생한 어떤 문제로 인해 그 약속을 지킬 수 없다면 어 떻게 해야 할까요? 그럴 때는 보통 취소합니다(absagen).

> ### Ich muss für heute Abend leider doch absagen.
> 유감이지만 오늘 저녁 약속은 취소해야겠어.

그리고 어떤 확인 질문을 받았을 때, 그 질문의 내용이 사실과 맞지 않는다면 부인합니다(verneinen). 이는 'nein이라고 말하다'라는 뜻입니다.

> ### Er verneinte die Frage sofort.
> 그는 질문에 대해 즉시 아니라고 대답했다.

이해를 돕기 위해 짤막한 이야기를 하나 해보겠습니다.
한 남자가 여자에게 데이트를 제안했다. 여자는 처음에 거절했다가(ablehnen) 조금 후에 생각을 바꿔 동의했는데(zustimmen), 막상 만나기로 약속한 시간이 다가오자 여자는 갑자기 만남을 취소했다 (absagen). 며칠 후, 여자는 남자에게 화가 났는지 물었다. 남자는 자존심 때문에 그렇지 않다고 부인 했다(verneinen). 며칠 후, 이번에는 여자가 남자를 식사에 초대했다. 남자는 생각하기를, '나도 한번 거절해볼까(ablehnen)? 아니면 일단 동의했다가(zustimmen) 나중에 급하게 취소해서(absagen) 되 갚아줄까?' 이렇게 고민한 끝에 남자는 결국 여자에게 다음과 같은 문자 메시지를 보냈다. "Ich muss deine Einladung leider **ablehnen.**"(아쉽지만 너의 초대를 거절할 수밖에 없어) "Ich kann deine Einladung leider nicht annehmen"(아쉽지만 네 초대에 응할 수 없어)도 정확하고 자연스러운 표현 입니다.

빈 칸에 absagen, ablehnen, verneinen의 올바른 형태를 써넣으세요.

1. Die angekündigte Party wurde plötzlich _____.

2. Er _____den Vorschlag ohne einen Grund zu nennen _____.

3. Er _____ die Frage ohne zu zögern.

4. Es war ein Angebot, das ich nicht _____ konnte.

5. Das Spiel wurde wegen Regen _____.

6. Sie fragte ihn, ob er seine Arbeit erledigt habe, und wurde wütend, als er _____.

고친 표현: Ich muss unser Treffen heute leider **absagen.**

45 '같은 것'의 두 가지 의미

오류 진단

오류를 찾아 고쳐보세요.

**Sie trägt dieselben Schuhe
wie du!**

그녀는 너와 같은 신발을 신고 있어!

고친 문장 _____

오류 처방

dasselbe와 das Gleiche는 동의어로 사용되는 경우가 흔한데, 그렇다고 해서 이 둘이 똑같은 것은 결코 아닙니다. 표기만 보더라도 dasselbe는 소문자로 붙여 쓰고, das Gleiche는 그 뒤에 명사가 나오지 않으면 대문자로 쓰고 띄어 쓴다는 점에서 이미 똑같지 않다는 것을 알 수 있습니다.

dasselbe는 두 대상이 모든 면에서 완전히 동일하다는 것을 강조할 때 사용합니다. 이와 달리 두 대상이 비슷하지만 동일하지는 않다는 것을 강조하려면 das Gleiche를 사용합니다.

> Das ist dasselbe Mädchen, das ich gestern gesehen habe.
> 이 소녀는 내가 어제 본 바로 그 소녀야.

> Die Zwillinge tragen oft das gleiche Outfit.
> 쌍둥이들은 같은 옷을 입을 때가 많아.

식당에서 주문한 음식을 놓고 이 둘을 비교해봅시다. 우리의 옆 테이블에 앉은 손님들이 우리와 똑같은 음식을 주문했다면 그쪽도 우리와 똑같은 (종류의) 것(das Gleiche), 즉 똑같은 (종류의) 음식을 받을 것입니다. 하지만 옆 테이블의 손님이 받는 음식은 우리가 받는 음식과 동일한 것(dasselbe)이 아닙니다. 왜냐하면 동일한 것(dasselbe)은 이 세상에 오직 단 하나밖에 없고, 그것은 유일히게 우리의 테이블 위에 놓여 있는 바로 그것이기 때문입니다!

부부가 하나의 그릇에 담긴 국을 함께 먹을 때, 그 부부는 동일한 하나의 국(dasselbe)을 함께 나눠 먹는다고 할 수 있습니다. 시험 볼 때 학생들은 똑같은 (종류의) 문제지(das Gleiche)를 받지만 그 문제지들이 동일한(dasselbe) 문제지는 아닙니다. 왜냐하면 학생들은 단 하나의 문제지를 함께 보면서 시험을 치를 수는 없기 때문입니다. 그것은 아마도 시험의 취지와 정반대되는 일이겠지요? 다시 말해 dasselbe는 '하나의 동일한 개체'를 의미하고 das Gleiche는 '동일한 종류에 속하는 것'으로서 '복제된 것', '복제품'을 의미합니다.

예문에서 한 짝의 동일한 신발을 두 사람이 동시에 신고 있을 수는 없습니다. 동일한 모델, 동일한 색 또는 동일한 모양의 신발을 두 사람이 신고 있다는 의미를 표현하려면 dieselben Schuhe가 아니라 die gleichen Schuhe를 쓰는 것이 맞습니다.

연습문제

빈 칸에 das gleiche 또는 dasselbe의 올바른 형태를 써넣으세요.

1. Ein Freund von mir besitzt _____ Auto wie ich: einen VW.

2. Meine Frau fährt _____ Auto wie ich, da wir zusammen nur ein einziges besitzen.

3. Er isst immer _____ zu Mittag.

4. Es läuft auf _____ hinaus.

5. Die beiden Kätzchen haben _____ Mutter.

6. Ich benutze _____ Anti-Viren-Software wie Bill Gates.

고친 표현: Sie trägt **die gleichen** Schuhe wie du!

46 '다른'의 여러 가지 의미

오류 진단

오류를 찾아 고쳐보세요.

Meine Meinung ist ganz verschieden.

내 의견은 완전 달라.

고친 문장 _____

오류 처방

같음이나 다름을 나타내는 어휘에서 혼동을 일으키기 쉬운 말들이 더러 있습니다. 앞장에서 살펴본 dasselbe와 das Gleiche의 경우와 마찬가지로 verschieden과 unterschiedlich도 흔히 동의어로 사용됩니다. 하지만 여기에도 미세한 차이점이 있습니다. verschieden은 여러 가지, 즉 다수를 뜻합니다. 그런데 이 다수의 것들이 서로 동일한지 아니면 구분이 가능한지는 중요하지 않습니다. 반면에 unterschiedlich는 여러 가지가 서로 동일하지 않다는 것을 이미 내포합니다.

Mein Freund und ich haben verschiedene Hobbys.
나와 내 친구는 여러 가지 취미가 있어.

Mein Freund und ich haben unterschiedliche Hobbys.
나와 내 친구는 제각기 다른 취미를 가지고 있어.

Verschiedene (mehrere) Zeugen haben es gesehen. Was sie sahen, war jedoch ganz unterschiedlich (nicht gleich).
여러 명의 목격자가 있었다. 그러나 그들이 본 것은 (같지 않고) 서로 완전히 달랐다.

unterschiedlich와 유사한 뜻으로 ander-를 사용하기도 하는데, ander-는 어떤 것을 이미 중심에 놓고 그것을 그밖의 나머지 것과 비교할 때 씁니다.

> **Verschiedene** Zeugen haben **unterschiedliche** Erklärungen abgegeben, doch fast alle haben ein schwarzes Auto gesehen. Nur Zeuge X hat etwas **anderes** gesehen, nämlich ein rotes Auto.
>
> 여러 명의(verschieden) 목격자가 각기 서로 다른(unterschiedlich) 설명을 했다. 하지만 거의 모든 목격자가 검은색 자동차를 보았다. X라는 목격자만 그것(검은색 자동차)과는 다른 것(anderes)을 보았는데, 그는 빨간색 자동차를 보았다고 한다.

여기서는 거의 모든 목격자가 보았다고 하는 검은색 자동차가 관심의 중심에 놓여 있는 것이고 빨간색 자동차는 그밖의 나머지 것으로 분류되기 때문에 anderes를 사용하였습니다.

오류 예문의 경우, 그 전에 이미 어떤 의견이 누군가한테서 나왔고 화자는 그에 대해 자신은 그 의견과는 다른 의견을 갖고 있음을 말하려는 것입니다. 따라서 이 경우에는 anders를 쓰는 것이 맞습니다.

연습문제

빈 칸에 verschieden, unterschiedlich, ander-**의 올바른 형태를 써넣으세요.** (복수 정답 가능)

1. Ich habe _____ Dinge eingepackt.

2. Unter meinen Freunden gibt es ganz _____ Temperamente.

3. Beim ersten Versuch stieß ich auf _____ Probleme.

4. Die Projekte sind zwar ähnlich, setzen aber _____ Akzente.

5. Die Geschmäcker sind _____. Über Geschmack lässt sich nicht streiten.

6. Wir Brüder sind sehr _____.

7. Die beiden Brüder sind charakterlich so _____, dass sie unterschiedlicher kaum sein könnten.

8. Ich wünschte, ich wäre in einer _____ Situation.

9. Da stand ein Mann und ein _____ kam hinzu.

10. Wir haben eine grundlegend _____ Auffassung von Schönheit.

고친 표현: Meine Meinung ist ganz **anders**.

47 어려운 것

 ## 오류 진단

오류를 찾아 고쳐보세요.

Er hat einen schweren Charakter.

그는 까다로운 성격을 가지고 있어.

고친 문장 _____

 ## 오류 처방

schwer와 schwierig는 유의어지만 자세히 살펴보면 차이가 있습니다. schwer는 어떤 것이 '육중한 무게를 지니고 있음'을 뜻하고, 이 의미는 우리가 몸을 써서 그것을 얼마나 잘 들거나 짊어지거나 운반할 수 있는지와 관련됩니다. 이에 반해 schwierig는 어떤 과제나 문제에 대해서, 말하자면 정신적 작업과 관련된 어려움을 나타낼 때 사용하는 말입니다.

> Der Koffer ist aber schwer! Ich werde ihn nehmen, nimm du die leichtere Tasche.
> 짐가방 진짜 무겁네! 내가 그거 들게, 너는 더 가벼운 손가방을 들어.

> War die Prüfung schwierig? – Ein paar Fragen waren ganz leicht / einfach, aber insgesamt war es schwierig, immer die richtige Lösung zu finden.
> 시험이 어려웠어? – 몇 문제는 아주 쉬웠지만, 전반적으로는 정답 찾기가 까다로웠어.

시험이 '무거울' 리는 없고, 반면 어렵거나 쉬울 수는 있습니다. 또한 어려운 문제가 출제된 경우에는 문제가 '무거운' 것이 아니라 정답을 찾기가 '버거운' 것입니다. 또 다른 맥락에서 schwer는 '큰', '강렬한', '극단의', '심각한', '중대한'이라는 뜻으로도 사용되고, schwierig는 '까다로운', '복잡한'이라는 뜻으로도 사용됩니다. 아래 글에서 이 두 낱말의 의미와 용법 차이를 잘 알 수 있습니다.

Der Autofahrer machte einen schweren Fehler. Kurz darauf geschah ein schwerer Unfall. Zwei Passanten mussten mit schweren Verletzungen ins Krankenhaus gebracht werden. Die Rettung der Opfer war schwierig. Sie erlitten schwierige Knochenbrüche. Der Autofahrer, der den Unfall verursacht hatte, wollte sich bei den Unfallopfern nicht entschuldigen. Er hatte wirklich einen schwierigen Charakter.

자동차 운전자가 중대한 실수를 했다. 그리고 곧바로 큰 사고가 났다. 두 명의 행인은 심각한 부상을 입고 병원으로 옮겨졌다. 이 피해자들을 구조하는 것은 어려웠다. 그들은 심각한 골절상을 입었다. 사고를 낸 운전자는 피해자들에게 사과하려 하지 않았다. 그 운전자는 정말 까다로운 성격을 갖고 있었다.

위의 글에서 잘 드러나듯이 schwer는 부정적으로 평가할 수 있는 것(실수, 사고, 부상 등)의 심한 정도를 나타내고, schwierig는 어떤 일(인명 구조하기, 치료하기, 사람 다루기 등)을 처리하는 것이 쉽지 않고 벅찬 과제임을 나타냅니다.

끝으로 schwer는 지식이나 능력으로 해내야 할 일과 관련하여 '힘든', 즉 '높은 능력을 요구하는'이라는 의미로 사용되기도 합니다.

Das Brettspiel *Risiko* war für mich anfangs ein sehr schweres / schwieriges Spiel.

Risiko라는 보드게임은 나에게 처음에는 너무 어려운 / 힘든 / 벅찬 게임이었어.

연습문제

빈칸에 schwer 또는 schwierig의 올바른 형태를 써넣으세요.

1. Das neue Bett ist extrem _____.

2. Der Junge hat _____ Zeiten durchgemacht.

3. Die Hausaufgabe ist _____.

4. Nach kurzer, _____ Krankheit verstarb unser Vater.

5. _____ Weine zeichnen sich oft durch einen hohen Alkoholgehalt aus.

6. Der Tod ist ein _____ Gesprächsthema.

7. Er erhob _____ Vorwürfe gegen seine Kollegen.

8. Aller Anfang ist _____. [속담]

9. Er macht gerade eine _____ Phase durch.

10. Er hatte eine _____ Kindheit.

11. Es ist _____, mit ihr zu diskutieren.

12. Sie sind _____ Kunden.

고친 표현: Er hat einen **schwierigen** Charakter.

48 데려오/가기와 가져오/가기

Level B1

오류 진단

오류를 찾아 고쳐보세요.

Kann ich dich mit dem Auto mitbringen?

차로 데려다 줄까?

고친 문장 _____

오류 처방

mitbringen, mitnehmen은 각각 kommen, gehen과 상관관계에 있습니다. 우선 mitbringen은 4격 목적어로서 사물을 취하는지 또는 사람을 취하는지에 따라 우리말로 다르게 표현됩니다. 목적어가 사물일 때는 '가져오다'에 해당되며, 사람일 때는 '데려오다'에 해당됩니다. 어떤 사물을 '가져온다'(mitbringen)는 것은 그 사물을 휴대하여 대화 상대방이 있는 장소로 이동한다는 것이고, 어떤 사람을 '데려온다'(mitbringen)는 것은 그 사람을 동반해서 대화 상대방이 있는 장소로 이동한다는 것입니다. 말하자면 mitbringen의 관점은 화자 자신에서 시작해서 대화 상대방 쪽으로 이동합니다.

그에 반해 어떤 사물을 '가져가거나' 어떤 사람을 '데려간다'(mitnehmen)고 할 때는, 그 사물을 휴대하거나 그 사람을 동반해서 대화 상대방이 있는 장소가 아닌, 어느 다른 장소로 이동하는 것입니다. 이때 관점은 화자 자신에서 시작해서 대화 상대방 쪽이 아닌 제3의 장소로 이동합니다. 말하자면 관점이 다른 것입니다!

아래 예와 같이 둘 다 쓸 수 있는 동일한 맥락도 있을 수 있습니다.

> (1) Kann ich meine Freundin zum Stammtisch **mitbringen** (Kann ich mit meiner Freundin zusammen kommen)?
>
> 모임에 여자친구를 데려와도 될까? (여자친구와 함께 와도 될까?)

> (2) Kann ich meine Freundin zum Stammtisch **mitnehmen** (Kann ich mit meiner Freundin dort hingehen)?
>
> 모임에 여자친구를 데리고 가도 될까? (여자친구와 함께 그곳에 가도 될까?)

예문 (1)은 화자가 자신의 여자친구를 데리고 대화 상대방(모임을 주관하는 인물)이 있는 곳으로 와도 되는지를 묻고 있으며, 예문 (2)는 화자가 여자친구를 데리고 대화 상대방(모임과 반드시 관련이 있을 필요는 없는 인물)이 위치하고 있는 곳이 아닌 다른 장소로 가도 되는지를 묻고 있습니다.
추가 예문을 통해 관점의 이동을 좀 더 확실히 파악해 봅시다!

> Ich fahre heute in die Stadt, soll ich dich **mitnehmen**?
>
> 오늘 시내에 갈건데, 너를 데리고 가줄까? (상대방이 있는 곳이 아닌 시내로 이동)

> Nein? Aber ich kann dir etwas **mitbringen**.
>
> 싫어? 네가 원하는 것 사다 줄 수도 있어. (구매해서 상대방을 향해 이동)

Eine Wassermelone kostet im Aldi heute nur vier Euro, da **nehme** ich mir eine **mit**!

오늘 Aldi에서 수박이 4유로밖에 안 해서, 수박 하나 사가지고 갈거야. (Aldi에서 출발해서 다른 곳으로 이동)

Soll ich dir auch eine **mitbringen**?

너한테도 하나 가져다줄까? (상대방이 위치한 곳으로 가져다줄지를 물음)

mitbringen은 화자 또는 관련인물 쪽으로 이동하여 가까이 접근하는 것이고, mitnehmen은 화자 또는 관련인물한테서 멀어지는 것입니다. 다시 말해 mitbringen은 가까이 다가오는 것이고 mitnehmen은 멀리 벗어나는 것입니다.

오류 예문의 경우, 차에 상대방을 태우고 어딘가로 데려다 줄지를 묻고 있으므로 mitnehmen을 써야 합니다.

연습문제

빈 칸에 mitbringen과 mitnehmen을 구분하여 현재완료형으로 써넣으세요.

1. Julia hat schöne Souvenirs aus dem Urlaub _____.

2. _____ er dir Blumen _____?

3. Warum hast du ihn nicht mit dem Auto in die Stadt _____?

4. Wir haben die Fahrräder in die Alpen _____.

5. Die Mutter hat ihrer Tochter Schokolade _____.

6. Sie hat ihn ins Kino _____.

7. Sie haben einen Kuchen _____, weil ihr Freund eine Geburtstagsparty feiert.

8. Er hat einen Pullover _____, weil es abends kalt wird.

고친 표현: Kann ich dich mit dem Auto **mitnehmen**?

독일인 성씨의 유래

독일에서 인구 대비 가장 많은 성씨는 아래와 같다:

	성		성
1	Schmidt	6	Hoffmann
2	Müller	7	Becker
3	Mayer	8	Fischer
4	Schulz	9	Weber
5	Schneider	10	Wagner

독일에서는 13~14세기경부터 도시로 많은 인구가 유입되기 시작하면서 같은 호명(Rufname)을 갖는 사람들이 그만큼 많아졌고, 이에 행정 관청에서는 같은 호명을 가진 많은 사람들을 구분해줄 행정용 주민 명부가 필요해졌다. 이로부터 개인별 별명(Beiname)이 유행하기 시작했고, 이 별명이 세대를 넘어 상속될 경우 성씨의 성격을 띠게 되었다. 1875년에는 이름을 나라에 등록하는 제도가 만들어지면서 모든 독일인이 이름, 중간이름, 성씨를 갖게 되었다.

독일인의 성씨는 특정 직업에서 유래한 경우가 많다. 예를 들어 독일에서 가장 흔한 성씨 가운데 하나인 Müller는 본디 '방앗간 주인'이라는 뜻이며, Schneider는 '재단사', Schuster는 '신발 만드는 사람'에서 유래한 것이다.

유래	성
직업, 직함	Schneider, Fischer, Müller, Schuster
아버지의 이름	Petermann, Peters, Heinrichs
어머니의 이름	Ayte (Agathe), Alscher (Adelheit)
사람의 특성	Klein, Lang, Groß, Kurz, Braun, Schwarz, Fröhlich
출신 지역	Franke, Böhme, Hesse
거주지의 특성	Stein, Busch, Berg, Bach
동물	Hahn, Wolf, Fuchs, Löwe

49 사과와 유감 표현

 오류 진단

오류를 찾아 고쳐보세요.

A: Sprechen Sie Russisch?
B: Nein, Entschuldigung.

A: 러시아어 할 줄 아세요?
B: 아니요, 죄송해요.

고친 문장 _____

 **오류 처방**

지하철에서 실수로 남의 발을 밟거나 밀치게 되면 다음과 같이 말하는 것이 보통입니다.

	Tut mir leid!
	Entschuldigung!
	Entschuldigen Sie (bitte)!
	Verzeihung!
격식을 갖춤	Verzeihen Sie (bitte)!

이 표현들은 대체로 화자가 누군가에게 '죄를 사해달라고' 부탁함을 나타냅니다. 물론 이 죄나 잘못이 형법상으로 얼마나 중대한지는 둘째 문제입니다. 재귀동사 sich entschuldigen을 사용하는 경우에는 관점이 바뀌어서, 죄나 잘못을 범한 주어 자리의 사람이 누군가에게 자신의 죄나 잘못을 털어놓으면서 용서를 구하는 것입니다.

Entschuldigung, wie spät ist es?

죄송하지만, 지금 몇 시예요?

Entschuldigen Sie bitte meine Verspätung.

늦어서 죄송합니다.

Du musst **dich entschuldigen**, wenn du zu spät kommst.

늦게 오면 꼭 사과를 해야 해.

sich entschuldigen(사과하다)과 verzeihen(용서해주다)은 서로 반대되는 의미입니다. 예를 들어 Martin이 아내 Maria의 생일을 잊었다면 Martin은 사과할(sich entschuldigen) 것이고, Maria는 그를 용서해줄(verzeihen) 것입니다. 하지만 Martin이 친하지도 않고 알지도 못하는 직장 동료 Mona의 생일을 그냥 지나쳤더라도 Martin은 아무런 잘못도 하지 않은 것입니다. 잘못이 없기 때문에 Martin이 자신의 잘못을 용서받고자 사과할 일도 없습니다. Martin은 이런 경우에 **Tut mir leid**, das wusste ich nicht(그랬군요, 몰랐어요)라고 말하면 충분합니다. 그 이상으로 잘못을 빌고 용서를 구하는 사과의 말은 오히려 적절치 않습니다. Tut mir leid와 Entschuldigung의 차이는 공손한 사과 표현이 사회적으로 요구되는지의 여부 및 벌어진 사태에 대한 귀책과 관련됩니다(38번 항목 참고).

몇가지 사례를 통해 살펴봅시다.

예문	공손하게 표현 해야 할 필요	책임
Tut mir leid, ich muss unbedingt lernen. Ich habe keine Zeit. 미안해, 공부해야 해서. 시간이 없어.	X (허물없는 친구 사이)	X (잘못 없음)
Entschuldigung, ich muss leider den Termin verschieben. 죄송합니다만, 약속을 미룰 수밖에 없습니다.	O (격식을 갖추는 공식적 상황)	O (계획을 잘못 짠 나의 잘못)
Wissen Sie, wo hier die Toiletten sind? – **Tut mir leid**, ich habe keine Ahnung. 여기 화장실이 어디에 있는지 아세요? – 죄송해요, 모르겠네요.	O (격식을 갖추는 공식적 상황)	X (잘못 없음)
Entschuldigung, das wusste ich nicht. Ich wollte dir nicht wehtun. **Es tut mir leid**. 미안해, 몰랐어. 너를 아프게 하려는 건 아니었어. 미안해.	X (허물없는 친구 사이)	O (부주의한 나의 잘못)
Ich habe **mich** tausendmal bei ihr **entschuldigt**, aber sie hat es mir nie **verziehen**. 그녀에게 수천 번 사과했는데, 결코 용서해주지 않았어.	O (큰 잘못을 했을 때)	

사과를 할 때는 자신의 잘못 없이 상대방의 처지와 관련하여 단순히 유감을 표명할지, 아니면 자신이 저지른 잘못이나 실수가 얼마나 사소하거나 얼마나 중대한 것인지, 또는 관련된 사람에게 얼마나 작게 또는 크게 느껴지는지에 따라 위에 언급한 여러 표현 가운데 적절한 것을 골라 사용하면 됩니다.

오류 예문에서 러시아어를 할 줄 아느냐는 질문에 B가 부정적으로 답한다 하더라도 러시아어를 할 줄 모른다는 것은 본인의 잘못이 아니기 때문에 Entschuldigung은 과한 사과의 표현이고 맥락에 맞지 않습니다. 러시아어에 대한 관심과 능력을 상대방과 공유하지 못하는 데 대한 유감은 tut mir leid와 같이 표현하는 것으로 충분합니다.

연습문제

빈 칸에 tut mir leid, Entschuldigung, sich entschuldigen, Verzeihung, verzeihen의 올바른 형태를 써넣으세요. (복수 정답 가능)

1. _____, ich weiß die Antwort nicht.

2. Was du getan hast, war ein Schock für mich. Ich kann dir nicht _____.

3. Ich sehe meinen großen Fehler ein und bitte dich vielmals um _____!

4. Sie hat meine _____ nicht akzeptiert.

5. Dieser Fehler ist nicht zu _____.

6. _____, alle Plätze sind besetzt.

7. Was soll ich mehr tun, als um _____ zu bitten.

8. Für dieses Verhalten gibt es keine _____!

9. Ich _____ mich für das Versehen.

10. Wenn ich eine _____ hätte, so würde ich sie jetzt vorbringen.

11. Nach einer Stunde hatte sie ihm schon _____.

12. (Es) _____, ich kann Ihnen nicht helfen.

고친 표현: Sprechen Sie Russisch? - Nein, **tut mir leid**.

거짓 짝

'거짓 짝'(false friend, falscher Freund)이란 서로 다른 언어나 방언 사이에 형태나 소리는 같지만 의미가 다른 낱말 쌍을 일컫는다. 한 언어의 낱말과 다른 언어의 낱말이 같은 어원을 공유하지만 언어발달 과정에서 의미 분화가 일어나 서로 다른 뜻을 지니게 된 경우가 있고, 두 낱말이 순전히 우연에 의해 발음이나 철자가 닮은 경우도 있다. 예를 들어 영어의 gift(선물)와 독일어 das Gift(독), 영어 fast(빠른)와 독일어 fast(거의)는 같은 어원을 갖지 않고 우연히 발음이 같은 경우이고, 영어의 city(시)도 독일어에 유입되었으나 다른 뜻(도심)을 갖게 되었다.

친구 중에는 아주 가까운 '진정한' 친구가 있는가 하면 겉으로는 가까워 보여도 실상 서로 가깝지도 않고 비슷한 점도 전혀 없는 '거짓' 친구(falscher Freund)도 있는 법이다. 언어에도 똑같은 현상이 있다. 특히 언어 족보상 사촌지간인 독일어와 영어 사이에는 발음이나 철자가 동일하거나 매우 유사한 낱말짝이 많은데, 이들 중 일부는 실제로 서로 아무런 관련도 없는 '거짓 짝'이다. 이들은 의미가 서로 다르므로 사용에 유의해야 한다.

영어	독일어
familiar 친숙한, 잘 아는	familiär 가족의, 집안의 Wir haben eine familiäre Beziehung, die auf Vertrauen und Liebe basiert. 영어 대응어: vertraut
arm 팔	arm 가난한 Bei großen sozialen Einsparungen werden viele Leute arm. 영어 대응어: Arm
bank 은행	Bank (1) 벤치 (2) 은행 (1) Sie setzten sich auf die Bank im Park und genossen die Sonne. (2) Ich muss zur Bank gehen, um Geld abzuheben.
gymnasium 체육관	Gymnasium 9년제 일반계 중고등학교 Nach der Grundschule ging sie auf ein Gymnasium, um ihr Abitur zu machen. 영어 대응어: Turnhalle / Sporthalle
formula 수학 공식, 화학식, 정형화된 문구	Formular 문서 양식, 서식 Bitte füllen Sie das Formular mit Ihren persönlichen Angaben aus. 영어 대응어: Formel

50 정신적, 육체적, 물질적 돌봄

오류 진단

오류를 찾아 고쳐보세요.

Er sorgt sich sehr für seine kranke Mutter.

그는 편찮으신 어머니를 많이 걱정하고 있어.

고친 문장 _____

오류 처방

누군가에 대해 걱정하거나 근심을 갖는다는 것은 애정과 연민으로 그 사람이 잘 되길 바라지만 그에게 혹시 부정적인 일이 일어나지나 않을까 신경을 쓴다는 뜻입니다. 이때 화자가 적극적으로 행동에 나서는지 아닌지는 중요하지 않습니다.

> Ihr jüngerer Bruder ist seit zwei Jahren arbeitslos. Sie sorgt sich sehr um ihn. Sie ist sehr besorgt, dass er keine Arbeit finden könnte, und sie sorgt sich um seine Gesundheit und um seine Zukunft.
> 그녀의 남동생은 2년 전부터 실직 상태이다. 그녀는 그를 매우 걱정한다. 그녀는 그가 일자리를 구하지 못할까봐 걱정이고, 그의 건강과 미래에 대해서도 걱정한다.

가족이 2년간 실직 상태에 있다는 것은 충분히 걱정되는 상황입니다. 하지만 그렇다고 해서 반드시 그녀가 적극적으로 나서서 남동생을 위해 일자리를 알아본다거나 건강을 해치지 않도록 돌봐준다(für ihn sorgen)는 것은 아닙니다. 다만 남동생에 대해 신경쓸(sich um ihn sorgen) 뿐입니다. 물론 걱정하는 동시에 물질적으로도 도와줄 수 있지만, 이 표현에는 그런 적극적 개입이 내포되어 있지 않습니다. 재귀대명사 없이 쓰는 für jemanden sorgen은 경제적인 또는 물리적인 지원을 통해 어떤 사람을 적극적으로 돌봐주고 도와준다는 것을 뜻합니다. 그러나 여기서 그 사람에 대해 걱정을 하는(sich

Sorgen um ihn machen) 것과 같은 감정은 표현되지 않습니다. 즉 누군가를 도와주고 돌봐주는 일은 감정적 공감이나 연민 없이도 단순히 사회적 지위에 따른 책임감이나 노블리스 오블리주 의식, 넘치는 재력에 대한 사회적 요구에 의해서도 가능합니다. 가족간이라면 더더욱 돌봄에 대한 책임감을 크게 느끼고 도울 수도 있겠지요.

> Er hat genug Geld, deshalb sorgt er auch für seinen arbeitslosen
> Bruder. Er gibt ihm seine alte Kleidung und bezahlt seine Miete.
> Er sorgt also dafür, dass es seinem Bruder besser geht.
> 그는 돈이 많아서 실직 상태의 형제도 돌봐준다. 자신이 입던 옷을 주기도 하고 월세도 내준다. 말하자면 그는 자신의 형제가 좀 더 잘 지내도록 돌봐준다.

오류 예문에서 화자가 뜻하는 것은 편찮으신 어머니를 위해 뭔가 적극적인 지원과 돌봄의 행동을 하고 있다는 것이 아니라 어머니의 건강에 대해 걱정과 근심이 크다는 것입니다. 따라서 다음과 같이 고쳐쓰는 것이 맞습니다.

> Er sorgt sich sehr um seine kranke Mutter.
> Er macht sich große Sorgen um seine kranke Mutter.

sich um jemanden kümmern은 für jemanden sorgen과 sich um jemanden sorgen의 중간쯤 되는 표현으로, 돌봐주는 적극적인 행위와 감정의 소비가 어느 정도씩 표현됩니다.

> Sie kümmert sich um die Schulprobleme der Kinder, um ihren Laden,
> und am Wochenende um die Schwiegereltern. Sie kümmert sich
> wirklich um alles.
> 그녀는 자녀들의 학교문제에 신경을 쓰고, 자신의 가게를 돌보고, 주말에는 시부모를 챙긴다. 그녀는 정말로 모든 것을 보살핀다.

jemanden pflegen은 어떤 사람에 대한 적극적인 지원을 뜻하기도 하지만 주로 병든 사람을 돌보는 것을 뜻합니다. 환자 같이 돌봄이 필요한 사람 외에도 정원, 화단, 화초 같이 꾸미거나 가꾸는 것, 우정 같이 지속적으로 신경 써서 관리하는 것에도 사용됩니다.

> Weil es im Ort keinen Krankenpfleger gibt, pflegt er seine kranken
> Eltern selbst. Außerdem pflegt er noch ihren Garten. Weil er dadurch
> so beschäftigt ist, hat er kaum noch Zeit, seine Freundschaften zu
> pflegen.
> 그는 주변에 간병인이 없어서 병든 부모님을 직접 돌본다. 그밖에 그는 정원도 가꾼다. 그렇게 바쁘기 때문에 친구 관계에 신경쓸 시간이 거의 없다.

빈 칸에 sorgen, kümmern, pflegen의 올바른 형태를 써넣으세요.

1. Man muss sich nicht um jede Kleinigkeit _____.

2. Eltern _____ für ihre Kinder.

3. Er _____ gute Kontakte zu seinen Nachbarn.

4. Der Mannschaftskapitän _____ sich um die Integration der neuen Spieler.

5. Meine Schwester _____ jeden Tag ihre Nägel.

6. Er _____ seine Tante, die seit Weihnachten bei ihm wohnt.

7. Die Mutter _____ sich um ihr Kind, weil es noch nicht nach Hause gekommen ist.

8. Die Mutter _____ sich um ihr Kind, sie bringt es z.B. in den Kindergarten.

고친 표현: Er **sorgt sich** sehr **um** seine kranke Mutter. 또는 Er **macht sich Sorgen um** seine kranke Mutter.

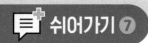

관용어의 세계

관용어(Idiom, Redewendung)란 둘 이상의 낱말의 조합이 하나의 형태로 굳어져 언제나 되풀이되어 사용되는 언어적 단위를 가리킨다. 관용어의 의미는 그것을 구성하는 낱말들의 의미의 합과 다른 경우가 빈번하다. 따라서 맥락 속에서 문자적으로 해석했을 때 어색하거나 우스꽝스럽거나 불합리하다고 느껴질 때 관용어일 확률이 높다. 관용어는 둘 이상의 낱말로 이루어져 있음에도 하나의 낱말로 간주되는 특수한 어휘이므로 그것이 실제로 의미하는 바를 암기하되, 그 의미가 문자적 의미에서 출발하여 어떻게 형성된 것인지를 따져보면 암기에 도움이 된다. 문화적, 역사적 의미를 갖는 관용어의 예를 들어보자.

jemanden an den Pranger stellen
문자적 의미: 누군가를 기둥에 매달다
관용적 의미: 누군가를 공개적으로 모욕주다
Sollte das Internet genutzt werden, um Menschen an den Pranger zu stellen?

공개적인 장소나 광장에서 죄 지은 사람의 손목이나 다리를 말뚝에 매달아 지나다니는 사람들 앞에서 모욕을 주었던 중세 시대 형벌에서 유래한다.

die Nase voll haben
문자적 의미: 코가 가득 차 있다
관용적 의미: 지치거나 짜증나서 더 이상 견딜 수 없다
Ich habe die Nase voll von Menschen, die sich egoistisch verhalten.

den Teufel an die Wand malen
문자적 의미: 악마를 벽에 그리다
관용적 의미: 어떤 상황이나 문제를 지나치게 부정적으로 예측하거나 과장해서 생각하다
Du solltest die Dinge etwas optimistischer angehen und nicht immer gleich den Teufel an die Wand malen.

jemandem die Daumen drücken
문자적 의미: 누군가를 위해 엄지를 눌러주다
관용적 의미: 누군가에게 행운을 빌어주다, 누군가에게 성공을 기원해주다
Thomas wäre sicher ein guter Vorsitzender. Ich drücke ihm für die nächste Wahl die Daumen.

게르만 민간 신앙에서 엄지는 심술궂은 짓을 일삼는, 강력한 힘을 지닌 요괴로 간주되었는데, 만약 나머지 네 손가락으로 엄지를 눌러 가두면 더 이상 짓궂은 짓을 못하게 되어 일이 잘 풀린다고 믿었던 데서 유래한다.

51 고어가 되어 가는 낱말

오류 진단

오류를 찾아 고쳐보세요.

Welchen Sport treibst du?

너 어떤 운동 해?

고친 문장 _____

오류 처방

이 예문이 틀린 것은 아닙니다. 하지만 낱말의 사용은 시간의 흐름에 따라 변하기 마련이고 낱말이 가진 의미와 뉘앙스도 마찬가지로 변하게 됩니다. treiben의 기본 의미는 '사람이나 짐승을 특정한 방향으로 움직이게 하다'인데, 이 낱말은 지난 수 십년간 점점 덜 사용되어 왔고, 급기야 이제 주로 아래와 같은 방식으로만 사용됩니다.

Was **treibst** du zurzeit so?　　너 요즘 뭐하고 다니는 거야?

Was hast du heute **getrieben**?　　너 오늘 뭐 했어?

Treib es nicht zu bunt!　　너무 심하게 하지는 마!

이런 경우가 아니라면 treiben은 오늘날 '성 관계를 갖다'(es treiben)의 의미로 사용됩니다. Trieb(충동), Sexualtrieb(성적 충동)이라는 말도 여기에서 온 말입니다. 그래서 고어가 되어가고 있는 treiben과 아슬아슬 위험한 es treiben을 피하기 위해서는 무난한 대체 표현이 필요한데, machen이 바로 그것입니다.

Welchen Sport **machst** du?
너 어떤 운동 해?

Machst du aktiv (irgendeinen) Sport?
너 열심히 하는 운동 있어?

빈 칸에 treiben 또는 machen의 올바른 형태를 써넣으세요. (복수 정답 가능)

1. Der Schäferhund _____ die Schafe zusammen.

2. Du _____ mich noch in den Wahnsinn.

3. Der Baum _____ gerade Blüten.

4. Dieser besondere Tag _____ alles ganz anders.

5. Ich _____ mich jetzt an die Arbeit.

6. Mit seiner dauernden Nörgelei hat er sich schon viele Feinde _____.

7. Die Flut _____ ihn an Land.

8. Was _____ du denn so den ganzen Tag?

고친 표현: Welchen Sport **machst** du?

52 값 치르기

오류 진단

오류를 찾아 고쳐보세요.

Hallo, wir möchten bitte bezahlen!

여기요, 계산할게요!

고친 문장 _____

 오류 처방

zählen, zahlen, bezahlen은 어원이 같아 형태도 비슷하고 뜻도 비슷하여 많은 학습자들이 혼동합니다. 먼저 zählen은 사물의 갯수 또는 사람의 인원수를 확인한다는 뜻으로, 물건이 몇 개가 있는지, 사람이 몇 명 있는지 등 개체 수를 셀 때 쓰입니다. 예를 들어 단체회식 하러 식당에 갔을 때 주인이 모두 몇 명이냐고 물으면 한 사람이 대표로 '우리 모두 몇 명이죠?' 하면서 '하나, 둘, 셋, 넷 …' 이렇게 세고 마지막에 '15명이네요!'라고 말해줍니다. 이것이 수를 세는(zählen) 것입니다.

zahlen, bezahlen은 둘 다 계산서나 청구서의 내역에 따라 금액을 지불하는 행위를 나타내지만, 실제 이 말이 사용되는 장소인 카페나 식당, 수퍼마켓 등에서 이루어지는 대화를 보면 이 두 동사의 미세한 의미차이를 알 수 있습니다. zahlen은 어떤 것에 대한 대가로 누군가에게 일정 금액을 주면 그것으로 끝나는, 그야말로 크게 신경 쓸 일도 없고 금액의 규모도 별로 중요하지 않은, 지극히 일상적인 지불 행위를 말합니다.

Zahlen, bitte!
계산할게요! (레스토랑에서 식사를 마친 후 웨이터를 부르며)

Diesmal zahle ich, nächstes Mal du, okay?
이번에는 내가 낼테니, 다음에는 네가 내, 알겠지?

zahlen은 '제공받은 상품이나 서비스에 대해 돈을 내다'라는 뜻으로 우리말로는 '계산하다' 정도에 해당됩니다. 여기에는 응당 내야할 돈을 낸다는 뉘앙스가 깔려 있습니다. 이와는 대조적으로 bezahlen은 보다 공식적이고 격식을 갖춘 지불행위를 가리킵니다.

Ich **zahle** mit Karte.
카드로 계산할게요.

Für diesen Artikel will ich nicht mehr als 50 Euro **bezahlen**.
이 품목에 대해 저는 50유로 이상 지불하진 않겠어요.

여기에는 특정 물건이나 서비스에 대해 특정 금액을 지불한다는 것이 zahlen에 비해 좀 더 의식되고 신경이 쓰이거나 민감해질 수 있다는 뉘앙스가 풍깁니다. 예를 들어 Wo kann ich hier bitte bezahlen? 이라고 말하면 단순히 계산대가 어디에 있는지 묻는 것보다는 돈 내는 행위 자체를 다소 불편하게 생각하고 있으며 액수도 신경쓰인다는 뜻으로 이해할 수 있습니다.

Über tausend Euro habe ich für diese Waschmaschine **bezahlt**, und jetzt ist sie kaputt!
이 세탁기에 대해 천 유로 넘게 지불했는데, 벌써 고장났어!

위의 예문에는 거금을 들여 세탁기를 구입했는데도 벌써 고장났다는 불평 불만이 내포되어 있습니다. 이때는 지출에 대한 보상을 충분히 받지 못했음에 대한 불편한 마음이 드러납니다.

(1) Wie viel muss ich **zahlen**?

(2) Wie viel muss ich **bezahlen**?

여기서 두 동사의 차이를 살펴보겠습니다. 예문 (1)은 지불 금액에 크게 신경 쓰지 않는 상황입니다. 예를 들어 시장에서 사과 몇 개를 산 후에 금액을 물어보는 상황일 수도 있습니다. 누군가 옆에서 이 말을 듣는 사람은 말하는 사람이 내야 할 돈이 큰 돈이 아닐 것이라고 생각하게 됩니다. 반면에 예문 (2)처럼 얼마를 지불해야 하느냐고 물으면 그다지 돈을 내고 싶지 않은 상황에서 금액에 신경 쓰고 있으며 따라서 금액이 높지 않기를 은근히 바란다는 느낌을 줍니다. 예를 들어 교통 범칙금이나 대출이자처럼 공식적으로 돈을 내게 되어 있는 상황일 수 있습니다. 이런 돈을 흔쾌히 내는 사람은 아마 드물겠지요? 따라서 예문 (2)와 같은 말을 듣는 사람은 말하는 사람이 내야 할 돈이 아마도 신호위반 벌금, 속도위반 벌금, 대출이자 등 꽤 부담이 느껴지는 액수일 것이라고 생각할 것입니다.
또한 은유적인 의미에서 죄를 지은 데 대해 응당 치러야 하는 대가를 치르는 것도 bezahlen입니다. 과오에 대해 벌을 받는다는 뜻으로 '어떤 것에 대한 대가를 치른다'라고 할 때에는 zahlen이 아닌 bezahlen만을 씁니다.

Er hat Krebs bekommen, er hat also teuer für sein jahrelanges Rauchen **bezahlt**.
그는 암에 걸렸다. 말하자면 그는 오랜 흡연에 대한 대가를 톡톡히 치른 것이다.

오류 예문의 경우, 어떤 부정적인 것에 대한 대가를 치른다든가 지불해야 할 금액이 신경 쓰이는 그런 상황이 아니라 단순히 치러야 하는 음식값을 치르고자 하는 것이므로 zahlen을 쓰는 것이 적절합니다.

연습문제

빈 칸에 zählen, zahlen, bezahlen의 올바른 형태를 써넣으세요. (복수 정답 가능)

1. Ich glaube, da habe ich zu viel _____.

2. Die Rechnung ist noch nicht _____.

3. Horst hat viel getrunken. Er _____ die leeren Bierflaschen auf seinem Küchentisch.

4. Der kleine Siegfried kann schon bis acht _____.

5. Wie viel hast du für diese Couch _____?

6. Deutsche Krankenhausärzte sind im internationalen Vergleich schlecht _____.

7. Herr Ober! _____, bitte!

8. Mein Onkel Stefan hat mir mein erstes Auto _____.

9. Picasso _____ zu den bekanntesten Künstlern seiner Zeit.

10. Für dieses Verbrechen wirst du _____!

고친 표현: Hallo, wir möchten bitte **zahlen**!

수수께끼

1. Zwei Väter und zwei Söhne gehen zusammen angeln. Jeder fängt einen Fisch. Zusammen haben sie aber nur drei Fische geangelt. Wie ist das möglich?

2. Petra und Heidi sind Schwestern und sehen einander sehr ähnlich. Beide haben am selben Tag Geburtstag und sind im selben Jahr geboren. Dennoch sind sie keine Zwillinge. Wie ist das möglich?

3. Paula geht in die Vorschule. Nachmittags geht sie immer zu ihrer Oma, die auf sie aufpasst, bis die Eltern von der Arbeit zurückkommen. Die Oma wohnt in einem Hochhaus, im 14. Stock. Doch Paula fährt jeden Tag mit dem Aufzug nur bis zum 12. Stock und geht die beiden letzten Stockwerke zu Fuß. Warum tut Paula das?

4. Frau Schneider hat einen Kuchen gebacken. Sie erwartet acht Gäste. Sie teilt den Kuchen mit lediglich drei geraden Schnitten und hat anschließend acht gleiche Stücke. Wie ist das möglich?

1. Die drei Personen sind der Großvater, dessen Sohn (der Vater) und der Sohn des Vaters. Der Vater ist also gleichzeitig Sohn und Vater.

2. Sie haben noch eine Schwester, die am selben Tag und im selben Jahr wie sie geboren wurde, sind also Drillinge.

3. Das Vorschulkind ist zu klein, um an den Knopf für den 14. Stock zu gelangen.

4. Der Kuchen wird zweimal diagonal von oben geteilt und der dritte Schnitt erfolgt in der Horizontalen in der Mitte des Kuchens.

53 뭔가를 사용한다는 것

📋 오류 진단

오류를 찾아 고쳐보세요.

Kannst du diesen Gutschein verbrauchen?

너 이 쿠폰 사용할 수 있어?

고친 문장 _____

오류 처방

brauchen이 본동사로 쓰일 때, 그 뜻은 '어떤 것이 부족하여 그것을 필요로 하다'입니다.

Wir brauchen noch ein bisschen Zeit!　　우리는 시간이 좀 더 필요해!

Brauchst du Hilfe?　　도움이 필요하니?

Ich brauche Kaffeepulver für die Kaffeemaschine.
커피 메이커용 분말커피가 필요해.

Wir brauchen nicht viel, um glücklich zu sein.
행복해지기 위해 많은 것이 필요하지 않아.

조동사로 쓰이는 brauchen은 zu부정법을 목적어로 취합니다. 이 용법에 대해서는 잘 알려진 오래된 말이 있습니다.

Wer *brauchen* ohne *zu* gebraucht, braucht *brauchen* gar nicht zu gebrauchen.
brauchen 동사를 zu 없이 사용하려면(gebrauchen), brauchen 동사를 전혀 사용할(gebrauchen) 필요가 없다(nicht brauchen).

그렇다면 gebrauchen은 어떤 뜻일까요? '이용하다', '사용하다'라는 의미의 benutzen 및 verwenden 과 동의어라는 설명을 흔히 듣곤 하지만, 사실 이 말이 항상 맞는 것은 아닙니다. gebrauchen은 오히려 '누군가에게 쓸모 있다'라는 뜻의 nu(ü)tzen이나 nützlich sein과 바꿔 쓸 수 있는 말입니다.

Kannst du eine Kaffeemaschine gebrauchen?   커피 메이커 잘 쓸 수 있겠니?

위의 문장은 Wäre eine Kaffeemaschine nützlich für dich?(커피 메이커가 네게 쓸모가 있을까?)와 같은 뜻이라고 할 수 있습니다. 이와 달리 아래의 경우에 gebrauchen은 benutzen으로 바꿔 쓸 수 있습니다.

Wie oft gebrauchst du das Wörterbuch?   너 사전을 얼마나 자주 이용해?

어떤 것을 사용한 결과로서 그것이 더 이상 본디의 형태 그대로 존재하지 않거나 심지어 사라져버리는 경우에는 '써서 없애버리다', '소비하다'라는 뜻의 verbrauchen을 사용합니다. verbrauchen의 목적어로는 종이나 목재, 디젤이나 휘발유, 전기, 에너지와 같이 사용을 통해 사라지는 물질이나 에너지 형태가 주로 올 수 있습니다.

Diese Maschine verbraucht viel Strom.   이 기계는 전기를 많이 소비해.

Verbrauchen wir nicht so viel Papier!   종이를 그렇게 많이 소비하지 맙시다!

오류 예문에서 '쿠폰'은 쓰면 차츰 없어지는 것이 아니라 일시적으로 어떤 대가를 취하는 데 이용되는 것입니다. 이런 경우는 '잘 이용하다', '쓸모 있게 활용하다'라는 뜻의 gebrauchen을 씁니다.

연습문제

빈칸에 brauchen, gebrauchen, verbrauchen의 올바른 형태를 써넣으세요.

1. Wir _____ im Büro viel Kaffee.

2. Was, du hast dein ganzes Geld schon _____?

3. So ein Gerät habe ich ja noch nie gesehen - wie _____ man das?

4. _____ deinen Verstand!

5. Das neue Heizwerk wird jährlich bis zu 7000 Tonnen Holz _____.

6. Der neue Kühlschrank _____ weniger Energie als der alte.

7. Natürlich habe ich erst mal eine Weile _____, um Abstand zu dem Erlebten zu gewinnen.

8. Heute hätte ich auch Trost _____.

고친 표현: Kannst du diesen Gutschein **gebrauchen**?

54 여러 가지

오류 진단

오류를 찾아 고쳐보세요.

Es gibt vielartige thailändische Speisen, die ich schon vielmals probiert habe.

나는 여러 가지의 태국 음식을 이미 자주 먹어본 적이 있다.

고친 문장 _____

오류 처방

학습자들은 '다양한', '여러 가지의'라는 의미의 독일어 낱말을 알고 싶어서 인터넷 사전에 '다양한'이라는 키워드로 검색을 합니다. 하지만 검색 결과는 안타깝게도 실제의 사용 빈도를 반영하지 않습니다. 그리고 학습자들은 그렇게 잘못된 경로로 찾은 어휘를 무심코 익히고 그대로 사용하게 될 수 있습니다. 예를 들어 오류 예문의 vielartig와 vielmal(s)는 보기 드문 낱말들이고 거의 사용되지도 않습니다. 어떤 학습자들은 vielartig(여러 가지 종류의)를 vielfältig(주름처럼 접힌 부분이 많은, 즉 여러 가지 모습의, 다채로운, 다양한)와 혼동하기도 합니다.

vielmals는 Danke vielmals!라는 관용구에서만 사용되는 말이고, 이때의 vielmals는 '여러 차례에 걸쳐'나 '여러 번' 또는 '자주'를 뜻한다기보다는 감사의 마음을 강조하는 역할을 할 뿐입니다. 이러한 특수한 용법에 주의해야겠지요? 그밖에 높은 빈도를 나타낼 때는 oft나 häufig가 훨씬 더 많이 쓰입니다. 그에 반해 선택 가능한 것이 단 하나만 존재하는 것이 아니라 '많다, 여러 가지가 있다'라는 것을 표현하려면 viele나 verschiedene를 사용합니다.

빈 칸에 들어갈 낱말을 보기에서 찾아 써넣으세요.

1. Ich danke _____ für die Hilfe.

2. Die Angebotspalette ist _____ geworden.

3. An dieser Station fahren viele _____ Buslinien ab.

4. Die Busse fahren sehr _____.

5. Für die Touristen gibt es viele _____ Freizeitangebote.

6. Oft muss man sich zwischen vielen _____ Angeboten entscheiden.

7. Wie _____ gehst du in die Bibliothek?

8. Isst du immer die gleiche Pizza, oder _____ Pizzen?

9. Du hast _____ so viele gute Ideen!

보기   oft oft immer verschiedene verschiedene
       verschiedene verschiedenen vielfältiger vielmals

고친 표현: Es gibt **viele (verschiedene)** thailändische Speisen, die ich schon **oft / häufig** probiert habe.

55 행운과 행복 I

 ## 오류 진단

오류를 찾아 고쳐보세요.

Glücklich konnte ich meine Wohnung finden.

운이 좋게도 나는 집을 구할 수 있었어.

고친 문장 _____

 ## 오류 처방

물론 집을 구하는 과정에서 행복한 얼굴로 미소를 띠며 즐겁게 집 보러 다니는 경우도 있을 것입니다. 이것이 바로 위의 예문이 문자 그대로 뜻하는 것입니다. 위의 예문에서는 쉽게 집을 구할 수 없는 상황이었음에도 불구하고 집을 구할 수 있었다는 것이 '다행이었다', '운이 좋았다'라는 것을 나타내고자 하였으나, glücklich는 '행복한', '행복한 기분을 느끼는'과 같은 감정을 나타내는 말이므로 집 구하는 데 행운이 따랐다는 것을 나타내지 못합니다.

> **Ein Spaziergang im Park macht mich glücklich.**
> 공원에서 산책하면 나는 행복해져.

예문 화자의 의도에 맞는 독일어 표현은 glücklich가 아니라 zum Glück / glücklicherweise / Gott sei Dank입니다.

> **Zum Glück** wurde bei dem Autounfall niemand verletzt.
> 자동차 사고에서 다행히 아무도 다치지 않았다.

> **Zum Glück** hat er einen Parkplatz gefunden.
> 운이 좋게도 그는 주차장을 발견했다.

Glücklicherweise blieb das Wetter die ganze Zeit trocken.

운 좋게 날씨는 내내 건조했다 / 비가 오지 않았다.

Gott sei Dank habe ich meine Prüfung bestanden.

운 좋게도 나는 시험에 합격했어.

연습문제

빈 칸에 glücklich와 zum Glück을 구분하여 써넣으세요.

1. _____ habe ich eine sehr schöne Wohnung zum günstigen Preis bekommen.

2. _____ hat sich bei dem Unfall niemand schwer verletzt.

3. Geld hat noch nie jemanden _____ gemacht, sagt man.

4. Viele Menschen wissen, dass sie unglücklich sind. Aber weit mehr Menschen wissen nicht, dass sie _____ sind.

5. Er fand den Schlüssel _____ in einem Korb neben der Tür.

6. _____ bist du in Deutschland! Nicht alle fühlen sich so wohl.

고친 표현: **Zum Glück / Glücklicherweise / Gott sei Dank** konnte ich meine Wohnung finden.

56 말하기의 동사 I

오류 진단

오류를 찾아 고쳐보세요.

Ich entschuldige mich, dass ich dir nicht geredet habe, wohin ich fliegen wollte.

내가 어디로 가려고 했는지 너에게 말하지 않은 거 미안해.

고친 문장 _____

오류 처방

독일어에서 말하기를 나타내는 동사에는 여러 가지가 있습니다. 특히 reden, sprechen, sagen 동사를 올바르게 구분해서 사용하기란 사실 쉽지 않습니다.

reden	대화하다, 의사소통하다, 이야기 나누다
	Kann ich kurz mit dir reden?
	너와 잠시 얘기 좀 할 수 있을까?
	Wir haben viel geredet.
	우리는 서로 이야기를 많이 나누었다.
	Sie reden miteinander über ihre Pläne.
	그들은 서로의 계획에 대해 이야기를 나눈다.

sprechen	(1) 언어를 구사하다 Welche Sprachen sprechen Sie? 어떤 언어를 할 줄 아세요? (2) 음성, 낱말, 문장의 형식으로 말을 입밖으로 내보내다, 발성하다 Kannst du bitte etwas lauter sprechen, damit ich dich verstehe? 너를 이해할 수 있도록 좀 더 크게 말해줄 수 있겠니? Sie war so geschockt, dass sie nicht sprechen konnte. 그녀는 너무 놀라 말을 할 수 없었다. (3) 연설하다 Der Kanzler spricht heute im Bundestag. 총리는 오늘 연방의회에서 연설한다. (4) (어떤 주제에 관하여) 누군가와 대화할 기회를 갖다 Kann ich dich kurz sprechen? 너와 잠시 이야기 좀 나눌 수 있을까? Darüber müssen wir unbedingt sprechen. 그것에 대해 우린 반드시 이야기를 나눠야만 해. (5) 판결, 선고를 내리다 Das Gericht wird morgen das Urteil sprechen. 내일 법원에서 판결이 내려질거야.
sagen	(1) 정보나 메시지를 전달하다 Er sagte, dass er sich um seine Eltern kümmern würde. 그는 부모님을 돌봐드릴거라고 말했다. (2) 특정한 내용의 말을 전달하다, 의견을 표하다 Was sagst du dazu? 그것에 대해 어떻게 생각해? / 그것에 대한 네 의견은 뭐야? (3) 특정한 사람을 향해 말을 건네다 Sag mir bitte, was du gestern getan hast. 네가 어제 한 일을 나에게 말 좀 해줘.

이 세 동사를 모아 놓은 다음 문장에서 각각의 동사의 구체적인 의미를 비교해볼 수 있습니다.

> Er **redet** schon seit zwanzig Minuten, aber ich verstehe nicht, was er **sagt** oder worüber er **spricht**.
>
> 그는 벌써 20분 동안이나 말하고(reden) 있지만, 그가 어떤 내용을 말하는지(sagen) 또는 무엇에 대해 말하는지 (sprechen) 나는 이해할 수 없어.

Die Eltern **reden** mit ihrem Kind über den Schulweg. Sie **sprechen** über die Gefahren im Verkehr und **sagen** ihm, dass es vorsichtig sein muss.

부모님은 아이와 학교로 가는 길에 대해 이야기를 나눈다. 부모님은 교통의 위험에 대해 언급하고, 아이에게 조심해야 한다는 조언을 전달한다.

reden은 다양한 맥락에서 사용될 수 있습니다. 예를 들어 뭔가를 말하거나(etwas reden) 함께 대화를 나누거나(miteinander reden) 일정 시간 동안 말하거나(eine Zeitlang reden) 청중 앞에서 말하거나 (vor Publikum reden) 말도 안 되는 소리를 하거나(Unsinn reden) 연설을(eine Rede halten) 할 때 사용될 수 있습니다.

상대방이 말도 안 되는 헛소리를 할 때 reden을 사용하여 다음과 같이 말할 수 있습니다.

Was **redest** du?	무슨 말 하는거야?
Wovon **redest** du?	뭐에 대해 말하는거야?

reden은 중요하고 진지한 문제가 있는 상황에서 다음과 같이 사용할 수도 있습니다.

Wir müssen (miteinander) **reden**.	우리는 대화를 해야 해.

오류 예문은 '내가 어디로 가려고 하는지 너에게 말하지 않은 것에 대해 사과한다'는 뜻인데, 행선지에 관한 정보를 나누지 않은 것에 대해 사과하는 것입니다. 이때는 sagen을 쓰는 것이 맞습니다. 같은 의도를 언어적 수준에 따라 아래와 같이 다양한 문형으로 바꾸어 표현할 수 있습니다.

A2	... dass ich dir nicht **gesagt / erzählt** habe, ...
B1	... dass ich dir nicht **Bescheid gesagt / gegeben** habe, ...
B2	... dass ich **ein Geheimnis daraus gemacht** habe, ...
C1	... dass ich dich nicht **eingeweiht** habe, ... dass ich dich nicht **wissen ließ**, ... dass ich dich nicht habe **wissen lassen**, ...
C1-C2	... dass ich dich **im Unklaren darüber gelassen** habe, ...

빈 칸에 reden, sprechen, sagen의 올바른 형태를 써넣으세요.

1. Was hat er zu dir _____?

2. Das zweijährige Kind kann noch wenig _____.

3. Ich muss einmal ernsthaft mit dir _____.

4. Was _____ Sie zu diesem Problem?

5. Ich habe hier nichts zu _____.

6. Wir _____ schon lange nicht mehr miteinander.

7. Heute Abend _____ der Präsident im Fernsehen.

8. Herr Becker ist heute nicht zu _____.

9. Die Richterin _____ gestern das Urteil.

10. Wir haben uns nichts mehr zu _____.

11. _____ ist Silber, Schweigen ist Gold. [속담]

12. Lange _____, kurzer Sinn. [성구]

13. Er _____ und _____ ohne Ende, wie ein Wasserfall.

14. Das war alles, was ich dir _____ wollte.

15. Seit sie den Unfall hatte, _____ sie nur sehr langsam.

16. _____, Hören, Schreiben und Lesen: das ist das A und O beim Sprachenlernen.

고친 표현: Ich entschuldige mich, dass ich **dir** nicht **gesagt** habe, wohin ich fliegen wollte.

57 말하기의 동사 II

 ## 오류 진단

오류를 찾아 고쳐보세요.

**Leider habe ich vergessen,
Ihnen das zu sprechen.**

그거 말씀드린다는 것을 깜빡 잊었어요.

고친 문장 _____

 ## 오류 처방

앞장에 이어서 sprechen과 sagen을 좀 더 자세히 구분하기 위해 실제로 흔히 쓰이는 예들을 중심으로
비교해봅시다.

sprechen	Im Unterricht muss man viel **sprechen**. 수업시간에는 말을 많이 해야 해.
	Bitte lauter / leiser / deutlicher **sprechen**. 더 큰 소리로 / 더 조용히 / 더 분명하게 말해줘.
	Wie **spricht** man dieses Wort **aus**? 이 낱말 어떻게 발음해?
	Worüber **spricht** man zurzeit in Indonesien? 인도네시아에서는 요즘 무엇에 대해 이야기해?
	Der Politiker hat lange **gesprochen / geredet**. 그 정치인은 길게 연설했어.
	Haben Sie schon mit Herrn Park **gesprochen**? 박 선생님과 이야기해보셨나요?
	Erst denken, dann **sprechen / reden**. 먼저 생각하고, 그리고 나서 말하라.

sagen	Der Lehrer hat im Unterricht **gesagt**, dass man viel **sprechen muss**. 수업시간에 말을 많이 해야 한다고 선생님이 말씀하셨어.
	Er hat es ganz klar **gesagt**. 그는 그것을 아주 분명하게 말했어.
	Wie **sagt** man *you are welcome* auf Deutsch? you are welcome을 독일어로 어떻게 말해?
	Was **sagt** man in Indonesien zum Thema Politik? 인도네시아에서는 '정치'라는 주제로 무슨 말을 해?
	Der Politiker hat lange **gesprochen / geredet**, aber nichts Neues **gesagt**. 그 정치인은 길게 연설했지만 새로운 것을 말하지는 않았어.
	Was hat Herr Choi dazu **gesagt**? 최 선생님이 그것에 대해 뭐라고 하셨어?
	Bitte **sagen** Sie, was Sie denken. 생각하시는 것을 말씀해주세요.

이렇게 예문을 통해 살펴보아도 두 동사의 차이가 확연하게 느껴지지 않을 수도 있고, 또 반례를 제시할 수도 있을 것입니다. 그럼에도 두 동사의 용법을 일반화하면 다음과 같습니다.

sprechen	• 언어를 '말소리', 즉 언어음으로 분절해서 낱말, 구, 절, 문장의 형태로 표출하다 • 어떤 주제에 대해 토론을 하면서 생각을 교환하다 • 대화할 기회를 갖다
sagen	• 말의 '내용'에 초점을 맞춰 어떤 정보나 내용이 담긴 진술을 하다 • 3격과 함께 특정한 사람이나 집단을 향해 어떤 메시지가 담긴 말을 전하다 (목적절을 이끄는 접속사 dass와 자주 결합)

말하기를 나타내는 동사에는 sprechen과 sagen 외에도 여러 가지가 있습니다. 각 동사의 의미 특징을 참고하세요!

- besprechen: 공식적인 자리에서 공통된 목표 아래 이루어지는 토론, 회의, 상담
- Bescheid sagen: 비교적 공식적으로 이루어지는 어떤 결정된 사실 또는 확답의 전달
- mitteilen: 관청, 정계, 회사에서 매우 공식적으로 이루어지는 어떤 결정된 사항의 통보
- sich unterhalten: 공식적 자리(예를 들어 비지니스 식사) 또는 사적인 자리에서 다양한 주제를 놓고 편하게 나누는 담소
- plaudern / quatschen: 친한 사이에서 다양한 가벼운 주제를 놓고 벌이는 수다
- tratschen: 매우 친한 사이에서 가십 같이 가벼운 주제를 놓고 벌이는 뒷담화, 특히 다른 사람들에 대한 이야기
- diskutieren: 다소간 전문적인 의견 교환, 토론
- erzählen: 스토리가 있는 내러티브, 동화, 우스갯소리

빈 칸에 reden, sprechen, sagen, sich unterhalten, Bescheid sagen, mitteilen, tratschen, plaudern, besprechen, diskutieren, erzählen 가운데 가장 적절한 것을 골라 알맞은 형태로 써넣으세요.

1. Ich habe mich gestern auf der Party mit einem interessanten Mann _____.

2. Mein Kollege hat mir _____, dass er am Freitag nicht in der Firma ist.

3. Der Aufsichtsrat hat _____, dass die Umsätze um 14 % gestiegen sind.

4. Kannst du bitte beim Arzt _____, dass wir einen neuen Termin brauchen?

5. Die Nachbarn _____ den ganzen Tag über die Ausländerfamilie.

6. Wir haben über das Wetter und den Urlaub _____.

7. Morgen _____ wir die Pläne für das neue Projekt.

8. Können wir darüber morgen _____, wenn ich mehr Zeit habe?

9. Viele Männer _____ nicht gerne über ihre Gefühle.

10. Können Sie mir _____, wie spät es ist?

11. Die Bundeskanzlerin _____, dass sie bei den nächsten Wahlen wieder kandidieren will.

12. Wir _____ immer darüber, was wir anders machen wollen, aber dann machen wir doch wieder das Gleiche.

13. Die Abgeordneten _____ im Parlament über das neue Gesetz.

14. Bitte _____, wenn du später zum Meeting kommst.

15. Wir _____ gerne mit unseren netten Nachbarn.

16. Mein Bruder _____ mir eine lustige Geschichte _____.

고친 표현: Leider habe ich vergessen, Ihnen das zu **sagen**.

NOTE

58 머무르는 이유

오류 진단

오류를 찾아 고쳐보세요.

Die letzten zwei Jahre bin ich in Frankfurt geblieben.

[어학연수와 워킹홀리데이를 다녀온 직후]
지난 2년 동안 나는 나는 프랑크푸르트에 머물렀어.

고친 문장 _____

오류 처방

예문은 문법적으로만 보면 틀린 것은 아니지만 문체의 문제가 있습니다. bleiben은 '어떤 사정에 의해 떠나지 않고 한 장소에 계속해서 남아 있다'를 뜻합니다. 따라서 이 예문은 지난 2년간 프랑크푸르트에 있었던 것이 자의에 의한 것이 아니었거나 어떤 사정에 의해 다른 가능성이 없었던 데 기인한 것처럼 들립니다! 심지어는 자신의 의지에 반하여 억지로 그곳에 있었던 것은 아닌가 생각될 정도입니다. 가령 몸이 아프면 부득이하게 집에 머물고(bleiben), 돈이나 시간이 없어 휴가를 떠날 수 없으면 어쩔 수 없이 살고 있는 곳에 머물기도 합니다(bleiben). 편지는 다른 곳으로 치우지 않으면 테이블 위에 계속해서 놓여 있게 되고(bleiben), 꽃병은 사용되지 않으면 계속해서 장롱 안에 있게 됩니다(bleiben). 말하자면 bleiben이라는 표현에서는 문체상으로 어떤 비활동성, 불변, 부동, 정지/중단의 의미가 함께 움직입니다.

그런데 2년씩이나 낯선 나라, 낯선 도시에서 살았다는 것은 본인의 의지에 반하여 행한 행동이라고 하기엔 무리가 따릅니다. 예문의 화자는 정말로 원하지도 않으면서 불가피하게 프랑크푸르트에서 2년씩이나 머물러 있을 수밖에 없었던 걸까요? 예문의 화자가 의도하는 것은 프랑크푸르트에서 살 기회가 생겨 2년 동안 그곳에서 살았다는 것입니다. 즉 프랑크푸르트가 아닌 다른 곳으로 갈 수 있었음에도 프랑크푸르트를 선택하여 본인의 책임 하에 그 곳에서 산 것입니다. 그렇다면 다음과 같이 표현하는 것이 보다 더 적절합니다.

Die letzten zwei Jahre **war** ich in Frankfurt **zu Hause**.
지난 2년 동안 나는 프랑크푸르트에서 살았어.

Die letzten zwei Jahre **habe** ich in Frankfurt **gelebt / studiert / gearbeitet**.
지난 2년 동안 나는 프랑크푸르트에서 살았어 / 대학 다녔어 / 일했어.

Die letzten zwei Jahre habe ich **das Leben** in Frankfurt **genossen**.
지난 2년 동안 나는 프랑크푸르트에서의 생활을 즐겼어.

위에 언급한 편지와 꽃병에 대해서는 bleiben을 쓰지 않고도 각각 아래와 같이 표현할 수 있습니다.

Der Brief **liegt immer noch** auf dem Tisch.
편지는 여전히 탁자 위에 있어.

Die Blumenvase **steht weiterhin** unbenutzt im Keller.
꽃병은 사용 안 한 채로 계속해서 지하 창고 안에 있어.

bleiben을 사용해서 보기와 같이 바꿔 써보세요.

> **보기** Die Vase soll weiter auf dem Tisch stehen.
> → Die Vase bleibt auf dem Tisch.

1. Egal, was passiert, er ist immer noch mein Freund.

   → _____

2. Wie lange willst du das Bett nicht verlassen?

   → _____

3. Dieser Sänger wird nicht bekannt werden.

   → _____

4. Ich hoffe, dass du nicht krank wirst.

   → _____

5. Ändere dich bitte nicht!

   → _____

6. Geh nicht weg! / Verlass mich nicht!

   → _____

7. Wir gehen nicht woanders hin.

   → _____

8. Werd bitte nicht pessimistisch!

   → _____

9. Kant hat Königsberg sein Leben lang nicht verlassen.

   → _____

10. Auch wenn ich jeden Tag Kimchi esse, werde ich kein Koreaner.

    → _____

고친 표현: Die letzten zwei Jahre habe ich in Frankfurt **gelebt / studiert / gearbeitet.**

NOTE

59 행운과 행복 II

 ## 오류 진단

오류를 찾아 고쳐보세요.

Du hoffst bestimmt, dass ich das wahre Glück habe, nicht wahr?

너는 분명 내가 진정으로 행복하기를 바라는거지, 그렇지?

고친 문장 _____

 ## 오류 처방

영어에서는 심리적인 '행복(감)'(happiness)과 '행운'(luck)을 어휘적으로 구분합니다. 이와 달리 독일어에서는 이 둘이 하나(Glück, 파생어 glücklich)로 합쳐져 있습니다. 말하자면 마음이 행복할 때에는 행복감(Glück)을 느끼고 그와 달리 뭔가 운 좋게 이루어졌을 때, 즉 어떤 것이 기대치 않게 잘 해결되었거나 최소한 방해받지 않고 이루어졌을 때는 행운(Glück)이 따른 것입니다. 행복과 행운은 사실 서로 별개입니다. 예를 들어 로또에 당첨된 아주 운 좋은 사람은 행복할 수는 있지만 반드시 행복하다고 할 수는 없습니다. 다른 한편으로 행복하기 위해 꼭 큰 행운이 필요한 것도 아닙니다. 독일어에서는 이 둘을 어휘적으로 구분하지 않다 보니 이로부터 혼동이 올 수 있습니다.

Du hoffst bestimmt, dass ich mein Glück finde.
너는 분명 내가 행복하게 되기를 / 행운을 얻기를 바라지.

위의 예문에서는 Glück이 심리적 '행복'과 상황에 결부된 '행운' 모두를 가리킬 수 있습니다. 반면에 아래 예문에서는 각각 한 가지만을 가리킵니다.

Menschen streben immer nach Glück.
인간은 언제나 행복을 추구한다.

Es war reines **Glück**, dass er den Bus nicht verpasste.
그가 버스를 놓치지 않은 것은 순전히 행운이었어.

오류 예문을 활용하여 외적인 행운만을 표현하려면 다음과 같이 말할 수 있습니다.

Du hoffst bestimmt, dass ich **Glück** habe.
너는 분명 내게 행운이 따르길 바라지.

하지만 화자가 표현하려 했던 심리상태인 행복한 마음을 나타내려면 다음과 같이 말할 수 있습니다.

Du hoffst bestimmt, dass ich **glücklich** bin.
너는 분명 내가 행복하길 바라지.

시인처럼 고상하게 표현하려면 다음과 같이 말할 수도 있습니다.

Du hoffst bestimmt, dass ich wahres **Glück** empfinde.
너는 분명 내가 진정한 행복을 느끼기를 바라지.

연습문제

빈 칸에 Glück, Unglück, glücklich, unglücklich**의 올바른 형태를 써넣으세요.**

1. Ein _____ kommt selten allein.

2. Du hast wirklich im Lotto gewonnen? Da hast du _____ gehabt.

3. Das _____ suchen wir, das _____ sucht uns.

4. Die Formulierung dieses Satzes ist etwas _____.

5. Vielen Dank für die Blumen! Du machst mich so _____!

6. Jeder ist seines _____ Schmied. [속담]

7. Geld allein macht nicht _____. Aber es beruhigt!

8. In Filmen enden viele Abenteuer _____.

고친 표현: Du hoffst bestimmt, dass ich **glücklich bin / werde**, nicht wahr? 또는
Du hoffst bestimmt, dass ich **wahres Glück empfinde**, nicht wahr?

60 만족

 ## 오류 진단

오류를 찾아 고쳐보세요.

Marie ist ein bisschen schwierig zu befriedigen.

마리는 쉽게 만족 못 해.

고친 문장 _____

 ## 오류 처방

이것은 정말로 조심해야 할 오류입니다. 오류 예문은 'Marie를 성적(性的)으로 만족시키기가 좀 어렵다'라는 뜻입니다. 그러나 화자가 표현하려고 했던 것은 'Marie는 성격이 다소 까다롭고 불만이 많아서 쉽게 만족하지 못한다'는 것입니다. 이런 의도에 맞게 말하려면 zufrieden이나 zufriedenstellen을 쓰는 것이 좋습니다.

jemanden zufriedenstellen은 누군가의 기대를 채워주고 만족감의 상태로 만들어준다는 뜻입니다.

Die Qualität des Produkts konnte die Kunden leider nicht zufriedenstellen.
제품의 품질은 안타깝게도 고객을 만족시키지 못했다.

사람의 성격과 관련지어 말하려면 다음과 같이 표현할 수 있습니다.

Marie ist ein bisschen schwer zufriedenzustellen.
마리는 좀처럼 만족할 줄 모른다.

Marie ist nie zufrieden.
마리는 만족하는 법이 없다.

Marie ist **immer unzufrieden**.

마리는 늘 불만이다.

물론 다른 표현도 가능합니다.

Marie (=ihr) kann man es **nie recht machen**.

마리의 뜻에 맞춰줄 수가 없다.

Marie hat immer etwas **zu nörgeln / zu kritisieren / auszusetzen**.

마리는 늘 투덜거린다 / 비판적이다 / 트집 잡는다.

학습자들은 befriedigen과 형용사 zufrieden을 구분하는 데 어려움을 겪습니다. 하지만 두 낱말은 비슷해 보여도 전혀 다른 뜻임을 알아야 합니다.

참고로 비분리 전철 be-가 붙는 동사가 특히 사람에 대하여 쓰일 때에는 상당히 많은 경우 부정적인 뉘앙스를 수반합니다. 그것은 누군가를 낮춰 보거나 권력 또는 영향력 행사의 대상으로만 바라보거나 권력관계의 방향을 명시하는 표현으로 쓰이기 때문입니다. 예들 들어 누군가를 동정하거나 그의 후견인 역할을 할 때 bemitleiden, bevormunden이라고 합니다. berichtigen(누군가의 잘못을 굳이 지적해 바로잡다), besänftigen(부드럽게 만들다, 길들이다), belästigen(귀찮게 하다, 성가시게 하다), bequatschen(감언이설 등으로 꾀다, 설득하다), betatschen(무례하고 거칠게 손 같은 신체에 접촉하다) 등에도 모두 누군가를 부정적으로 대한다는 뉘앙스가 내포되어 있습니다.

연습문제

빈칸에 zufrieden, Zufriedenheit, Frieden, friedlich**의 올바른 형태를 써넣으세요.**

1. Wenn ich das Buch dann in der Hand halte, ist das oft ein Moment großer

   _____.

2. Die _____ seiner Gäste ist dem Küchenchef sehr wichtig.

3. Er arbeitet unermüdlich, damit sein Chef _____ sein kann.

4. Nach langem Streit machte sie ihren _____ mit ihrem Schwiegersohn.

5. Wir lebten damals nicht in _____ Zeiten.

6. Ich habe ein Haus in einem _____ kleinen Wohngebiet gekauft.

고친 표현: Marie ist ein bisschen schwer* **zufriedenzustellen**.

---

* 47번 항목 참고

61 보통 사람들

 오류 진단

오류를 찾아 고쳐보세요.

Die Menschen in Deutschland sind meist sehr freundlich.

독일에 있는 사람들은 대부분 아주 친절해.

고친 문장

 오류 처방

위의 예문은 문법적으로 틀린 것은 아니지만 선택한 어휘에 의해 약간 장중한 분위기가 느껴집니다. Mensch라는 말은 '인간의 존엄', '인간의 권리', '인간의 자유와 평등' 등과 같이 진지한 맥락에서 사용됩니다. Mensch가 실제로 부적절하게 사용되는 경우가 있는데, 그 원인은 장중하게 말하기 좋아하는 정치가들의 언어습관에 있습니다. 정치가들이 "... den Menschen in unserem Land ... alle Menschen ..." 식으로 Mensch를 남발하다 보니 이 말은 유감스럽게도 알맹이 없는 빈껍데기 말로 전락해버렸습니다. 이처럼 어떤 말이 남발되고 단순히 의례적으로만 사용되면 그 말은 점차 표현력을 잃어버려 결국 하나마나 한 말이 되어버리고 맙니다. 아쉽게도 이에 대한 대안이 많은 것은 아니지만, 보통의 사람들을 가리키는 말로 Mensch 대신에 중립적이고 무난한 Leute를 사용하는 것이 낫습니다.

Auf der Veranstaltung waren viele Leute.
행사에는 많은 사람들이 있었다.

In der Stadt sind viele Leute unterwegs.
도심에는 많은 사람들이 돌아다닌다.

참고로 아래는 독일어에서 '사람'을 가리키는 여러 낱말의 의미 차이입니다.

Mensch	포유류에 속하는 종, 생물체로서의 인간
Leute	일반적인 사람들, 보통 사람들, 불특정한 사람들
Bürger	지역 공동체 또는 지방 자치 단위의 구성원
Volk	공통된 언어, 문화, 역사, 혈통을 가진 사람들의 집단(우리말의 '민족') 전체 인구에서 중하류 계층에 속하는 사람들(우리말의 '민중') 한 국가의 구성원 집단(우리말의 '국민')
Bevölkerung	한 지역의 주민 전체
Einwohner	일정한 행정 단위 구역 내의 거주자, 즉 '주민'
Staatsbürger	국가의 구성원
Person	법률 및 경제 행위의 주체, 즉 '법인'

연습문제

밑줄 친 부분에서 올바른 표현을 골라보세요.

1. Der Unterschied zwischen Gorilla und Mensch / Leuten / Personen beträgt gerade mal drei Prozent ihrer Gene.

2. Mehr als eine Million Volk / Bevölkerung / Menschen sind auf der Flucht und leiden an Hunger.

3. Ältere Staatsbürger / Leute / Bevölkerungen sind eine leichte Beute für Diebe.

4. Mich interessiert nicht, was die Menschen / Leute / Bürger sagen.

5. Für das jüdische Volk / die jüdischen Einwohner / die jüdische Bevölkerung ist Israel das *Heilige Land*.

6. Das Erdbeben traf nicht die höheren Schichten der Bevölkerung, sondern das normale Volk / die normalen Einwohner / die normalen Staatsbürger.

7. Die Bevölkerung / Menschen / Leute des Krisengebietes wurde(n) an einen anderen Ort gebracht.

8. Die koreanische Bevölkerung gilt / die koreanischen Menschen gelten / die koreanischen Bürger gelten als sehr homogen.

9. Auf knapp zwei Einwohner / Menschen / Personen kommt im Schnitt ein PKW.

10. Berlin hat 3,5 Mio. Einwohner / Menschen / Volk.

11. Die Bürger / Einwohner / Leute Berlins gingen auf die Straßen und protestierten.

12. Ruhe ist die erste Bürgerpflicht / Menschenpflicht / Volkspflicht.

13. Juristische Personen / Menschen / Einwohner müssen im Handelsregister eingetragen werden.

14. Das Rezept ist für 10 Personen / Menschen / Einwohner berechnet.

15. Alle Staatsbürger / Menschen / Leute sind aufgerufen, sich an den Wahlen zu beteiligen.

16. Wann erhält man die deutsche Staatsbürgerschaft / Einwohnerschaft?

고친 표현: **Die Leute** in Deutschland sind meist sehr freundlich.

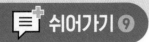

사회방언으로서 대학 언어

독일어에는 대학에서만 사용되는 말들이 꽤 많이 있다. 몇 가지만 예로 들어보면:

• akademisches Viertel: 독일 대학에서의 강의나 강연은 많은 경우에 공식적으로 정해진 시각보다 15분 늦게 시작해서 15분 일찍 끝난다. 이를 라틴어로 c.t.(= cum tempore, 즉 mit Zeit)라 하고, 반대로 정시에 시작하고 정시에 마치는 것을 s.t.(= sine tempore, 즉 ohne Zeit, pünktlich)라 한다.

> 11 Uhr c.t. = 11 Uhr 15
>
> 11 Uhr s.t. = 11 Uhr

• BAföG: Bundesausbildungsförderungsgesetz. 장기 저리의 학자금 대출.

• Graduierter: 대학학위를 소지하고 있는 자 = 대학 졸업자

• HiWi = Hilfswissenschaftler 또는 hilfswissenschaftliche Mitarbeiter: 교수의 연구·교육을 돕는 연구 조교 또는 연구 프로젝트에서 실험 지원, 데이터 수집 및 분석, 문서 작성, 문헌 조사 등의 연구 관련 보조 업무를 수행하는 연구 보조원

• Immatrikulation: 학적 기재의 의미에서 등록. ↔ Exmatrikulation: 제적

• Lehrbeauftragte: 강의를 맡은 비전임 교원으로 촉탁강사에 해당한다.

• Mensa (lat. mensa = Tisch): 학생 식당

• Promotion: 박사학위의 취득. 대개 학위논문(Dissertation)의 제출과 구술 시험 (Disputation)을 통해 이루어진다.

• Semesterbeitrag: 학생회비. 대체로 도시 반경 수십 킬로미터 내 근거리 대중교통망 이용에 대한 지원을 포함한다.

62 바꾼다는 것

 오류 진단

오류를 찾아 고쳐보세요.

Er hat sein Studienfach geändert.

[경영학에서 경제학으로 전과하는 친구에 대해]
그는 전공을 바꿨어.

고친 문장 _____

 오류 처방

어떤 것을 고치는(ändern) 것은 그것을 달라지게 만드는 것입니다. 어떤 것을 고친 후, 즉 그것을 달라지게 한 후에 그것은 논리적으로 더 이상 그 전과 똑같지 않게 됩니다. 어떤 것을 변화시키는(verändern) 것도 마찬가지로 종류, 속성, 모양, 상태를 다르게 하는 것입니다. 하지만 이 경우에는 반드시 심하게 고쳐야만 하는 것은 아닙니다. 예를 들어 화장을 짙게 한 배우는 자신의 외모를 변화시켜(verändern) 다른 모습으로 보이도록 한 것인데, 화장을 아무리 짙게 했더라도 본래의 얼굴 자체를 고친 것은 아닙니다. 그런데 배우가 만약 안면 성형수술을 했다면 그는 얼굴을 고친(ändern) 것입니다. 배우가 가면을 쓰는 경우에도 그는 자신의 외관을 달라 보이게 만든(verändern) 것으로, 이때는 본래의 얼굴이 보이지 않고 배우는 전혀 다른 모습으로 보이게 됩니다. 그것은 배우가 얼굴을 고친(ändern) 결과가 아니라 가면으로 얼굴을 가린 결과입니다.

ändern (국부적 조작)	손을 대서 조작을 가하다, 고치다, 수정하다 모습을 바꾸는 과정, 동작에 초점
verändern (전반적 변화)	다른 모습이 나타나게 하다, 달라보이게 만들다. 모습이 바뀐 결과 상태에 초점

Wir müssen unseren Plan **ändern**.

우리는 계획을 고쳐야 해 / 손봐야 해.

Lasst uns mal die Methode **ändern**!

방법을 수정해보자!

Der Tod seines Vaters hat sein Leben sehr **verändert**.

아버지의 죽음이 그의 삶을 변화시켰어. (죽음으로 인해 초래된 결과로서의 달라진 삶)

Er hat sich **verändert**.

그는 달라졌어 / 변했어.

계획을 고친다는 것(ändern)은 그것을 수정한다(modifizieren)는 것이고, 그것은 결국 계획을 변화시킨 것(verändern)입니다. 배우가 연극의 어느 시점에서 쓰던 가면 대신에 새로운 가면을 쓰고 등장하면, 그는 가면을 교체한 것(wechseln)이고, 그럼으로써 그가 맡았던 역할도 다른 역할로 교체되어 그는 결국 극중 완전히 다른 사람이 되어버린 것입니다.

Wollen wir **wechseln**?

우리 교대할까요? (작업 또는 게임 중에)

Ein Spieler, der wegen Verletzung das Spiel nicht fortsetzen kann, muss **ausgewechselt** werden.

부상으로 경기를 계속할 수 없는 선수는 교체되어야 한다.

Können Sie mir den Schein in Kleingeld **wechseln**?

이 지폐를 잔돈으로 바꿔 주실 수 있나요?

Wechseln Sie mir bitte fünfzigtausend Won in Euro.

오만 원을 유로로 바꿔 주세요.

계획을 교체한다(wechseln)고 할 때, 이는 고치는 것과 차원을 달리하여 완전히 새로운 계획을 갖게 됨을 뜻합니다. 즉 이전의 플랜 A를 대체하는(ersetzen) 플랜 B를 갖게 됩니다. 배우가 병에 걸려 더 이상 연기를 하지 못하면 그는 다른 배우로 대체(ersetzen), 즉 교체됩니다(austauschen). 망가진 램프는 새 램프로 교체되고(austauschen), 형편없는 계획도 마찬가지로 더 나은 다른 계획으로 교체됩니다 (austauschen).

Die defekte Ware wurde problemlos gegen ein neues Produkt **ausgetauscht**.

고장난 제품은 문제없이 새 제품으로 교환되었다.

Die Softwareentwickler müssen regelmäßig Informationen über neueste Technologien **austauschen**.

소프트웨어 개발자들은 정기적으로 최신 기술에 관한 정보를 교환해야 한다.

위의 예문에서 알 수 있듯이 단순히 다른 것으로 바꾼다는 뜻의 wechseln은 질적 차이가 없는 다른 것으로 교체하는 것을 가리키는 데 반해 austauschen에는 질적으로 더 우수한 것을 새로이 선택한다는 뜻이 내포되어 있습니다. 두 배우가 서로에게 각자의 가면 또는 역할을 주면, 이 두 배우는 이러한 것들을 서로 '맞'바꾸는, 즉 '맞'교환하는(tauschen) 셈입니다. 아이들은 장난감을 서로 '맞'바꾸고 여행자들은 환전할 때 서로 다른 두 통화를 '맞'바꿉니다(tauschen 또는 wechseln). 만약 두 사람이 각자가 가지고 있던 계획을 서로 '맞'바꾼다면(tauschen), 이 말은 한 사람이 다른 사람에게 자신의 계획을 주고 그것 대신에 그 사람의 계획을 갖게 됨을 뜻합니다. 말하자면 여기서는 어떤 동등한 가치를 가진 두 개의 사물을 떠올리게 됩니다. 가령 너무 크거나 너무 작은 옷을 샀으면 그 옷을 산 가게에 가서 좀 더 작거나 좀 더 큰 사이즈로 교환할 수 있습니다.

Ich werde meinen Platz mit dir tauschen, damit du näher zur Bühne sitzen kannst.
네가 무대에 더 가깝게 앉을 수 있도록 내 자리를 너와 바꿔줄게.

Meine Schwester und ich tauschen oft Kleidung.
나와 언니는 자주 옷을 바꿔.

물론 이러한 '변경 - 변화 - 교체 - 대체 - 교환 - 맞교환(ändern - verändern - wechseln - ersetzen - austauschen - tauschen)'의 의미 영역은 아주 넓기 때문에 위의 설명은 기본 의미에 관한 것일 뿐, 실제 언어 사용에서는 교차와 중첩이 있을 수 있습니다.

오류 예문에서와 같이 주전공을 경영학에서 경제학으로 바꾼 경우, 이는 경영학이라는 주전공 대신에 그것과 동등한 가치를 가진 다른 주전공인 경제학을 새로 선택한 것이기 때문에 wechseln 동사를 쓰는 것이 맞습니다.

빈 칸에 ändern, verändern, wechseln, tauschen, austauschen, umtauschen, ersetzen 의 올바른 형태를 써넣으세요.

1. Der Plan hat sich _____.

2. Die beiden Studenten _____ ihre Studienplätze.

3. Ich _____ im Text jedes Vorkommen von *Maria* durch *Hilda*.

4. Die Gestalt einer Amöbe _____ ständig.

5. Die gesamte Autowelt hat sich seit Beginn des Jahrtausends

    _____.

6. Wir _____ ein Detail des Plans.

7. Nach Friedensschluss wurden die Gefangenen _____.

8. Die letzte Wahl _____ vollkommen die Machtstrukturen im Land.

9. Der Publikumsgeschmack _____ jedes Jahr.

10. Die Schraube muss gegen eine neue _____ werden.

11. Maschinen _____ nach und nach die Menschen im Berufsalltag.

12. Die Zwillinge _____ oft ihre T-Shirts.

13. Vielen Dank für das Buch! Aber ich habe es schon, ich werde versuchen, es
    gegen ein anderes Buch _____.

14. Nach 50.000 Kilometern musste der Motor schon _____ werden.

15. Wo kann man denn hier Geld _____?

고친 표현: Er hat sein Studienfach **gewechselt**.

63 받기, 얻기, 쥐기, 잡기

 ## 오류 진단

오류를 찾아 고쳐보세요.

Auf der Straße wollte mir jemand einen Zettel geben. Aber ich wollte ihn nicht bekommen.

거리에서 어떤 사람이 나한테 전단지를 주려고 했는데, 나는 받고 싶지 않았어.

고친 문장 _____

 ## 오류 처방

위 예문의 상황에서처럼 누군가 우리에게 어떤 것을 주면 우리는 그것을 받는(nehmen) 것일까요, 아니면 얻는(bekommen) 것일까요, 아니면 손에 쥐는((er)greifen) 것일까요? 물론 그때그때 다릅니다! 우선 bekommen은 선물을 받는 것과 같이 받는 사람이 수동적으로 어떤 것을 얻는 것을 일컫습니다.

Ich habe eine Einladung bekommen.
나는 초대장을 받았어.

초대장은 내가 받고 싶어서 받는 것이 아니라 누군가 나에게 주고 나는 그것을 받을 뿐입니다.

Er hat die Möglichkeit bekommen, eine neue Sprache zu lernen.
그는 새로운 언어를 배울 기회를 얻었다.

그는 새로운 언어를 배울 기회를 스스로 만들어낸 것이 아니라 누군가 그에게 예를 들어 어학강좌 수강권을 주어서 그 기회를 얻은 것입니다.

> **Bekommst** du immer so nette Komplimente?
> 넌 늘 그렇게 다정한 칭찬의 말을 듣니?

칭찬은 내가 듣고자 해서 듣는 것이 아니라 상대방이 먼저 나에게 해주어야 들을 수 있는 것입니다.

> **Bekommst** du immer, was du willst?
> 넌 네가 원하는 것을 늘 얻니?

내가 원하는 것을 언제나 누군가 가져다 주는 삶을 산다면 얼마나 풍요롭고 행복할까요? 내가 원하는 것을 얻으려고 굳이 애쓰지 않아도 되니 말이죠.

> Was **bekommen** Sie zum Trinken?
> 음료는 어떤 것으로 하시겠어요?

레스토랑에서 웨이터에게 마실 것을 주문하면 웨이터가 가져다 주는 것을 받아서 마실 수 있습니다. 주문한 사람이 직접 마실 것을 가져오지는 않습니다.

> Das Kind hat Bonbons **bekommen**.
> 아이는 사탕을 받았다.

어른이 아이에게 사탕을 주면 아이는 그것을 받습니다.

> Der Affe hat eine Banane **bekommen**.
> 원숭이는 바나나를 받았다.

원숭이는 바나나를 원해서 하나를 달라고 요청해서 얻기보다는 사육사나 동물원 방문객한테서 받을 뿐입니다.
이와 달리 우리가 손을 능동적으로 움직여서 손수 어떤 것을 얻는 일이라면 nehmen, greifen, ergreifen을 사용합니다.

> Ich habe mir einen Prospekt vom Tisch **genommen**.
> 나는 테이블에 있는 설명서를 집어 들었다.

내가 테이블에서 설명서를 집어 든 것은 누군가 나에게 그것을 일방적으로 주어서 또는 추천해서 내가 받은 것이 아니라 그것을 읽어보려고 취한 나의 자발적, 의도적 행동입니다.

> Er hat die Möglichkeit / Chance **ergriffen**, eine neue Sprache zu lernen.
> 그는 새로운 언어를 배울 기회를 잡았다.

그가 요청하거나 원하지도 않았는데 누군가 그에게 새로운 언어를 배울 기회를 준 것이 아니라 그가 필요하고 또 원해서 새로운 언어를 배울 어떤 기회를 직접 잡은 것입니다. 예를 들어 그는 어학경진대회에서 우수한 성적을 거두어 상으로 그가 그토록 원했던 어학코스 수강권을 획득했을 수 있습니다.

Nimmst du dir immer, was du willst?
넌 네가 원하는 것을 늘 얻어내니?

적극적인 성격을 가진 사람은 자신이 원하는 것을 수동적으로 기다리지 않고 직접 나서서 취득합니다. 위의 예문에는 타인의 감정에는 아랑곳하지 않고 자신의 기분에 따라 내키는 대로 행동한다는 뉘앙스가 들어 있습니다.

Was nehmen Sie zum Trinken?
음료는 어떤 것을 선택하시겠어요?

레스토랑에서는 보통 손님이 앉은 자리에서 음료를 주문하고 웨이터가 가져다주면 받아서 마시지만, 바로 위 예문의 경우는 셀프 계산대에서 손님이 일행 중의 다른 손님에게 어떤 음료를 선택하겠느냐고 묻는 상황입니다. 이때는 웨이터가 가져다주는 음료를 수동적으로 받는 것이 아니므로 손님의 능동적 선택에 포커스가 맞춰져 있습니다.

Das Kind hat Bonbons genommen.
아이는 사탕을 가져갔다.

아이는 누군가 사탕을 줄 때까지 기다렸다가 받은 것이 아니라 사탕이 너무 먹고 싶어 직접 사탕을 집어 든 것입니다.

Das Kind hat nach den Bonbons gegriffen.
아이는 사탕을 향해 손을 뻗었다.

Der Affe hat ganz schnell die Banane ergriffen.
원숭이는 아주 잽싸게 바나나를 움켜쥐었다.

예문의 상황에서 누군가 나에게 뭔가를 주려 할 때, 내가 만약 그것을 단순히 받았다면 나는 그것을 얻은(bekommen) 것이지만, 내가 그러고 싶지 않아서 손을 내밀지 않은 것은 나의 의도적, 적극적 행동입니다. 따라서 이것은 받으려 하지 않은(nicht nehmen wollen) 것에 해당됩니다.

빈 칸에 bekommen, nehmen, greifen, ergreifen의 올바른 형태를 써넣으세요.

1. Kind, du kannst dir nicht einfach _____, was du haben willst! Mama muss das bezahlen!

2. Die Polizei _____ den Räuber einen Tag nach der Straftat.

3. Wir _____ jeden Morgen Post.

4. Wenn man eine Chance bekommt, dann muss man sie _____!

5. „Was nimmst du?" - „Ich _____ den gebratenen Reis."

6. _____ du in der Straße auch so viele Werbezettel?

7. Ich könnte die Werbezettel bekommen, aber ich _____ sie nicht.

8. Kindern erklärt man, dass sie auf der Straße nichts von Fremden (an)_____ sollen.

9. Die Fingerchen des Babys können schon das Spielzeug _____.

10. Der Roboter _____ nach dem Autoteil.

더 자연스러운 문장 : Auf der Straße wollte mir jemand einen Zettel geben. Aber ich wollte ihn nicht **nehmen**.

64 보기와 보여주기

오류 진단

오류를 찾아 고쳐보세요.

Hier, kann ich Ihnen meine Hausaufgaben schauen?

여기, 제 숙제를 보여드려도 될까요?

고친 문장 _____

 오류 처방

sehen, schauen, zeigen은 모두 보는 것과 관계 있고 의미상으로 서로 밀접하게 관련되어 있습니다. sehen은 어떤 의도나 목적 없이 시야에 들어오는 것을 시각적으로 수용하는 것을 뜻합니다. 영어 to see와 비슷합니다. 일단 눈을 뜬 상태라면 원하든 원하지 않든 어떤 것을 반드시 보게 됩니다.

그에 반해 schauen은 수동적이기보다는 능동적, 의식적, 목표 지향적인 행위로서 보는 것을 뜻하기 때문에 우리말에서 단순히 '보다'보다는 '검토하다', '살피다', '유념하다'와 연관됩니다.

zeigen은 다른 사람이 볼 수 있도록 그 자리에서 뭔가를 가리키거나 자세히 살펴보도록 어떤 자료를 눈앞에 제시함을 뜻합니다. 아래 글에서 이 세 낱말의 의미와 용법 차이를 비교해볼 수 있습니다.

> **Schauen** Sie mal! Ich will Ihnen etwas **zeigen**. **Sehen** Sie das? Das ist ein Foto von 1953. Die Leute **schauen** alle ganz überrascht. Was haben sie wohl **gesehen**? Was hat man ihnen wohl **gezeigt**?
>
> 이거 좀 보세요! 뭔가 보여드릴게요. 이거 보이세요? 1953년도 사진이에요. 사람들이 모두 놀라서 뭔가를 보고 있어요. 그들은 무엇을 보았을까요? 그들에게 대체 무엇을 보여준 걸까요?

기억하기 쉽도록 우리말에서 가장 근접한 대응어를 찾는다면, sehen은 '보다', schauen은 '자세히 살펴보다', zeigen은 '보여주다'에 해당된다고 할 수 있습니다.

A: **Schau** mal, das neue Samsung S24!   저것 좀 봐, 새로운 삼성 S24야!

B: Wo denn? **Zeig** mal!   어딘데? 보여줘!

A: **Siehst** du es nicht? Da im Schaufenster.   안 보여? 저기 쇼윈도우에 있잖아.

sehen은 은유적으로 '생각하다', '이해하다'의 뜻으로도 쓰입니다.

Kannst du **sehen**, warum das wichtig ist?   그게 왜 중요한지 이해할 수 있니?

Ich **sehe** es anders.   나는 그것을 다르게 생각해.

연습문제

빈 칸에 schauen, sehen, zeigen**의 올바른 형태를 써넣으세요.**

1. Du musst ein bisschen besser auf deine Sachen _____.

2. _____mir mal dein Muttermal. Wo es sitzt, ist ganz egal. [노래 가사]

3. Das _____ ich auch so.

4. Seit ich die neue Brille habe, _____ ich viel besser.

5. _____ mal! Kennst du diese Frau?

6. _____ du den Mann mit Hut auf der anderen Straßenseite?

7. Miriam hatte ihre Tante lange nicht _____.

8. Hast du _____, ob auch kein Auto kommt?

9. Dann wollen wir mal _____, wie sich das Projekt weiterentwickelt.

10. Ich _____ mal, was ich für Sie tun kann.

11. Er _____ mit dem Finger auf die Stelle, wo der Reifen ein Loch hat.

고친 문장: Hier, kann ich Ihnen meine Hausaufgaben **zeigen**?

65 ~을 하다

오류 진단

오류를 찾아 고쳐보세요.

Er wollte mir mit seinem Geschenk eine Freude tun.

그는 선물로 나를 기쁘게 해주려고 했어.

고친 문장 _____

오류 처방

'하다'의 뜻을 갖는 tun과 machen은 완전히 동의어로 바꿔쓸 수 있는 경우가 적지 않습니다.

Was soll ich tun / machen?
내가 어떻게 해야 해?

Was muss noch getan / gemacht werden?
무엇을 더 해야 하죠?

Tu / Mach, was du willst!
네가 하고 싶은 것을 해!

Was hast du da nur getan / gemacht?
너 그때 도대체 뭐 한거야?

Keine Angst, der Hund bellt nur, aber er tut / macht nichts.
무서워하지 마. 개는 짖기만 하고 아무것도 못하니까.

tun은 일반적으로 '어떤 행위를 하다', '일하다'라는 뜻이며, 다른 말과 함께 결합하여 고정된 표현으로 사용되는 경우는 많지 않습니다. 반면 machen은 다른 어휘와 어울려 수많은 관용적 표현에서 등장합니다. machen 자체는 일차적으로 '어떤 작용을 가하다', '야기하다', '유발하다'라는 뜻을 가지고 있으며, 새롭게 등장하는 관용구에도 지속적으로 나타나고 있습니다. tun과 machen의 대표적 용례를 소개해보면 다음과 같습니다.

Es gibt nichts Gutes, außer man tut es. [Erich Kästner]
행하지 않으면 좋은 것은 아무것도 없다. (아무리 좋은 것이라도 행하지 않으면 쓸모없다)

Es gibt viel zu tun, packen wir's an! [광고 카피]
할 일은 많아요, 우리 함께 한번 해봐요!

Ich habe nichts zu tun, mir ist so langweilig.
할 것이 없어서 난 너무 심심해.

Damit habe ich nichts zu tun, das ist nicht meine Schuld!
나는 그것과 아무 상관없어, 그것은 내 잘못이 아니야.

Zuerst hat er Spaß gemacht, dann Lärm gemacht, dann Schwierigkeiten und Stress gemacht!
처음에 그는 재미있게 해줬지. 그 다음엔 시끄러웠어. 그리고는 말썽을 일으키고 스트레스를 주었어.

Sie hat sich an die Arbeit gemacht, hat alles anders gemacht, sich über ihre Kollegen lustig gemacht und sich am Ende zur Chefin gemacht.
그녀는 일을 시작했고, 모든 것을 다르게 했으며, 동료들을 놀렸고, 결국에는 사장이 되었다.

Pass auf, Zucker macht dick! – Ich weiß, aber Kleider machen Leute. Dann macht das Dicksein keinen Unterschied.
조심해, 설탕 먹으면 살쪄! – 알아, 하지만 옷이 사람을 만들잖아. 그러면 뚱뚱해도 상관없어.

Kannst du mir einen großen Gefallen tun? – Aber klar, ich wollte dir schon immer mal eine Freude machen.
내 부탁 하나 들어줄 수 있어? – 물론이지, 나는 언제나 너를 기쁘게 해주고 싶었어.

Das macht 250 Euro. – Sie machen mich arm! [계산대에서 독일식 유머]
250 유로입니다. – 저를 가난하게 만드시네요!

tun과 machen의 용례들 사이에는 어떤 필연적인 논리적 구분이 있다기보다는 대체로 관습에 따라 정해진다고 볼 수 있습니다. 이 용례들에 관하여 어떤 규칙성을 깨달으려 하기보다는 일상에서 자주 쓰이는 관습적 표현들을 접할 때마다 하나하나 익히는 것이 좋습니다.
그밖에 두 동사가 특정 명사와 결합된 고정어구는 상당히 많습니다. 일상에서는 Gefallen tun과 같이 매우 흔히 사용되는 몇몇 고정어구를 제외하면 거의 모든 경우에 machen이 사용됩니다.

machen		tun	
Hausaufgaben ~	숙제하다	jm. einen Gefallen ~	도움, 친절을 베풀다
Spiele ~	게임하다, 장난치다	sein Bestes ~	최선을 다하다
Spaß ~	재미있다	viel zu ~ haben	할 일이 많다
Ausflüge ~	나들이 가다	wenig zu ~ haben	할 일이 적다
Fehler ~	실수하다	etwas zu ~ haben	할 일이 조금 있다
jm. Freude ~	기쁘게 하다	für jn. etw. ~	누군가를 위해
Reisen ~	여행하다		무언가를 하다
Schritte ~	걸음을 떼다, 장전하다	jm. gut ~	좋다, 이롭다
Abschlüsse ~	끝내다, 졸업하다		
Streitigkeiten ~	싸우다, 갈등을 일으키다		

연습문제

빈 칸에 tun과 machen의 올바른 형태를 써넣으세요. (복수 정답 가능)

1. Habt ihr eure Aufgaben _____?

2. Hat Jonas dir etwas _____?*

3. Wie viel _____ das? - 30 Euro.

4. Ich habe mein Bestes _____.

5. Das _____ Spaß.

6. _____ Sie keinen Fehler!

7. Leider kann ich nichts für Sie _____.

8. Sie haben mir einen großen Gefallen _____.

9. _____ bitte noch etwas Salz in die Suppe.

10. Hast du schon Kaffee _____?

———————————

* 요나스가 너에게 상처를 주었니?

11. Er ist nicht wirklich krank, er _____ nur so.

12. Das ist egal, das _____ keinen Unterschied.

13. Er sitzt den ganzen Tag zu Hause und _____ nichts außer Fernsehen.

14. Ich wollte, ich wäre ein Huhn, dann hätte ich nicht viel zu _____, ich legte jeden Tag ein Ei und sonntags auch mal zwei! [동요]

15. _____ mal halblang! (= Übertreib nicht so!) [관용구]

16. _____ nicht so, als ob du nicht verstanden hättest!

17. Fastfood _____ dick und doof. Es _____ dir nicht gut.

18. Lesen _____ schlau.

고친 표현: Er wollte mir mit seinem Geschenk eine Freude **machen**.

어휘 선택의 오류

66 만남의 종류

Level B2

오류 진단

오류를 찾아 고쳐보세요.

A: Wann triffst du ihn heute?

B: Um sieben am Rathaus.

A: 너 오늘 그 사람 언제 만나?
B: 7시에 시청 앞에서.

고친 문장 _____

오류 처방

'누구와 만나다'를 표현하려면 어떻게 해야 할까요? 몇 가지 상황 유형을 구분해야 합니다.
우선 우연히 만나는 경우에는 treffen이나 begegnen을 사용합니다. treffen은 만나는 상대를 4격으로 표현하고, begegnen은 만나는 상대를 3격으로 표현하니 유의하세요!

> Ich habe ihn heute in der Stadt **getroffen**.   오늘 시내에서 (우연히) 그를 만났어.
>
> Ich bin ihm heute in der Stadt **begegnet**.   오늘 시내에서 그와 (우연히) 마주쳤어.

treffen은 우연히 만나 함께 커피를 마셨거나 짧게 이야기를 나누었을 수 있습니다. begegnen은 짧게 Hallo!라고 서로 인사말을 주고받고 나서 다시 가던 길을 계속 갔음을 내포합니다.

> Ich bin ihm heute in der Stadt **begegnet**, aber er hatte es sehr eilig.
> 오늘 시내에서 그와 (우연히) 잠깐 마주쳤는데, 그는 아주 바빴어.

우연히 마주친 그는 급히 어딘가에 가던 길이었으므로 결국 그와의 대화는 제대로 이루어지지 않은 것으로 볼 수 있습니다.

Wann hast du ihn eigentlich zum ersten Mal **getroffen**? – Vor zwei
Jahren im Urlaub.

그를 처음으로 본 게 언제였어? – 2년 전 휴가 때였어.

2년 전에 그를 처음 보았을 때는 계획된 만남이 아니어서 얼마나 오래 함께 시간을 보냈는지는 알 수
없습니다.
반면에 계획된 만남을 표현하는 경우에는 재귀동사 sich treffen을 사용합니다.

Er möchte **sich** mit seinen Freunden in der Stadt **treffen**.

그는 친구들과 시내에서 만나고 싶어해.

Alles klar, wir **treffen uns** heute um drei in der Bibliothek!

알겠어, 우리 오늘 3시에 도서관에서 만나!

오늘 3시에 도서관에서 만나기로 약속했으니, 만나서 아마 짧지 않은 시간을 함께 보내겠지요?
축구경기처럼 두 팀 간의 계획된 '만남'에도 sich treffen을 사용합니다. 이때의 sich는 상호재귀대명사
입니다.

Manchester City und Bayern München **treffen (sich)** heute im
Champions-League-Finale in Istanbul aufeinander.

맨체스터 시티와 바이에른 뮌헨이 오늘 이스탄불에서 열리는 챔피언리그 결승전에서 만난다.

연습문제

빈 칸에 begegnen, treffen**의 올바른 형태를 써넣으세요.**

1. Sich am Wochenende mit ihr zu _____ ist schwierig.

2. Heute _____ der FC Bayern München in der Allianz-Arena auf Manchester
   United.

3. Spieler: Warum _____ ich das Tor nicht?
   Trainer: Was heißt Tor, du _____ den Ball nicht.

4. Ich _____ ihr zum ersten Mal auf meinem Weg von der Bibliothek nach
   Hause.

5. Wann und wo können wir uns _____?

6. Wie soll ich reagieren, wenn ich meinem Lehrer im Bus _____? – Grüße
   ihn!

고친 표현: A: Wann triffst du **dich** heute **mit ihm**?   B: Um sieben am Rathaus.

67 좋지 않은 마음: 유감, 후회, 슬픔

📋 오류 진단

오류를 찾아 고쳐보세요.

Sie bedauert ihre schlechte Note.

그녀는 좋지 않은 성적에 대해 슬퍼해.

고친 문장 _____

💊 오류 처방

bedauern은 어떤 것을 유감으로 여기거나 어떤 일의 결과에 대해 불만족스러움이나 달가워하지 않음을 표현하는 동사입니다. 이때 목적어는 주어가 스스로 초래한 부정적 결과일 수 있지만 그것에 대해 주어는 반드시 깊은 죄책감까지 느낄 필요는 없습니다.

> Ich bedauere, nicht mehr gelernt zu haben.
> 나는 더 이상 학업을 계속하지 못한 것이 아쉬워.

여기서는 학업을 계속하지 못한 것이 아쉽지만 달리 방법이 없었음을 은근히 드러냅니다.

> Ich bedauere unsere Streitigkeiten.
> 나는 우리가 다툰 일에 대해 유감스럽게 생각해.

여기서는 다툰 일을 유감으로 생각하지만 본디 삶이 뭐 그런 것 아니겠느냐는 속뜻이 읽혀집니다.

> Ich bedauere, dass du krank geworden bist.
> 네가 병에 걸렸다니 안됐다.

여기서는 상대방이 병에 걸린 것이 안타깝지만 운이 없었음에 대해 유감을 나타냅니다.

> Wir bedauern, den Mietvertrag kündigen zu müssen.
> 임대차 계약을 해지해야만 해서 유감입니다.

183

임대차 계약을 해지할 수밖에 없는 것을 안타깝게 느끼지만 달리 방법이 없다는 뉘앙스를 풍깁니다. bedauern이 전형적으로 쓰이는 영역으로 정치 언어를 들 수 있습니다. 정치인들은 본인의 잘못으로 인한 결과나 타인의 책임으로 돌리고자 하는 사건에 대해 '유감이다'(bedauern)라고 표현합니다.

> **Wir bedauern, dass das Arbeitslosengeld nicht erhöht wird.**
> 우리는 실업수당이 인상되지 않는 데 대해 유감스럽게 생각합니다.

> **Die halbe Welt bedauert, dass Trump Präsident geworden ist.**
> 트럼프가 대통령이 되었다는 데 대해 많은 사람이 유감스럽게 생각한다.

여기서는 주어 위치에 있는 사람이 자신 또는 타인의 행동으로 초래된 결과, 즉 실업수당이 오르지 못한 것, 트럼프가 대통령이 된 것에 대하여 유감으로 생각합니다. 반면, 본인의 잘못에 기인하거나 스스로 그 잘못을 인정하고 나중에라도 교정할 수 있기를 바라는 것은 bereuen(후회하다)으로 표현합니다.

> **Ich bereue meine Faulheit.**　　　　　나는 나의 게으름을 후회해.

과거에 게을러서 뭔가를 놓친 것은 분명 본인의 책임입니다. 그래서 당시의 게으름을 후회하는 것입니다.

> **Ich bereue, was ich getan habe.**　　　나는 내가 했던 일이 후회가 돼.

과거에 하지 말았어야 했던 일을 한 데 대해 지금 후회한다는 뜻입니다.

> **Ob es wohl Trump-Wähler gibt, die bereuen, dass sie ihn gewählt haben?**
> 트럼프를 뽑았던 것을 후회하는 유권자가 아마 있지 않을까?

트럼프에게 표를 던진 사람들 중에 그것이 잘못이었다고 후회하는 사람이 있을 것이라는 말입니다. bedauern이 어떤 일의 결과를 유감스럽게 생각하고, bereuen이 어떤 부정적 결과에 스스로 원인을 제공한 것에 대해 후회함을 나타내는 동사인 반면에 traurig sein은 결과에 대해 갖는 감정을 나타냅니다.

> **Ich bedauere / bereue, mit dir gestritten zu haben, und bin traurig deswegen.**
> 난 너와 다툰 것을 유감스럽게 생각해 / 후회해. 그것 때문에 난 슬퍼.

나는 상대방과 다툰 것을 안타깝게 생각하고/후회하고, 그런 이유에서 '슬프다'라고 말합니다. 오류 예문에서 만약 주어 위치의 그녀가 자신의 좋지 않은 성적에 대해 감정을 표현하는 것이라면 bedauern으로는 부족하고 좀 더 직접적으로 자신의 감정을 표현하는 말을 선택해야 합니다.

> **Sie ist traurig über ihre schlechte Note.**
> 그녀는 좋지 않은 성적에 대해 슬퍼.

만약 과거에 좀 더 공부하지 않은 것을 후회하는 감정이라면 동사로는 bereuen이 적절하지만 이 경우 목적어는 과거에 충분히 공부하지 않았던 사실이 되어야 합니다.

> **Sie bereut**, dass sie so wenig gelernt hat, und **ist** jetzt **traurig über** die schlechte Note.
> 그녀는 많이 공부하지 않은 것을 후회하고, 지금 좋지 않은 성적에 대해 슬퍼해.

만약 그녀가 다른 여학생의 좋지 않은 성적에 대해 단순히 유감을 표명하는 경우라면 bedauern으로도 충분합니다.

> **Sie bedauert** die schlechte Note ihrer Freundin.
> (다른 사람의 좋지 않은 성적에 대해 유감을 표시할 때)

bedauern과 bereuen은 이성적 판단에 의한 행동(유감 표명, 후회)이고, traurig는 결과에 대해 느끼는 감정과 관계됩니다.

연습문제

빈 칸에 bedauern과 bereuen의 올바른 형태를 써넣으세요.

1. Er _____ den Tod seines Kollegen.

2. Vor Gericht _____ der Täter den Tod des Opfers, doch er schien seine Tat nicht wirklich zu bereuen.

3. Ich glaube nicht, dass man jemals _____ wird, Kinder bekommen zu haben.

4. Die große Mehrheit der im Jahr 2022 befragten Bachelor-Absolventen _____ ihr Studium nicht.

5. Der Sprecher des Wirtschaftsministeriums _____ die Entscheidung.

6. Der Redakteur für *5 nach 9* _____, dass die Gesprächsrunden langweiliger geworden seien.

고친 표현: Sie **ist traurig über** ihre schlechte Note.

NOTE

68 사용, 이용 I

오류 진단

오류를 찾아 고쳐보세요.

Danke für das Geschenk. Das kann ich gut nützlich sein.

선물 고마워. 나 그거 잘 쓸 수 있어.

고친 문장 _____

 오류 처방

사람을 관심의 중심에 놓고 어떤 대상의 사용 또는 활용과 관련하여 말할 때는 통상적으로 사람을 주어로 하고 동사로는 benutzen을 사용합니다.

> **Hast du die Kaffeemaschine schon benutzt?**   너 커피 메이커 이미 사용했어?

커피를 마시기 위해서는 커피 메이커를 사용합니다.

> **Wie oft benutzen Studenten das Wörterbuch?**
> 학생들은 사전을 얼마나 자주 이용해?

낱말의 뜻과 용법을 알기 위해서는 사전을 사용합니다.

이에 반해 어떤 대상이 가져다주는 이득에 초점을 맞춰 말하는 경우에는 그 대상을 주어로 놓고 nutzen(nützen) 또는 nützlich sein을 사용합니다. 이것은 어떤 대상이 누군가에게 '쓸모있다, 이득을 가져다준다'는 뜻입니다.

> **Die Kaffeemaschine nutzt (nützt) mir sehr / ist (mir) sehr nützlich.**
> 커피 메이커는 나에게 매우 유용해.

Nutzt (Nützt) ein Wörterbuch den Studenten?
사전이 대학생들에게 유용한가요 / 도움이 되나요?

Ist ein Wörterbuch den Studenten / für Studenten nützlich?
사전이 대학생들에게 유용한가요 / 도움이 되나요?

benutzen은 '어떤 대상을 사용하다'(sich einer Sache bedienen)라는 의미를 갖습니다. 이때 어떤 목적이 있어서 이 대상을 사용하긴 해도 이 사용으로부터 어떤 이득을 취할 수 있는지, 그리고 그 사용을 통해 얼마나 도움이 되는지는 중요하지 않습니다. 다시 말해 이득이나 손실과는 관계없이 중립적으로 단순히 어떤 목적을 위해 뭔가를 사용한다는 뜻입니다. 이와 반대로 nutzen(nützen)과 nützlich sein은 어떤 대상이 누군가에게 유리하거나 도움이 되거나 이득을 가져다준다는 것을 뜻합니다. nutzen은 위에 언급한 것처럼 흔히 자동사로 쓰이지만 타동사로도 사용될 수 있습니다.[*] 그 뜻은 '~을 활용하다, ~로부터 이득을 끌어내다'입니다.

nutzen	주어진 기회나 가능성을 활용하여 이득을 취하다 (약간 추상적인 뜻에서)
benutzen	어떤 목적을 달성하기 위해 구체적인 대상에 직접적인 조작을 가하다 (이득과는 관계없이 어떤 것을 부려쓰다)

Er nutzte seine Möglichkeiten.   그는 그가 가진 가능한 수단들을 활용했다.

그가 자신이 가지고 있는 여러 가능한 수단들을 활용하여 이득을 얻었다는 것입니다.

Diese große Chance hat er sofort genutzt.
그는 이 좋은 기회를 즉시 이용했다.

그가 이 좋은 기회를 잘 이용했다는 것은 이 기회를 살려 어떤 이득을 취했다는 것입니다.

Man benutzt eine Kamera, um zu fotografieren.
사진을 찍기 위해서는 카메라를 사용한다.

사진을 찍기 위해 카메라를 사용한다는 것은 결과로서 '훌륭한' 사진이 찍혀 나온다는 것을 포함하지 않습니다. 그저 카메라의 촬영 버튼을 누른다는 것에 초점을 두고 있습니다.

Für die Kleinarbeit benutzt er einen kleinen Meißel.
미세 작업을 위해 그는 작은 끌을 사용한다.

이 경우에도 마찬가지로 그 끌이 얼마나 도움이 되는지는 이차적인 문제입니다.
이와 같이 가능성을 살리거나 주어진 기회를 활용하여 이득을 취할 때는 nutzen을 사용하고 사진을 찍으려고 카메라를 조작하거나 조각 작품을 만들려고 끌을 도구로 이용할 때는 benutzen을 사용합니다. 주스를 만들려는 목적으로 믹서를 작동시키는 것도 믹서를 benutzen한 것입니다.

Darf ich kurz deinen Computer **benutzen**? 네 컴퓨터 잠깐 써도 될까?

Es ist wichtig, Technologie verantwortungsbewusst zu **nutzen**.
테크놀로지를 책임감있게 활용하는 것은 중요하다.

물론 경우에 따라서는 두 동사 모두 가능할 수도 있습니다.

Die Gäste können den Gemeinschaftsraum **nutzen** / **benutzen**, um sich zu treffen und zu entspannen.
손님들은 함께 만나거나 쉬기 위해 공동 공간을 이용할 수 있다.

연습문제

빈 칸에 nutzen, nützen, benutzen, nützlich sein의 올바른 형태를 써넣으세요.

1. Meine Chefin _____ ständig Fachbegriffe.

2. Sabine _____ täglich den Bus, um ohne Stress zur Arbeit zu kommen.

3. Zum Haarewaschen _____ ich nur einen Tropfen Shampoo.

4. Siehst du nicht, dass er dich nur _____!

5. Diese Ratschläge _____ mir nichts!

6. Ein Garten wird nicht nur zur Erholung, sondern auch zum Gemüseanbau
_____.

7. Ein Kalender ist sehr _____.

8. Darf ich mal Ihre Toilette _____?

9. Und was soll mir das _____? Das _____ mir jetzt gar nichts.

10. Das Angebot, bei den Schmidts im Auto mitzufahren, sollten wir _____.

11. Soziale Netzwerke werden immer mehr zur Kommunikation _____.

고친 표현: Danke für das Geschenk. Das kann ich gut **benutzen**. / Das kann **mir (sehr) nützlich sein.**

---

* 북부와 중부 독일에서 nützen은 nutzen과 더불어 '쓸모있다', '도움이 되다'의 뜻으로 자동사로 쓰이고 타동사로는 거의 쓰이지 않는다.

NOTE

어휘 선택의 오류

69 사용, 이용 II

Level **B2**

오류 진단

밑줄친 낱말 대신에 쓸 수 있는 낱말을 찾아보세요.

Zum Unterzeichnen des Vertrags wurde ein goldener Füller gebraucht.

계약서에 서명하는 데 황금 만년필이 사용되었다.

고친 문장 _____

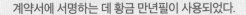

오류 처방

benutzen, gebrauchen, verwenden 사이의 의미 차이는 비교적 미미하여 유의어로 사용할 수 있습니다.

> **Wann verwendet / benutzt / gebraucht man den Konjunktiv?**
> 접속법은 언제 쓰나요?

> **Oh, du verwendest / gebrauchst / benutzt keine Spülmaschine?**
> 어, 너는 식기 세척기 사용 안 하네?

> **Welche Suchmaschine benutzt / verwendet / gebraucht man in Korea am meisten?** 한국에서는 어떤 검색 엔진을 가장 많이 사용해?

물론 미세한 뉘앙스의 차이가 있습니다. verwenden을 사용하면 좀 고상하게 들릴 때가 있고, gebrauchen은 중립적이고, benutzen은 일상에서 구어적으로 표현합니다.

> **Sag mal, benutzt du deinen Kopf nur zum Hut aufsetzen?**
> 근데, 네 머리는 모자 쓰는 데만 사용하니?

191

이것은 왜 생각을 안 하느냐는 핀잔으로 일상에서의 구어적 표현입니다. 우리말로는 '머리는 장식으로만 달고 다니니?' 정도에 해당됩니다.

Wenn Sie unser Produkt verwenden, werden Sie davon profitieren!
저희 회사 제품을 사용하시면 혜택을 받으실 겁니다!

이런 예문은 광고에서 볼 수 있습니다. 격식 차린 언어를 사용하여 상품의 가치를 높이고 있습니다. 현대 독일어에서 benutzen은 점점 더 부정적인 의미로 바뀌어 가고 있습니다.

Er hat seine Freundin nur benutzt.   그는 여자친구를 그저 이용할 뿐이었어.

이 예문처럼 benutzen이 사람을 목적어로 취하는 경우 ausnutzen, ausbeuten(부당하게 이용하다, 착취하다)의 의미가 됩니다.

Manche Politiker nutzen die naiven Bürger aus.
어떤 정치가들은 순진한 백성들을 이용한다.

Die Kolonialherren haben die Eingeborenen ausgebeutet.
식민 지배자들은 원주민들을 착취했다.

연습문제

빈 칸에 gebrauchen, verwenden, benutzen의 올바른 형태를 써넣으세요. (복수 정답 가능)

1. Die Worte, die ich _____, schienen mir angemessen.

2. So ein Gerät habe ich ja noch nie gesehen. Wie _____man das?

3. Auf dem Desktop _____ ich das Betriebssystem eines unbekannten Herstellers.

4. Oh, du Armer! Siehst du denn nicht, dass er dich nur _____ will!

5. Nur für obergärige Biere darf Weizen anstelle von Gerste _____ werden.

6. Dieser Löffel ist schon _____.

7. Wenn sie redet, _____ meine Chefin immer schwierige Fachbegriffe.

8. Ich konnte mein Fahrrad wieder _____.

9. _____ deinen Verstand!

10. Könnte man ihre Talente in der Firma nicht sinnvoller _____?

고친 표현: Zum Unterzeichnen des Vertrags wurde ein goldener Füller **benutzt / gebraucht / verwendet.**

70 음식 관련 표현

 ## 오류 진단

어색한 표현을 찾아 고쳐보세요.

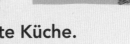

Koreanische Essen sind oft scharf, doch japanische Speise ist nicht so scharf. Ich esse gern eine gute Küche.

한국 음식은 매운 게 많지만, 일본 요리는 그렇게 맵지 않아. 나는 좋은 요리를 즐겨 먹어.

고친 문장 _____

 ## 오류 처방

'음식'을 뜻하는 Essen, Gerichte, Speise와 '먹다'라는 뜻의 essen과 speisen은 각각 조금씩의 의미나 용법상의 차이가 있습니다. 우선 essen과 das Essen은 A1 단계에서 배우는 기초 어휘들인 데 비해 Gerichte는 A2쯤에서, 그리고 speisen, die Speise는 (메뉴판을 뜻하는 Speisekarte는 이미 A1 단계에 나오지만) 그보다 더 높은 단계에서 배웁니다. 일상에서는 당연히 essen과 das Essen이 가장 많이 쓰이고 speisen과 die Speise는 잘 쓰지 않습니다. Küche 또한 '주방' 외에 '음식', '먹을 것'을 뜻하기도 하지만 주로 어떤 지역의 고유 음식, 특정 지역을 대표하는 음식을 지칭하는 것으로 사용 빈도가 낮습니다. 그리고 Gericht는 어떻게 조리된 음식인지에 관심을 둘 때 흔히 쓰는 표현입니다. Gericht가 흔히 복수형 Gerichte로 쓰이는 반면, Essen과 Küche는 오로지 단수로만 쓰입니다. 내용상 복수이지만 문법적으로는 단수로 쓰는 집합명사는 das Gebäude, das Gebirge, die Kleidung, das Obst, das Gemüse, das Fleisch 등이 있습니다.

Bei ihrer luxuriösen Hochzeit gab es exquisite Speisen aus allen möglichen Ländern.
그들의 호화로운 결혼식에서는 전 세계의 산해진미가 차려졌다.

이 경우처럼 화려하고 진귀한 음식을 지칭하는 표현으로는 Speise가 적절합니다.
essen과 speisen은 '먹다'라는 기본 의미는 같지만 speisen이 훨씬 더 어른스럽고 정중한 뉘앙스를 풍깁니다. 레스토랑에서 웨이터가 Möchten Sie hier speisen?이라고 묻는다면 손님은 매우 격조 있고 정중한 대우를 받았다고 느낄 겁니다.

Falscher Hase – was ist das für ein **Gericht**, und wie wird das zubereitet?
Falscher Hase라는 음식이 있네! 대체 어떤 요리이며 어떻게 만드는 것일까?

이처럼 음식의 재료와 조리법을 염두에 두고 일컬을 때 Gericht를 쓰면 좋습니다.

Falscher Hase[*]

Küche는 특정 지역이나 나라의 음식, 즉 전통적, 관습적으로 그 지역에 특징적인 대표 음식을 전체적으로 일컫는 표현입니다. 우리말로 하자면 '~식 음식/요리' 정도에 해당됩니다.

Die mediterrane **Küche** Italiens ist in Deutschland sehr beliebt.
이탈리아의 지중해식 음식은 독일에서 매우 인기가 좋다.

우리가 평상시에 먹는 일반적인 먹거리를 말할 때는 다음과 같이 Essen을 쓰면 가장 무난합니다.

An Freitagen gibt es bei uns oft nur ein leichtes **Essen**.
금요일에 우리집에서는 가볍게만 식사할 때가 자주 있다.

---

[*] Falscher Hase는 다진 소고기와 빵가루 등을 섞어 반죽을 만든 후 안에 계란을 넣고 오븐에 굽는 요리이다. 모양이 토끼를 연상시키지만 실제로는 토끼 고기 대신 다른 재료를 사용하여 만들기 때문에 '가짜 토끼'라고 불린다.

1. 보기와 같이 제시된 각각의 철자로 시작하는 낱말을 찾아보세요.

> **보기**
> K-Ü-C-H-E: Kochlöffel | überkochende Milch |
> Champignons | heiß | Erdbeeren

E-S-S-E-N:

S-P-E-I-S-E-N:

G-E-R-I-C-H-T:

O-B-S-T:

G-E-M-Ü-S-E:

B-R-O-T:

F-L-E-I-S-C-H:

Z-U-C-K-E-R-W-A-R-E-N:

2. 아래 낱말들을 세 개의 범주에 각각 연결시켜보세요. 매우 다양한 답이 가능합니다.

> **보기**
> Gabel | Gewürze | fett | Essig | exotisch | salzig | gesund |
> Messbecher | lecker | Salatschüssel | Pfanne | edel |
> Salami | Austern | sauer | süß | Messer | Zwiebel |
> bitter | Kartoffel | Teller | Pfeffer | Zucker |

Küchenutensilien	Zutaten	Geschmack

> **고친 표현**: Koreanisches **Essen** ist oft scharf, doch japanische **Gerichte (Speisen)** sind nicht so scharf. Ich esse gern **Gerichte aus (Ländern mit) einer guten Küche.**

71 친한 관계의 시작

오류 진단

오류를 찾아 고쳐보세요.

Ich habe mich mit ihm freundlich gemacht.

나는 그와 친해졌어.

고친 문장 _____

오류 처방

형용사 freundlich(친절한, 다정한, 우호적인)는 명사 Freund(친구)에서 파생되었지만 그 의미까지 이어받지는 않았습니다. 상황과 때에 따라 일시적으로 나를 친절하게(freundlich) 대해주는 점원, 간호사, 선생님, 아파트 경비 아저씨가 있을 수 있지만 그들이 반드시 나의 친구(Freund)인 것은 아니지요! 따라서 명사 Freund의 의미를 형용사 freundlich에 그대로 적용해서는 안 됩니다.

위 예문은 영어의 make friends를 떠올리면서 독일어에 잘못 적용한 결과입니다. 하지만 이때 make는 독일어의 machen으로 대체될 수 없습니다. '막 친해지다'라는 뜻을 갖는 독일어 동사는 따로 있습니다. 오류 예문에서 의도된 뜻을 표현하려면 다음과 같이 말하는 것이 맞습니다.

Ich habe mich mit ihm angefreundet.
나는 그와 막 친해졌어.

Wir haben uns angefreundet.
우리는 막 서로 친해졌어.

다만 sich anfreunden으로 표현되는 사이는 아직 서로 친구라고 부를 만큼 그렇게 가깝지는 않고 '누군가와 막 친해지다', '누군가와 막 친구 관계에 접어들다' 정도라는 점에 유의해야 합니다. 이러한 의미는 분리전철 an-에 기인합니다. 그에 반해 누군가와 아주 친한 친구 사이라는 것을 나타낼 때는 mit jemandem eng / dick befreundet sein이라는 표현을 사용합니다.

Von ganz klein auf waren wir dick befreundet.
아주 어릴 때부터 우리는 아주 친한 사이었어.

연습문제

빈 칸에 freundlich, befreundet, anfreunden의 올바른 형태를 써넣으세요.

1. Die neuen Nachbarskinder werden sich sicher bald _____.

2. Am Abend kam ein _____ Ehepaar zu Besuch.

3. Der Geheimdienst überwachte auch _____ Staaten.

4. Der Verkäufer ist _____.

5. Der morgige Tag soll _____ werden.

6. In der neuen Schule konnte ich mich schnell mit meinen Mitschülern
   _____.

7. Ich habe mich auf der Reise mit einer Gruppe von Abenteurern
   _____.

8. Wir sind seit unserer Schulzeit eng miteinander _____.

고친 표현: Ich habe mich mit ihm **angefreundet**.

72 연도 표시

 오류 진단

오류를 찾아 고쳐보세요.

In 2019 war ich schon mal in Europa.

2019년에 나는 유럽에 다녀왔어.

고친 문장 _____

 오류 처방

예문처럼 연도를 표시할 때 전치사를 함께 사용하는 것은 그럴듯해 보이지만 독일어식 표현이 아닙니다. 영어식 연도 표시에 의한 간섭이므로 분명한 오류입니다. 연도 표시는 문장성분상 시간 부사어에 속하고, 4격 명사구나 전치사구의 형태로 표현합니다.

시간 부사어	
4격 명사구	전치사구
jeden Abend	an jedem Abend
letzte Woche	in der letzten Woche
diesen Monat	in diesem Monat
nächstes Jahr	im nächsten Jahr
2019	im Jahr 2019

따라서 전치사 없이 2019 war ich in Europa라고 쓰거나 시간을 나타내는 전치사구를 사용하여 Im Jahr 2019 war ich in Europa라고 써야 맞습니다. 다만 연도 앞에 im Jahr를 붙이면 해당 연도를 특별

히 강조하는 느낌을 줄 수 있습니다. 복잡하게 전치사까지 쓸 필요 없습니다. 간단하게 연도 숫자만 쓰는 것으로도 충분하니까요!

> **Seit 2015** sind wir miteinander befreundet und haben viele Erlebnisse geteilt.
> 2015년부터 우리는 친한 사이이고 많은 경험을 함께 했어.

연습문제

현재형(Präsens), 과거형 및 현재완료형(Präteritum bzw. Perfekt)과 함께 쓰는 시간 부사어를 분류해보세요. (어떤 것은 둘 다 가능할 수도 있습니다.)

gestern	in einer Woche	heute	vor zwei Tagen
morgen	am letzten Freitag	jetzt	damals
früher	nächsten Dienstag	nächstes Jahr	bald
vorher	übermorgen	neulich	irgendwann
zu der Zeit	in der letzten Woche	vorgestern	in diesem Monat
im nächsten Jahr	gerade	letzte Woche	dieses Jahr
letzten Sommer	bisher	im Winter 1935	vor einer Stunde
heute Vormittag	in zwei Monaten	im Jahr(e) 2001	diesen Monat
nächstes Jahr	am kommenden Sonntag		

현재형	과거형 및 현재완료형

> **고친 표현: (Im Jahr) 2019** war ich schon mal in Europa.

의지냐 약속이냐

오류 진단

오류를 찾아 고쳐보세요.

A: Bitte nicht vergessen!
B: Okay, ich will es nicht vergessen!

A: 잊지마!
B: 알았어, 안 잊을게!

고친 문장 _____

오류 처방

I will not forget it이라는 영어 표현의 will과 독일어 will(wollen의 단수 1인칭 현재형)의 철자가 동일하여 혼동을 일으킬 수 있습니다. 하지만 예문처럼 상대방이 뭔가를 부탁하거나 요구할 때 wollen 동사를 사용하여 대답하는 것은 일반적이지 않습니다. wollen은 의지나 강력한 소망을 나타내기에 동문서답이 될 수 있기 때문입니다. A의 요구에 긍정적으로 응대하려면 werden을 사용하는 것이 적절합니다. werden은 미래 시제의 조동사로 사용되는데, 실제로 미래를 표현하기 위해 werden을 사용하는 경우는 드문 편입니다. 심지어 미래를 나타내는 문장 중 3분의 2에서 현재형이 사용된다는 통계도 있습니다. 왜냐하면 미래에 대해 말할 때 현재형을 사용하더라도 미래를 나타내는 시간 부사어를 함께 사용한다면 충분히 표현할 수 있기 때문입니다.

> **Morgen** fahre ich nach Busan.
> 내일 나 부산에 가 / 갈 거야.
>
> Dort gibt es **am Abend** eine Party.
> 거기서 저녁에 파티가 있어 / 있을 예정이야.

위의 두 문장에는 시간 부사어가 있어서 werden을 사용하는 것이 오히려 부자연스럽습니다. 실제로

werden은 미래 표현보다는 현재나 미래에 대한 추측이나 약속의 뜻으로 더 자주 사용됩니다.

Er **wird** spät zur Party kommen.   그는 (아마) 파티에 늦게 올 거야. (추측)

Er **wird** (jetzt) **(wohl)** zu Hause sein.   그는 (지금) (아마) 집에 있을 거야. (추측)

Sie **wird** sich **(jetzt)** auf die Prüfung vorbereiten.
그녀는 (지금) 시험 공부를 하고 있을거야. (추측)

Ich **werde** dich nie, nie vergessen.   너를 절대 잊지 않을게. (약속)

Ich **werde** heute Abend bei dir vorbeikommen.
오늘 저녁 너의 집에 들를게. (약속)

Ich **werde** mich um ihn kümmern.   그를 돌봐줄게. (약속)

오류 예문에서 B는 잊지 않고자 하는 의지를 표현하기보다는 잊지 않겠다는 약속을 하는 것이므로 werden이 적합합니다.

연습문제
_____

빈 칸에 wollen 또는 werden의 올바른 형태를 써넣으세요.

1. Natürlich _____ ich dir beim Umzug helfen!

2. Er _____ wohl krank sein.

3. Ich _____ morgen zum Friseur.

4. Kinder _____ ein Geschenk vom Weihnachtsmann.

5. Keine Sorge, das _____ ich bestimmt nicht tun!

6. Der Zug _____ wahrscheinlich in fünf Minuten kommen.

7. Worauf hast du am Wochenende Lust? Was _____ du machen?

8. Du hast einen genauen Plan gemacht? Was _____ du tun?

고친 표현: A: Bitte nicht vergessen!

B: Okay, ich **werde** es nicht vergessen!

공부와 학업

오류 진단

오류를 찾아 고쳐보세요.

Gestern habe ich den ganzen Tag in der Bibliothek studiert.

어제 나는 하루 종일 도서관에서 공부했어.

고친 문장 _____

오류 처방

예문에서 사용된 studieren은 대학에서 특정 분야의 학문을 전공으로 택하여 전문지식을 쌓는 활동을 뜻합니다. 즉 대학생이 전공 학업을 수행한다는 뜻입니다.

> **Ich habe Germanistik studiert.**
> 나는 독어독문학을 전공했어.

> **Ich studiere an der Uni München Wirtschaftswissenschaft.**
> 나는 뮌헨대학교 경제학과에 다녀.

집이나 도서관 등에서 혼자 하는 학습이나 시험 준비를 위한 공부는 책이나 자료 등을 숙지하거나 암기하는 활동입니다. 이런 활동을 가리킬 때 사용하는 동사는 studieren이 아니라 lernen입니다.

> **Ich muss für die Prüfung lernen.**
> 나는 시험공부를 해야 해.

> **Ich habe keine Lust zu lernen.**
> 나는 공부할 마음이 없어.

이런 오류는 영어 to study와 독일어 studieren이 같은 것을 뜻하는 동사라고 착각하는 데서 비롯됩니다. studieren이 대학에서의 전공 학업과 관련이 없이 쓰일 때는 (마치 학자가 면밀히 따져가며 연구하듯이) '꼼꼼하고 세밀하게 들여다보다'의 뜻입니다.

> **Er studierte** die Forschungsergebnisse, um alle Details zu verstehen.
> 그는 모든 세부사항을 이해하기 위해 연구 결과를 꼼꼼히 분석했다.

> **Er studiert** den Stadtplan genau, um den besten Weg zu finden.
> 그는 가장 좋은 길을 찾기 위해 지도를 자세히 살펴본다.

연습문제

빈 칸에 studieren과 lernen을 구분하여 올바른 형태로 써넣으세요.

1. Man _____ jeden Tag etwas Neues.

2. Ich habe keine Zeit, ich muss bis morgen noch Vokabeln für Deutsch _____.

3. Ich habe Jura und Philosophie _____.

4. Es macht mir Spaß, Fremdsprachen zu _____.

5. Sabine _____ seit vier Semestern Psychologie in Wien.

6. Er hat mit der Zeit _____, mit Wenigem zufrieden zu sein.

7. Früher mussten Kinder vieles auswendig _____.

8. Tom _____ lange die Speisekarte, bestellte dann aber nur eine Cola.

고친 표현: Gestern habe ich den ganzen Tag in der Bibliothek **gelernt**.

75 끝에 가서는...

 오류 진단

오류를 찾아 고쳐보세요.

Endlich hat sie ihre Tasche vergessen.

결국 그녀는 가방을 깜빡했어.

고친 문장 _____

 **오류 처방**

이 오류도 쉽게 범할 수 있는 아주 고질적인 오류입니다. 원인은 영어의 finally에 있습니다. finally에 해당하는 독일어는 endlich가 아니라 schließlich입니다. 이 schließlich야말로 '마지막에', '끝으로'라는 뜻입니다. 반면에 endlich는 '뭔가를 기다린 끝에'라는 뜻으로, 닥친 어떤 것에 대한 반가운 마음이 내포되어 있습니다. 이것은 우리말 '드디어'에 해당됩니다. 예를 들어 '드디어 방학이다', '우리 드디어 다시 만났구나', '드디어 해냈어'처럼 주로 긍정적인 연상의미를 갖는 표현이므로 손꼽아 기다리던 것이 실현된 상황에서 쓰입니다.

반면 어떤 사건이나 스토리의 시간 흐름에서 순서상 맨 마지막에 일어난 일에 관하여 말하고자 할 때는 schließlich라는 표현을 쓰는 것이 맞습니다. 오류 예문에서 표현된 것처럼 기다리던 끝에 '드디어' 지갑을 잃어버렸다는 것은 상식과 맞지 않고, 오늘 하루 여러 가지를 잃어버렸는데 그 끝 순서에서는 심지어 지갑까지 잃어버렸다는 뜻을 표현하려면 schließlich를 쓰는 것이 맞습니다.

Schließlich hat er doch recht.
결국 그의 말이 맞아. (논의의 과정 끝에)

Schließlich haben sich die zwei ineinander verliebt.
결국 두 사람은 서로 사랑에 빠졌어. (두 사람이 어느 정도 만난 후에)

Endlich ist das Wochenende da, auf das ich gewartet habe.
드디어 기다리던 주말이 왔다.

Nach langem Warten konnte er **endlich** sein Lieblingsbuch lesen.
오랜 기다림 끝에 그는 드디어 좋아하는 책을 읽을 수 있었다.

연습문제

1. 빈 칸에 endlich와 schließlich를 구분하여 써넣으세요.

   (1) Wir konnten einfach keine Wohnung in der Stadt finden. _____ haben

   wir uns überlegt, aufs Land zu ziehen.

   (2) Es klingelt. Das muss Thomas sein! Na _____!

   (3) Ich habe lange überlegt, welches Auto ich mir kaufe. _____ habe ich

   mich für einen Porsche entschieden.

   (4) Wann bist du _____ fertig? Ich warte schon lange auf dich.

   (5) Sie nahm ihre Jacke, die Tasche, den Koffer und _____ den Schirm

   und ging.

   (6) Ich glaube, ich muss ihm helfen. Er ist _____ mein Freund.

   (7) _____ ist es wieder soweit: Die Urlaubszeit ist da.

2. endlich와 schließlich의 의미 차이를 설명해보세요.

   (1) Nach langem Warten hat sich der Kanzler mit seinem Reformplan endlich /
   schließlich durchgesetzt.

   (2) Nach langer Verhandlung sind wir endlich / schließlich zu einem Ergebnis
   gekommen.

   (3) Tagelang hatte ich im Internet nach Informationen über den Maler gesucht
   und bin endlich / schließlich bei einer Galerie in Berlin auf seine Bilder
   gestoßen.

   고친 표현: **Schließlich** hat sie ihre Tasche vergessen.

국가와 나라

오류 진단

오류를 찾아 고쳐보세요.

**Deutschland ist ein schöner
Staat.**

독일은 아름다운 나라야.

고친 문장 _____

오류 처방

우리가 Staat(국가)라고 부르는 것은 어떤 것일까요? 국가는 자유 민주주의적이거나 사회주의적일 수 있고, 입헌 군주 또는 전제 군주에 의한 지배를 받을 수 있으며, 중앙 집권제 또는 연방제를 취할 수 있고, 발전의 정도에 따라 선진적이거나 후진적일 수 있습니다. 이처럼 우리는 추상적, 정치적 관점이나 주로 객관적인 기준에서 Staat라는 낱말을 사용합니다. 즉 Staat는 주로 행정적 관점이나 통치, 외교의 관점에서 사용하고, 따라서 어떤 Staat에 대해 예문처럼 '아름답다'거나 '친절하다'거나 '편안하다' 등의 주관적 형용사는 쓰지 않습니다. 반면에 우리가 직접 경험한 장소로서의 나라, 즉 도시나 경치, 그곳 주민들을 만나본 주관적 느낌을 묘사하고 싶다면 Land를 씁니다.

위 예문의 화자는 독일에 대해 객관적 진술을 하기보다는 주관적 판단 내지 평가를 내리려는 의도를 가지고 있으므로 그럴 때는 Staat 대신에 Land를 쓰는 것이 적절합니다.

Deutschland ist ein schönes Land.
독일은 아름다운 나라야.

Brasilien ist ein sehr großes Land.
브라질은 아주 큰 나라야.

우리말에서 '국가'와 '나라'는 언제나 명확히 구분해서 사용되지는 않지만, 오랜 경험과 관찰에 뿌리를 둔 순수 우리말 '나라'와 그것에 비해 상대적으로 늦은 시점부터 사용했을 한자어 '국가'라는 개념을 비교해보면, 독일어 Staat와 Land의 구분이 우리말 '국가'와 '나라'의 구분과 대체로 일치한다고 볼 수 있습니다. 따라서 Staat는 '국가'로, Land는 '나라'로 번역하는 것이 무난합니다. Land는 '나라' 외에도 바다(Meer)와 구분되는 '육지', 도시(Stadt)와 구분되는 '시골', 한 나라의 '영토'를 가리키기도 합니다.

유의어 중 Reich는 군주에 의해 통치되는 나라(왕국, 제국)를 가리키고, '동물의 왕국'(Reich der Tiere)처럼 어떤 고유한 세계의 '영역' 또는 '분야'를 가리킬 때도 사용됩니다. Nation은 공통의 언어, 문화, 영토를 공유하는 인간 공동체를 가리킵니다. 이때는 우리말의 '국민' 또는 '민족'에 해당된다고 할 수 있습니다. 다른 한편으로는 정치적인 개념에서 인간의 공동생활을 보장해줄 제도를 갖춘 자치 공동체를 가리키기도 하는데, 이는 '국가'의 개념과 유사합니다.

국가에 비해 좀 더 작은 규모의 지역 행정 단위는 뭐라 부를까요? 바이에른, 헤센, 노르트라인-베스트팔렌 같은 지역은 Bundesland(연방 주)라 부르고, 루르지역 같은 보다 작은 단위는 Region이라 부릅니다. (쉬어가기 10 참고)

빈 칸에 Staat, Land, Nation을 구분하여 올바른 형태로 써넣으세요.

1. Fast alle _____ der Erde sind Mitglied der UNO.

2. Liechtenstein ist ein sehr kleiner _____.

3. Andere _____, andere Sitten. [속담]

4. Einige Schildkröten leben nur auf dem _____.

5. Das Bundes_____ Berlin ist pleite.

6. Die Vereinigten _____ von Amerika werden weiter in der Welt eine bedeutsame Rolle spielen.

7. Son Heung-min ist ein Liebling der koreanischen _____.

8. Deutschland ist eine _____ großer Philosophen.

9. Dieser Berg gehört noch zu unserem _____.

10. Wir wollen nicht mehr in der Großstadt leben und werden nächsten Sommer aufs _____ ziehen.

11. Alle _____gewalt geht vom Volke aus. [Art. 20 des Grundgesetzes der BRD]

고친 표현: Deutschland ist ein schönes **Land**.

 쉬어가기 ⑩

독일의 지역 행정 단위

das Dorf / die Gemeinde	읍, 동, 리, ~마을	Gemeinde Herleshausen, Gemeinde Münstermaifeld
der Bezirk	구, 면	Seongbuk-gu, Berlin-Kreuzberg, New York-Manhattan
die Stadt	시	Seoul, Berlin, New York ...
die Region	지역	Ruhrgebiet, Industriegebiet, Bergland ...
das Bundesland	도, 주	Bayern, NRW, Sachsen, Gyeonggi-do ...
das Land	나라	Korea, Deutschland, Amerika ...
der Staat	국가	Republik Korea, Bundesrepublik Deutschland, die USA ...
der Kontinent	대륙	Asien, Europa, Afrika ...

77 '놀다'의 의미

오류 진단

오류를 찾아 고쳐보세요.

**Am Wochenende habe
ich gespielt.**

나는 지난 주말에 (아무것도 안 하고) 놀았어.

고친 문장 _____

오류 처방

이 오류는 한국어의 간섭에서 비롯된 오류입니다. '아무것도 하지 않고 빈둥거리다'라는 뜻의 우리말 '놀다'와 독일어 spielen의 의미는 결코 상응하지 않습니다. spielen은 오히려 우리말의 '~을 하다' 또는 '(아이가 천진난만하게) 뛰어놀다'에 더 가깝습니다. '특별한 것을 하지 않는다'라는 뜻의 우리말 '놀다'와는 정반대의 뜻인 셈이지요!

spielen은 다양하게 쓰입니다. 아이들이 뛰놀 때뿐만 아니라 축구를 비롯한 공놀이를 하거나 악기를 연주할 때도 이 동사를 쓰고, 재미를 위해 하는 컴퓨터 게임, 여러 사람과 함께 하는 카드게임, 윷놀이, 제기차기 등에도 모두 spielen을 사용합니다. 이렇게 다양하게 쓰이는 spielen 동사이지만 공통점은 바로 '어떤 특정한 활동을' spielen한다고 하는 목적어 정보가 요구된다는 점입니다.

Fußball spielen	축구하다	Basketball spielen	농구하다
Computerspiele spielen	컴퓨터 게임 하다	Karten spielen	카드 게임 하다
Gitarre spielen	기타를 연주하다		

물론 '아이들이 뛰어논다'라는 뜻으로 목적어 없이 쓰이는 경우도 있는데, 이때는 자유롭게 놀이를 즐기는 상황을 반영합니다.

Die Kinder **spielen** draußen mit dem Hund.　　　아이들은 밖에서 개와 놀고 있어.

하지만 위 예문처럼 '주말에 (특별한 것을 하지 않고 빈둥빈둥) 놀았다'라는 뜻으로 spielen을 쓸 수는 없습니다. 오류 예문을 원어민이 들으면, '세 살 정도의 아이가 레고블록을 가지고 놀았나? 아니면 밖에 나가서 뛰어 놀았나?' 정도로 이해되는 서툰 문장입니다. 일부러 그런 인상을 주려 한 것이 아니고 '특별한 일을 하지 않고 쉬었다'라는 뜻을 전달하려면 다음과 같이 말하는 것이 좋습니다.

Ich habe am Wochenende nur **gefaulenzt**.　　　나는 주말에 뒹굴뒹굴했어.

Ich kann nicht **faulenzen**, ich habe viel zu tun.　　　게으름 피울 수 없어, 할 일이 많아.

주말에 좋은 시간을 보냈다는 것을 표현하려면 아래와 같이 말하면 됩니다.

Ich hatte ein **schönes / amüsantes / wunderbares Wochenende**.
나는 좋은 / 즐거운 / 멋진 주말을 보냈어.

Ich habe ein **schönes Wochenende gehabt / verbracht**.
나는 좋은 주말을 보냈어.

연습문제

빈 칸에 spielen의 올바른 형태를 써넣으세요.

1. Kinder lernen am besten beim _____.

2. Marie _____ seit zwei Jahren Klavier.

3. Tom Cruise hat in dem Film *Mission Impossible* die Hauptrolle _____.

4. Das Orchester _____ gestern Abend eine Symphonie.

5. Heutzutage gibt es unzählige Computer_____.

6. Was wird zur Zeit im Schauspielhaus _____?

7. Morgen _____ Schalke gegen Leverkusen.

8. Mein Hobby ist Fußball_____.

9. Er kann nicht verlieren. Immer, wenn er beim Fußball verliert, _____er danach den Beleidigten.

10. Du hast das getan, und alle wissen es! _____ also nicht den Unschuldigen!

고친 표현: Am Wochenende habe ich **gefaulenzt**.

78 시간적, 내용적 연속성

Level A2

 ## 오류 진단

오류를 찾아 고쳐보세요.

Es war mein lebenslänglicher Wunsch, auf die Universität zu gehen, dann habe ich es geschafft.

[대학 입학 직후]
대학에 가는 것이 내 평생의 소원이었어. 그리고 나는 그것을 해냈어.

고친 문장 _____

오류 처방

dann은 '(순서상) 바로 뒤이어서', '관련된 시점으로부터 가까운 미래에 있는 시점 또는 기간에' 어떤 일이 일어남을 나타냅니다. 예문에서처럼 dann이 과거시제(현재완료형 habe geschafft)와 결합한 경우, 과거에 일어난 그 일은 zuerst(처음에) 같은 낱말로 표현된 그 이전의 어떤 사실, 사태 또는 행위와 내용적으로나 시간적으로 밀접하게 관련되어 연속성이 존재해야 합니다.
시간적, 내용적 연속성을 나타내는 예는 다음과 같습니다.

Ich stehe um 7 Uhr auf. **Dann** frühstücke ich.
나는 7시에 일어나. 그런 다음에 아침을 먹어.

Ich habe das Buch durchgelesen, **dann** habe ich es verstanden.
그 책을 다 읽었고, 그리고 나서야 이해하게 됐어.

그런데 '대학에 가는 것이 평생의 소원이었다'는 사실과 '불과 얼마 전에 대학에 들어갔다'라는 사실을 zuerst... dann...의 구문으로 표현하기에는 두 사건 사이의 시간적 간격이 너무 크고 또 연속적이라고 볼 수도 없습니다. 예문에서 두 부분을 모두 과거시제로 나타내야 한다면 다음과 같이 말해야 맞습니다.

Es war mein lebenslänglicher Wunsch, auf die Universität zu gehen, **und dann** habe ich es (endlich) geschafft.

예문의 의도처럼 두 번째 사건이 최근에 일어났다면 다음과 같이 말할 수도 있습니다.

Es war mein lebenslänglicher Wunsch, auf die Universität zu gehen, **und jetzt** habe ich es geschafft.

연습문제

빈 칸에 알맞은 말로 dann 또는 jetzt를 써넣으세요.

1. Wir kommen heute Abend etwas später an. _____ wird es draußen schon dunkel sein.

2. Unser Vorsitzender erhob das Glas, _____ erhoben auch alle anderen das Glas.

3. Ich soll dir helfen? Tut mir leid, _____ habe ich keine Zeit.

4. Ich denke _____ anders darüber als früher.

5. Mit dem Erdbeben kam _____ auch noch die Gefahr mit den Atomkraftwerken.

6. Erst kommt das Fressen, _____ die Moral. [명언]

7. Willst du _____ endlich aufstehen?

8. Wenn man vom Teufel spricht, _____ kommt er!

> **고친 표현**: Es war mein lebenslänglicher Wunsch, auf die Universität zu gehen, **und dann / jetzt** habe ich es geschafft.

79 인과 관계 I

오류 진단

오류를 찾아 고쳐보세요.

**Beim Sport habe ich viel geschwitzt,
und so werde ich duschen.**

운동하면서 땀을 많이 흘렸어. 그래서 샤워할거야.

고친 문장 _____

오류 처방

so를 이렇게 사용하는 오류는 영어에서 논리적 연결의 기능을 하는 so를 그대로 독일어에 적용한 데서 비롯된 것입니다. so의 기능에 주목하여 위 예문을 해석해보면, '운동을 하면서 땀을 많이 흘렸고, 보다 시피 이렇게 땀에 흠뻑 젖은 상태로 샤워하러 간다'는 것입니다. 이렇게 풀어써 놓고 보면 독일어의 so 는 '이런 식으로', '이 정도로', '그렇게, 그런 식으로'를 의미한다는 것을 알 수 있습니다.

So gesehen, hat er recht.   그렇게 본다면 그가 옳아.

So ist es nicht gewesen.   그런 것은 아니었어 / 그렇지는 않았어.

So kann man das nicht sagen.   그렇게 말할 수는 없어.

Wenn du dich so verhältst, wirst du keine Freunde finden.
그런 식으로 행동하면 친구를 사귀지 못할 거야.

Wenn es so regnet, werden wir drinnen bleiben müssen.
이렇게 비가 오면 우리는 안에 있어야만 할 거야.

하지만 이 예문의 화자가 과연 운동을 해서 '이렇게나 많이 땀을 흘리는 상태로' 샤워하러 간다는 것을 뜻하고자 한 것일까요? 분명 그렇지 않을 것입니다. 예문이 뜻하고자 하는 바는 운동하면서 땀을 많이 흘러 땀에 흠뻑 젖었으며, '그런 이유에서' 샤워하러 간다는 것입니다. 그렇다면 여기에는 앞선 것이 원인이나 이유로 작용하여 어떤 결과가 초래됨을 나타내는 인과 관계의 접속어를 사용하는 것이 적절합니다. 인과 관계를 나타내는 독일어 접속부사에는 대표적으로 deshalb와 also가 있습니다. deshalb와 also는 대체로 호환 가능하지만, also가 deshalb에 비해 약간 더 논리적 추론의 성격을 갖습니다.

Es war zu spät in der Nacht, **deshalb** fuhr keine U-Bahn mehr.
밤이 너무 늦어서 지하철이 안 다녀 / 끊어졌어.

Maria hat fleißig gelernt, **deshalb** hat sie eine gute Note in der Prüfung bekommen.
마리아는 열심히 공부해서 시험에서 높은 성적을 받았어.

Das Wetter war heute sehr kalt. **Deshalb** haben wir warme Kleidung angezogen.
오늘 날씨가 많이 추웠어. 그래서 우리는 따뜻한 옷을 입었지.

Ich denke, **also** bin ich.   나는 생각한다. 그러므로 나는 존재한다. [명언]

Er war nicht zu Hause, **also** konnte ich ihn nicht besuchen.
그는 집에 없었어. 그래서 나는 그를 방문하지 못했어.

Wir haben Hunger, **also** essen wir zunächst einmal.
우리 배고프니까 우선 식사부터 합시다.

연습문제

빈 칸에 deshalb 또는 so를 구분하여 써넣으세요.

1. Du weißt es nicht? - Nein, _____ habe ich dich ja gefragt!

2. Sie sangen falsch. „Und wir haben es doch _____ geübt!", rief die Lehrerin.

3. In zehn Minuten fährt der Zug. _____ sollten wir uns beeilen.

4. Ich weiß nicht, wie lange ich _____ da gesessen habe, als es plötzlich klopfte.

5. Du bist nicht dumm! _____ geht es aber nicht, wenn du nicht lernst.

6. Turnschuhe und Jeans? - Tut mir leid, _____ können Sie nicht herein.

7. Sie war _____ glücklich, als sie ihr Buch gedruckt sah.

8. Zu Abend habe ich zu salzig gegessen und _____ habe ich Durst.

9. Schon wieder verschlafen? _____ bist du so spät, oder?

고친 표현: Beim Sport habe ich viel geschwitzt, **deshalb / also** werde ich duschen.

80 인과 관계 II

오류 진단

오류를 찾아 고쳐보세요.

**Ich war krank. So weiß ich nicht,
was wir im Unterricht gemacht haben.**

나 아팠어. 그래서 수업시간에 무엇을 했는지 몰라.

고친 문장 _____

오류 처방

인과 관계를 나타내기 위해서는 also를 써도 무방하지만 위의 오류 예문에서는 deshalb가 더 낫습니다. also를 사용하면 자기 성찰의 분위기가 연출되거나 마치 삼단논법에서의 결론 도출인 것처럼 들립니다. 순수하게 논리적 추론을 이끄는 기능을 하는 also의 예를 살펴봅시다.

> Vögel können fliegen. Ein Adler ist ein Vogel, **also** kann er auch fliegen.
> 새는 날 수 있다. 독수리는 새이다. 따라서 독수리는 날 수 있다.

> Der Zug fährt um 9 Uhr ab und die Fahrt dauert zwei Stunden. **Also**
> wird der Zug um 11 Uhr am Ziel ankommen.
> 기차는 9시에 출발하고 2시간이 걸려. 그러니까 기차는 11시에 목적지에 도착할 거야.

> Der Boden ist nass, **also** hat es geregnet.
> 바닥이 젖었어. 그러니까 비가 왔던 거네.

이 외에도 예문의 두 문장은 논리적으로 서로 맞지 않습니다. 아팠기 때문에 수업에서 무엇을 했는지 모르는 것이라기보다는 아팠기 때문에 '수업에 올 수 없었고', 그런 이유에서 수업에서 무엇을 했는지 모른다고 해야 논리적입니다.

Ich war krank. **Deshalb** konnte ich nicht zum Unterricht kommen und ich weiß nicht, was wir im Unterricht gemacht haben.

나는 아팠어. 그래서 나는 수업에 갈 수 없었고 수업에서 무엇을 했는지 몰라.

물론 일상에서 deshalb와 also는 폭넓게 호환됩니다. 다만 논리적 추론일 때는 also를 쓰는 편이 낫습니다. also는 우리말에서 '따라서'에 좀 더 가깝고 deshalb는 '그런 이유에서'에 더 가깝습니다.

연습문제

deshalb, so, also**를 이용하여 두 문장을 연결해보세요.**

1. Er war ein bedeutender Politiker. Er hatte großen Einfluss.

   → _____

2. Sie ist krank. Sie bleibt zu Hause.

   → _____

3. Es stimmt leider nicht. Wie du es mir erklärt hast.

   → _____

4. Es regnete stark und ich hatte keinen Schirm dabei. Ich wurde nass.

   → _____

5. Er spricht langsam und deutlich. Jeder versteht ihn.

   → _____

6. Fünf Bier hat er getrunken. Er war richtig blau.

   → _____

7. Die Leute wollen alle ins Ausland zum Urlaub. Immer weniger kommen nach Jejudo.

   → _____

8. Sie sah ihr Buch endlich gedruckt. Sie war so glücklich.

   → _____

9. Wenn du kannst. Komm heute!

   → _____

10. Wie man schmiert. Man fährt. [속담]

    → _____

고친 표현: Ich war krank. **Deshalb** weiß ich nicht, was wir im Unterricht gemacht haben.

81 마음에 든다는 것은 무엇?

오류 진단

오류를 찾아 고쳐보세요.

Ich habe die Aufnahmeprüfung bestanden und hoffe, dass dir das gefällt.

난 입학시험에 합격했고, 너도 기뻐하길 바라.

고친 문장 _____

오류 처방

이 문장은 얼핏 보면 무엇이 오류인지 눈에 잘 띄지 않습니다. 초보자 단계에서는 이런 정도의 표현에 만족할 수도 있겠지만, 자세히 보면 오류를 찾을 수 있습니다. 일반적으로 위의 예문과 같이 입학시험에 합격한 사실이 '마음에 든다'(gefallen)라고 표현하지는 않습니다. '마음에 든다'고 말할 수 있는 것은 예술작품, 음악, 건축(물), 사람 등으로, 말하자면 우리가 '미적이다', '아름답다'라고 주관적으로 느끼거나 판단하는 것들입니다.

또한 어떤 것이 우리의 기대나 요구를 충족시켜 우리에게 만족감을 주는 경우에도 gefallen 동사를 쓸 수 있습니다. 예를 들어 상대방이 제시한 해결방안이 내가 바라던 사태 해결에 도움이 될 것이라는 판단이 든다면 그것은 곧 나의 '마음에 드는' 해결방안인 것입니다. 이처럼 gefallen동사는 주관적인 가치 판단이 개입되거나 취향과 같이 개인차가 있을 수 있는 대상에 대해 사용합니다. 그러나 위 예문과 같이 어떤 '사실'에 대해 gefallen 동사를 사용하는 것은 매우 어색합니다. 평소 가깝게 지내거나 사이가 좋은 사람이 시험에 합격하면 기쁘거나 즐거울 수 있지만 그래도 '마음에 든다'(das gefällt mir)라고 말하지는 않습니다. 왜냐하면 시험에 합격했다는 것은 그 자체로서 기본적으로 긍정적 가치를 갖기 때문입니다. 따라서 누군가의 마음에 드는지 안 드는지를 따지기 어렵습니다. 반면에 호불호가 갈리거나 사람에 따라 평가가 달라질 수 있는 영화, 음식, 계획 등은 처음부터 객관적 평가를 내릴 수 없는 것들이고, gefallen은 주로 이런 것들에 대해 사용합니다.

> ### Die Musik von BTS **gefällt** mir wirklich.
> BTS의 음악은 정말 마음에 들어.

> ### Mir **gefällt** der Film *Das Leben der Anderen* sehr gut.
> 영화 '타인의 삶'은 아주 마음에 들어.

오류 예문에서 gefallen 동사의 잘못된 쓰임은 한국어 '마음에 들다'로부터의 간섭 현상입니다. 독일어로는 좀 더 정확하게 다른 식으로 표현해야 합니다. 내가 시험에 합격한 사실이 너에게 기쁘게 느껴지기를 바란다면 sich über etwas freuen을 쓰면 됩니다.

연습문제

빈 칸에 알맞은 말을 보기에서 골라 써넣으세요.

1. _____ dir der Film gut gefallen? – Na, klar!

2. Das Ende des Films hat _____ am besten gefallen.

3. Das schlechte Benehmen ihrer Kinder gefällt _____ Mutter nicht.

4. _____ das nicht gefällt, der soll es bitte sagen.

5. Der Plan hat Hand und Fuß. Das gefällt _____.

6. Ich war sehr _____, als ich hörte, dass mein älterer Bruder endlich einen Job gefunden hat.

보기					
mir	mir	froh	wem	hat	der

고친 표현: Ich habe die Aufnahmeprüfung bestanden und hoffe, dass du **dich (darüber) freust**. 또는 Ich habe die Aufnahmeprüfung bestanden und hoffe, dass du **froh / glücklich darüber bist**.

82 시간적 순서 관계

 오류 진단

오류를 찾아 고쳐보세요.

Der Weg auf den Berg war beim ersten Mal flach, doch später wurde er steiler.

등산길이 처음에는 평평했는데, 나중에는 더 가팔라졌어.

고친 문장 _____

 **오류 처방**

위의 예문을 문자 그대로 이해해보면, '산에 맨처음에 갔을 때는 길이 평평했는데, 나중에 (두 번째, 세 번째) 갔을 때는 더 가팔라졌다'는 것입니다. 산길이 처음에는 가파르지 않았는데 시간이 흐를수록 가파르게 되었다는 것을 어떻게 이해해야 할까요? 참 난감합니다. 두 번째 갔을 때는 맨처음보다 10년 후였고 세 번째는 20년 후여서 세월이 흐르는 동안 지형에 변화가 일어나 길이 점점 더 가파르게 변한 걸까요? 아니면 똑같은 길이 젊은 시절에는 심리적으로 평평하게 '느껴졌으나' 나이가 듦에 따라 체력이 미치지 못하여 똑같은 길인데도 결국 점점 더 가파르게 '느껴졌다'는 것을 표현하는 걸까요? 여기에는 어떤 문제가 있는 걸까요?

예문에서 사용된 beim ersten Mal은 어떤 일을 처음으로 했을 때 사용하는 말로, 행위의 순서와만 관계되므로 공간에 대해서는 사용할 수 없습니다. 즉 '앞부분에서'라는 뜻으로는 쓸 수 없습니다. 바로 여기에서 오류를 찾을 수 있습니다. 화자가 의도한 것은 어떤 공간의 상태 또는 지형적 특성입니다. 즉 한편으로 산길 아래 부분의 경사도와 다른 한편으로 산을 높이 올라가면서 존재하는 경사도에 차이가 났다는 것입니다.

물론 등산을 연속된 하나의 사건 또는 시간이 흐르는 과정으로 관찰한다면, 산길은 처음에는(즉 첫 시간대에는) 평평했으나 나중에는(즉 이후의 시점에서는) 가팔라졌다는 것을 나타낸 것이라고 이해할 수도 있습니다. 그렇다 하더라도 오류 예문에서 beim ersten Mal은 쓸 수 없고, 그 대신에 zuerst, zu Beginn, am Anfang을 사용해야 합니다. zuerst, zu Beginn, am Anfang은 '개시', '초기', '시작'과 같은 시간 관계를 나타내므로 오류 예문의 später와 잘 조응됩니다.

> **Zuerst** war es kalt, aber dann wurde das Wetter angenehmer.
> 처음에는 추웠지만 그 후로는 날씨가 좋아졌어.

> **Zu Beginn** der Sitzung hält der Vorsitzende eine Rede.
> 회의 시작할 때 의장이 연설을 해.

> **Am Anfang** meiner Karriere war es schwierig.
> 내 경력 초반에는 어려웠다.

연습문제

밑줄 친 부분이 잘못 사용된 문장을 찾고, 보기에서 알맞은 말을 찾아 고쳐보세요.

1. Wer zuerst kommt, mahlt zuerst. [속담]

2. Zum ersten Mal schuf Gott Himmel und Erde.

3. Letzte Woche habe ich am Anfang eine Bergwanderung gemacht. Das war eine völlig neue Erfahrung für mich.

4. Die beim ersten Mal hitzige Diskussion führte letztlich zu einem vernünftigen Kompromiss.

5. An deiner Stelle würde ich mich zum ersten Mal gründlich informieren, und erst dann würde ich mich entscheiden.

6. Ich hörte BTS gleich zum ersten Mal in ihrer Karriere und fand sie sofort ganz toll.

보기   zuerst   zu Beginn   am Anfang   zum ersten Mal

고친 표현: Der Weg auf den Berg war **zuerst / zu Beginn / am Anfang** flach, doch später wurde er steiler.

83 사람 형용사의 명사화

오류 진단

오류를 찾아 고쳐보세요.

**Was denken die deutschen Leute
über Korea?**

독일 사람들은 한국에 대해 어떻게 생각해?

고친 문장 _____

오류 처방

deutsche Leute는 전혀 사용되지 않는 표현입니다. 중세 시대에는 문헌 근거까지 있지만 그 후로
는 사라진 표현 방식입니다. deutsch라는 형용사가 이미 사람과 관계되므로 Leute와 결합하면 불
필요한 의미 중복이 되어버립니다. '독일 사람들'은 보통 Deutsche라고 표현합니다. 물론 Leute in
Deutschland, Menschen in Deutschland라고 하는 것이 가능하긴 하지만, 이런 표현들은 이주민을
포함한 독일 영토 내 모든 거주자를 가리킵니다. '독일사람(들)'에 한정해서 표현하고자 할 때 중요한 것
은 사람을 의미하는 Mensch, Leute, Bürger 등은 빼고, 앞에 오는 deutsch라는 형용사를 명사화하기
만 하면 된다는 것입니다. 아주 간단하지요?

> Die **Deutschen** wissen wenig über die koreanische Kultur.
> 독일 사람은 한국 문화에 대해 아는 게 별로 없어.

형용사가 나타내는 어떤 특성을 가진 사람을 표현할 때는 일반적으로 이러한 '형용사의 명사화' 방법을
사용합니다.

> Die **Ehrlichen** werden am Ende belohnt.   정직한 사람은 결국 보상을 받는다.
>
> An Festtagen kommen **Verwandte** zu uns.   명절에는 친척들이 우리집으로 와.

Die **Arbeitslosen** erhalten Arbeitslosengeld.   실업자들은 실업수당을 받는다.

Der **Verletzte** wurde im Rettungswagen ins Krankenhaus gebracht.
부상자는 구급차에 실려 병원으로 이송됐다.

'한 명의 독일(인) 남자'를 가리킬 때도 ein deutscher Mann은 잘못된 표현입니다. 간단하게 ein Deutscher라고 하면 되고, 여자의 경우도 마찬가지로 eine deutsche Frau가 아니라 eine Deutsche 라고 표현합니다.

연습문제

1. 빈 칸에 deutsch의 올바른 형태를 써넣으세요.

(1) Er brachte seine ＿＿＿＿＿＿＿ Ehefrau mit.

(2) Mein Schwager ist ein ＿＿＿＿＿＿＿.

(3) Der ＿＿＿＿＿＿＿ Außenminister ist heute in Moskau.

(4) Ich habe wieder ein paar ＿＿＿＿＿＿＿ Wörter gelernt.

(5) Den ＿＿＿＿＿＿＿ wird nachgesagt, sehr pünktlich zu sein.

(6) Tom ist kein ＿＿＿＿＿＿＿, sondern ein Pole.

2. 보기와 같이 빈 칸에 알맞은 낱말을 써넣으세요.

> **보기**　Berlin ist in Deutschland. Katharina ist Deutsche. Simon ist Deutscher.

(1) Paris ist in ＿＿＿＿＿＿. Sie ist ＿＿＿＿＿＿. Er ist ＿＿＿＿＿＿.

(2) Rom ist in ＿＿＿＿＿＿. Sie ist ＿＿＿＿＿＿. Er ist ＿＿＿＿＿＿.

(3) Tokio ist in ＿＿＿＿＿＿. Sie ist ＿＿＿＿＿＿. Er ist ＿＿＿＿＿＿.

(4) Warschau ist in ＿＿＿＿＿＿. Sie ist ＿＿＿＿＿＿. Er ist ＿＿＿＿＿＿.

(5) Peking ist in ＿＿＿＿＿＿. Sie ist ＿＿＿＿＿＿. Er ist ＿＿＿＿＿＿.

(6) Moskau in ＿＿＿＿＿＿. Sie ist ＿＿＿＿＿＿. Er ist ＿＿＿＿＿＿.

(7) Ankara ist in der ＿＿＿＿＿＿. Sie ist ＿＿＿＿＿＿. Er ist ＿＿＿＿＿＿.

> **고친 표현**: Was denken **die Deutschen** über Korea?

84 남은, 또 다른

📋 오류 진단

오류를 찾아 고쳐보세요.

Es geht mir gut, nur vermisse ich dich und die andere Familie.

나 잘 지내. 네가 보고 싶고 다른 식구들도 보고 싶을 뿐이야.

고친 문장 _____

💊 오류 처방

예문의 die andere Familie는 마치 가족이 하나 더 있고 화자는 바로 그들을 보고 싶어하는 것처럼 들립니다. 이를테면 혈연으로 맺어진 친가족이 하나 있고 그밖에 처가든 시댁이든 의붓가족이든 또 다른 가족이 있는 것처럼 들립니다. 그러나 화자가 의도한 것은 오히려 가족 중에서 상대방을 제외한 나머지 다른 가족 구성원들입니다. 게다가 예문에서 andere라는 말은 뭔가를 중심에 놓고 그것 이외의 것을 가리킨다는 뉘앙스가 있어서(46번 항목 참고) 꽤나 폄하적으로 들리기 때문에(예를 들어 이 '다른' 가족은 그다지 살갑게 말걸고 싶지는 않은 가족이라든가 그다지 큰 관심을 기울이고 있지 않은 가족이라든가...) 이런 불필요한 뉘앙스를 전달하지 않으려면 더 정확하게 표현해야 합니다.

　　…nur vermisse ich dich und **den Rest** der Familie.

　　네가 보고 싶고 나머지 다른 식구들도 보고 싶을뿐이야.

　　…nur vermisse ich dich und **die ganze / restliche** Familie.

　　네가 보고 싶고 우리 가족 모두 / 나머지 가족도 보고 싶을뿐이야.

　　…nur vermisse ich dich und **alle anderen** aus der Familie.

　　네가 보고 싶고 다른 식구들도 다 보고 싶을뿐이야.

Rest(나머지)라는 표현도 독일어에서 약간 비하적으로 들릴 수 있음은 인정하지만(먹고 남은 음식, 음식 찌꺼기), 여기서는 그래도 괜찮으며 최소한 자동적으로 비하하는 의미로 이해할 필요는 없습니다. die anderen aus der Familie라는 표현도 마치 화자가 이 '다른 사람들'을 썩 좋아하지 않는 것처럼 좀 이상하게 들릴 수는 있습니다.

연습문제

빈 칸에 übrig, restlich, andere-를 구분하여 올바른 형태로 써넣으세요.

Zur Geburtstagsfeier meiner Tochter hatte ich meine Familie und Verwandten eingeladen. Das _____ gebliebene Essen durften sie für ihre _____ Familie nach Hause mitnehmen, denn nicht alle waren gekommen. Als Mutter des Geburtstagskindes sorgte ich dafür, dass die Gäste gut mit Essen und Getränken versorgt waren. Alles _____ war für mich unwichtig.

고친 표현: Es geht mir gut, nur vermisse ich dich und die **ganze / restliche** Familie.

안색은 외모에 속할까?

오류 진단

오류를 찾아 고쳐보세요.

Sie sieht nicht gut aus, als sie auf ihren Freund wartet.

그녀가 남자친구를 기다리는데, 안 좋아 보여.

`고친 문장` _____

오류 처방

심리 상태는 얼굴에서 표현되는 경우가 많습니다. 뒤집어 말하면 얼굴 표정으로부터 심리 상태를 유추할 수도 있습니다. 예문에서는 '그녀의 근심 걱정이 가득한 얼굴'을 독일어로 어떻게 표현할지가 문제입니다. 이런 경우에는 차라리 '기분이 안 좋아 보인다'거나 '마음이 무거워 보인다'(sie sieht unglücklich / bedrückt aus)는 식으로 표현하는 것이 낫습니다. 예문의 gut aussehen은 잘 생겼다든가 멋진 외모를 갖고 있다든가 외모를 잘 꾸몄다든가 등 대체로 외모 면에서의 훌륭함에 한정하여 사용됩니다.

Sie **sieht** heute wirklich **gut aus** in diesem neuen Kleid.
그녀가 오늘 이 새 드레스를 입으니 정말 멋져 보여.

Die neue Brille steht ihm gut und lässt ihn intellektueller **aussehen**.
새 안경이 그에게 잘 어울리고 좀 더 지적으로 보이게 해.

따라서 좋지 않은 기분이나 불안, 근심 걱정 같은 심리 상태를 표현하려는 맥락에서 외모에 대해 평가하는 말을 사용하는 것은 앞뒤가 맞지 않습니다. 이는 우리말 '안 좋아 보이다'가 nicht gut aussehen으로 잘못 옮겨진 데 기인할 수도 있습니다. 우리말에서는 '안 좋아 보이다'가 '걱정거리가 있어 보이다'로 이해될 수 있지만 독일어에서 gut aussehen은 거의 예외 없이 외모에 대한 평가로 국한됩니다. 물론 아래 예문과 같이 상황에 대한 평가로 사용할 수도 있습니다.

Es (die Situation) sieht nicht gut (für sie) aus.
(상황이) (그녀에게) 좋아 보이지 않아.

위의 예문은 상황이 그녀에게 유리하게 돌아가고 있지 않다는 뜻입니다. 그러나 오류 예문에서는 상황이 아니라 그녀의 기분이나 감정을 표현하려는 의도가 있기 때문에 nicht gut aussehen 대신에 다른 표현을 쓰는 것이 바람직합니다.

연습문제

괄호 안의 주어진 낱말들을 활용하여 작문해보세요.

1. 너 오늘 좋아 보인다. (aussehen / du / gut / heute)

   → _____

2. 지금 보아서는 곧 비가 내릴 것 같아. (aussehen / wie / es / es / bald / werden / zu / anfangen / regnen / so)

   → _____

3. 네 여행계획은 좋아 보여. (aussehen / gut / dein Reiseplan)

   → _____

4. 독일에 있는 젊은 사람들의 미래는 어떤 모습일까? (aussehen / für junge Menschen / die Zukunft / in Deutschland / werden / wie)

   → _____

5. 연예인들은 늘 자신의 외모에 대해 고민해. (über ihr Aussehen / sich Gedanken machen / ständig / Prominente)

   → _____

6. 온실문제에 대한 구체적인 해결방안은 어떤 모습일까? (aussehen / können / wie / für die Treibhausproblematik / eine konkrete Lösung)

   → _____

고친 표현: Sie sieht **unglücklich / bedrückt** aus, als sie auf ihren Freund wartet.

어차피

 ## 오류 진단

오류를 찾아 고쳐보세요.

Ich hatte einige Probleme mit den Vermietern. Sowieso bin ich eingezogen.

나는 집주인들과 문제가 좀 있었어. 어쨌든지간에 이사는 했어.

고친 문장 _____

 ## 오류 처방

sowieso는 어떤 일의 조건이나 상황이야 어떻든 상관없이 결국 그 일은 다른 것들과 무관하게 벌어진다는 것을 뜻합니다.

> **Kein Problem, wenn du mich auch nicht besuchen kannst. Ich hätte sowieso keine Zeit.**   나한테 못 와도 괜찮아, 어차피 내가 시간이 안 돼.

상대방이 나를 방문할 수 있는 처지이든 아니든 간에, 그것과 관계없이 내가 시간이 없어서 상대방을 만날 수 없음을 뜻합니다. 뒤집어 말하면, 내가 상대방을 만날 수 없는 것은 상대방이 나를 방문할 수 있는지 없는지와 관계없이 내가 시간이 없어서 이미 그렇게 정해져 있다는 것입니다. 이처럼 sowieso는 이미 말한 것을 설명하거나 정당화하고 말한 것에 대한 배경 정보를 도입하거나 말한 것의 중요성을 강조하기 위해 쓰입니다.

> **Ich brauche dir nicht von meinem Erlebnis zu erzählen, da es dir sowieso bald jemand berichten wird.**
> 내가 너에게 내 경험에 대해 이야기해줄 필요 없어. 어차피 누군가 곧 너에게 알려줄테니까.

그런데 오류 예문은 sowieso를 쓸 수 있는 상황이 아닙니다. 한편으로 집을 구하는 과정에서 여러 명의 집주인과 문제가 있었다는 것과 다른 한편으로 결국 집을 구해 이사 들어올 수 있게 된 상황 사이에는 관련성이 없어 보이지는 않습니다. 즉 위의 예문은 이런저런 문제가 있었던 것과 '상관없이' '어차피' 방을 구해 이사 들어올 수 있었다는 뜻이 아니라 방을 구할 때 이런저런 문제가 있어서 전망이 좋지 않았지만 그래도 결국 이사 들어왔다는 뜻이므로 이때 sowieso를 쓰는 것은 부적절하고, 그 대신 so oder so 또는 wie es auch sei / wie dem auch sei를 쓰는 것이 적절합니다.

> ### So oder so, am Ende bin ich eingezogen.
> 이렇게든 저렇게든 결국 나는 이사 들어왔어.

> ### Wie es auch sei / Wie dem auch sei, ich bin eingezogen.
> 어떻든 간에 나는 이사 들어왔어.

so oder so는 우리말에서 '이렇게 저렇게 해서', '이렇게든 저렇게든', '(이런저런) 우여곡절 끝에', '어떻든', '어쨌든지 간에' 정도로 표현할 수 있습니다.

의미와 형태가 비슷해도 용법이 상이한 이러한 표현들은 사전에 쓰여 있는 의미 설명만 암기할 것이 아니라 구체적인 예문을 통해 익혀야 정확히 습득할 수 있습니다.

연습문제

빈 칸에 so oder so와 sowieso 중 알맞은 말을 써넣으세요. (복수 정답 가능)

1. Von da an konnte ich es nicht mehr ignorieren, ich musste Stellung beziehen
   - _____.

2. Durch die Heirat besaßen wir fast alles doppelt und mussten uns _____
   von vielen Dingen trennen.

3. Der uralte Fernseher ist kaputt gegangen? Kein Problem, ich wollte mir
   _____ einen modernen Flachbildschirm kaufen!

4. Ich wollte heute _____ in die Stadt fahren, und kann dich also gerne
   mitnehmen.

5. Um unsere Kinder brauchen wir uns keine Sorgen zu machen. Egal, ob sie nur
   Geld brauchen, oder ob sie unsere Hilfe brauchen - sie werden sich
   _____ regelmäßig bei uns melden.

> **고친 표현**: Ich hatte einige Probleme mit den Vermietern. **So oder so / Wie es auch sei / Wie dem auch sei**, ich bin eingezogen.

87 회피와 예방

오류 진단

오류를 찾아 고쳐보세요.

Ich kann alle negativen Meinungen vermeiden, und dann wird alles wieder besser.

나는 모든 부정적인 생각을 피할 수 있어.
그러면 모든 것이 다시 좋아질거야.

고친 문장 _____

오류 처방

vermeiden(피하다)은 원치 않는 어떤 일이 일어나지 않도록 사전에 의식적으로 행동하는 것을 의미합니다. 우리는 피할 수 있거나 피하려고 하는 것은 스스로 적극적으로 행동하여 그런 것이 실제로 일어나지 않도록 합니다. 예를 들어 우리는 운전을 조심스럽게 함으로써 사고를 피하고, 자동차를 운전하지 않음으로써 교통체증을 피하고, 노후 대비를 해놓음으로써 노년기 빈곤을 피하고, 교양을 쌓음으로써 무지를 피하고, 사람들에게 친절하게 대해줌으로써 적 만들기를 피할 수 있습니다. 이런 뜻에서 vermeiden(etwas wenn möglich nicht tun; so handeln, dass etwas möglichst nicht passiert)은 우리말 '예방하다'(원치 않는 어떤 일이 발생하지 않도록 미리 대비하여 막는다)와 흡사한 면이 있다고 볼 수 있습니다.

그런데 아무리 피하려 해도 어차피 존재하거나 일어날 수밖에 없기 때문에 피할 수 없는 것도 있습니다. 그런 것들은 우리가 그저 마주치지 않으려고 '꺼리는'(meiden: etwas dafür tun, einer Person oder Sache nicht zu begegnen) 것들입니다. 이러한 뜻의 meiden은 우리말 '회피하다' 또는 '피하다'에 해당됩니다. 물론 어떤 것을 꺼린다고 해서 그것이 꺼리는 그 사람에게 실제로도 나타나지 않으리라는 보장은 없지만, 그래도 '꺼림' 또는 '회피'라는 소극적이나마 의식적인 행동을 통해서 어느 정도는 맞닥뜨리지 않을 수는 있습니다. 예를 들어 우리는 만나고 싶지 않은 어떤 사람을 꺼린 나머지 그 사람이 다니는 길로 다니지 않을 수 있고, 예측 가능한 어떤 특정 상황들을 꺼려 위험한 밤늦은 시간에는 혼자 돌아다니지 않기도 합니다.

vermeiden: 어떤 것이 나타나지 않도록 (예방 차원에서) 적극적으로 조치를 취하다 (그런 조치를 취하지 않으면 원치 않는 것이 초래되므로)

meiden: 이미 존재하거나 나타날 수밖에 없는 것을 소극적으로 피하다 / 회피하다 / 삼가하다 / 꺼리다 (피하지/삼가하지/꺼리지 않으면 원치 않는 것을 맞닥뜨리게 되므로)

vermeiden은 원치 않는 결과를 목적어로 갖고, meiden은 피하는 대상이나 행위를 목적어로 갖습니다. 하지만 무방비 상태로 내맡겨져 있는 것들은 사실 피할 수도 꺼릴 수도 없습니다. 예를 들어 날씨, 자연재해, 미래, 갑작스럽거나 예기치 않은 상황, 자신에 대한 다른 이들의 의견 등은 피하거나 꺼릴 수 있는 것이 아니라 차라리 그에 대비하거나 스스로를 보호하거나 단순히 무시할 수 있습니다. 이럴 때는 ignorieren을 쓰는 것이 적절합니다.

> **Er hat die bösen Gerüchte ignoriert.**
> 그는 그 나쁜 소문을 무시했어.

> **Er hat den Lärm ignoriert und sich konzentriert.**
> 그는 시끄러운 소음을 무시하고 집중했어.

오류 예문에서 나에 관한 주변 사람들의 부정적인 의견은 내가 적극적으로 피하려 한다고 해서 피할 수 있는 것이 아닙니다. 내가 통제할 수 있는 범위 밖의 일이지요. 그런 일이 발생하지 않게 하려는 헛된 노력을 하기보다는 차라리 그런 부정적인 의견이 나오더라도 그것을 '무시하는' 편이 더 낫다는 뜻입니다.

빈 칸에 meiden, vermeiden, ignorieren의 올바른 형태를 써넣으세요.

1. Unwetterwarnungen sollte man nicht _____.

2. Man sollte unnötiges Risiko _____.

3. _____ wir nicht die aktuelle politische Stimmung!

4. _____ Sie direkten Augenkontakt mit der Sonnencreme.

5. _____ Sie es in einigen Ländern, das Wasser aus dem Hahn zu trinken.

6. Gestern bei der Bergwanderung haben wir die steileren Wege _____.

7. Tom _____ Stefan, weil er ihn nicht mag.

8. Tom _____ es, mit Rauchern in Kontakt zu kommen, weil er es hasst, wenn seine Klamotten nach Zigarettenrauch stinken.

9. Ein friedliebender Mensch _____ alle Streitigkeiten; doch kann er sie beim besten Willen nicht immer _____.

10. Wegen seines Magenleidens _____ er scharfe, fette Speisen.

11. Er _____ seit Langem jeden Umgang mit uns.

12. Er _____ das Zimmer seiner verstorbenen Frau.

13. Sie _____ es, ihm bei der Arbeit zu begegnen.

14. Der Diskussionsleiter _____ durch seine Fragen einen Streit zwischen den Parteien.

고친 표현: Ich kann alle negativen Meinungen **ignorieren**, und dann wird alles wieder besser.

NOTE

88 이상한 일

오류 진단

오류를 찾아 고쳐보세요.

**In letzter Zeit habe ich ein paar
Affären erlebt, zum Beispiel die
Schwierigkeiten beim Umzug oder
die unfreundliche Frau auf der Straße.**

최근에 나는 몇 가지 이상한 일을 겪었어.
예를 들면, 이사할 때 어려웠던 일이라든지 길에서 퉁명스러운 여자를 만난 것 말이야.

고친 문장 _____

오류 처방

17세기에 프랑스어 affaire에서 차용된 Affäre의 의미는 처음에는 '사건', '사안', '용무', '일'이었으나 나중에는 혼외의 애정 관계, 특히 부정한 스캔들을 가리키는 완곡어로 쓰이게 되었고, 오늘날에는 주로 정치나 경제 분야에서 일어난 불미스러운 일, 추문, 추행, 스캔들의 뜻으로 쓰이고 있습니다. 19세기의 드레퓌스 사건, 20세기 미국 대통령의 불법 도청 및 위증 사건과 성 추문 사건이 Affäre라 부를 수 있는 대표적인 사례이며, 이는 영어 affair(일, 업무, 사안, 문제 등)와는 다른 의미역을 보여주고 있습니다.
위의 예문에서는 Affäre를 성적 스캔들, 불륜 또는 정치 분야의 추행의 뜻으로 쓴 것이 아니라 '사건', '일', '문제'의 의미로 사용하였습니다. 부정적인 스캔들을 지칭하지 않는 이러한 중립적 의미의 사안, 일, 관심사는 독일어로 Angelegenheit, Anliegen, Interesse 또는 Sache라고 합니다. 예문의 화자는 아마도 독일어의 Affäre가 영어의 affair와 같은 뜻이리라 짐작하고 Affäre를 선택했겠지만, 이는 사실 영어-독일어 '거짓 짝'에 속합니다(쉬어가기6 참조). 이러한 오류는 학습자가 쉽게 빠져드는 오류입니다. 예문의 화자가 표현하려 의도한 것은 '몇몇 이상한 일을 경험했다'는 것이므로 다음과 같이 표현하는 것이 적절합니다.

Aber ich habe doch ein paar komische Geschichten / seltsame Dinge erlebt.

좀 더 성숙하고 고상하게 들리게 하려면 다음과 같이 말할 수 있습니다.

Ich habe doch ein paar komische Begebenheiten erlebt.

연습문제

Affäre가 잘못 사용된 문장을 찾은 후 바르게 고쳐보세요.

1. In der Affäre um CIA-Aktivitäten in Europa hat Brüssel den Mitgliedstaaten erneut mit Konsequenzen gedroht.

2. Die Sekretärin hatte eine kurze Affäre mit ihrem Chef.

3. Der Verkaufspreis ist eine Affäre der Eigentümer.

4. Eine besondere Affäre sind mir die zweite und dritte Generation der Zugewanderten.

5. Er kam in einer dienstlichen Affäre zu ihr.

6. Der Abschied vom verstorbenen Vater ist eine sehr persönliche Affäre.

7. Die Mauer war nicht alleine eine Berliner Affäre.

고친 표현: Aber ich habe doch ein paar **komische Geschichten / seltsame Dinge** erlebt, zum Beispiel die Schwierigkeiten beim Umzug oder die unfreundliche Frau auf der Straße.

우리가 즐기는 것들은...

오류 진단

오류를 찾아 고쳐보세요.

**In dieser Kneipe können Sie
ein gutes Bier genießen.**

이 술집에서는 좋은 맥주를 즐길 수 있어요.

고친 문장 _____

 오류 처방

적지 않은 광고가 기쁨을 누리고 즐기라(genießen)고 하면서 언제나 우리를 자극합니다. 이런 맥락에서 사용되는 genießen은 '맛이 훌륭한 음식이나 음료를 섭취하다', '어떤 것에 대해 기쁨을 느끼다'를 뜻합니다. 맥주, 치즈, 초콜릿, 담배 등의 이른바 기호(식)품이 그런 '기쁨 향유'의 대상들입니다. 어떤 것을 함에 있어서 즐기고 기쁨을 느끼고 향유한다는 것이 genießen과 Genuss의 기본 의미이지만, 이들 표현은 그동안 특히 상업 광고에 의해 너무나도 흔하게 거의 모든 기호품에 대해 남발되다 보니 오늘날에는 웬만한 기호품과 결합해서는 효력이 없고 오히려 좀 우스꽝스럽게 들리기까지 합니다. genießen과 Genuss는 오늘날 대체로 '어떤 것(어떤 시기)에서 가장 좋은 것을 하다'라는 의미로 Wochenende, Freizeit, Urlaub 같은 말들과 결합해서만 사용됩니다. 예를 들어 '주말을 즐긴다', '여가를 즐긴다', '휴가를 즐긴다'고 할 때, 얻을 수 있는 최대치의 만족을 얻은 경우에 한해 정말로 의미 있고 알찬 시간을 보낸다는 것을 뜻합니다.

Am **Wochenende** werde ich das schöne Wetter **genießen**.
주말에 나는 좋은 날씨를 즐기려고 해.

Sie **genießt** das Lesen von Büchern in ihrer **Freizeit**.
그녀는 여가 시간에 책 읽는 것을 즐겨.

그에 반해 일상에서 맥주를 마시는 것과 같이 그다지 특별하지 않은 활동과 관련지으려면 차라리 아주 간단하게 다음과 같이 표현하는 것이 좋습니다.

> In dieser Kneipe können Sie ein gutes Bier **trinken / probieren**.
>
> 이 술집에서는 좋은 맥주를 마실/맛볼 수 있어요.

아니면 일상적인 표현으로 다음과 같이 말할 수도 있습니다.

> In dieser Kneipe können Sie ein gutes Bier **zischen / sich einen hinter die Binde kippen**.   이 술집에서는 좋은 맥주를 한 잔 할 수 있어요.

아니면 좀 더 격조 있게 다음과 같이 말할 수 있습니다.

> In dieser Kneipe können Sie **sich** auf ein Bier **freuen**.
>
> In dieser Kneipe können Sie **sich** ein gutes Bier **gönnen**.
>
> In dieser Kneipe können Sie **sich** ein gutes Bier **schmecken lassen**.

연습문제

빈 칸에 genießen, probieren, zischen, sich etw. gönnen**의 올바른 형태를 써넣으세요.**

1. Nach einem langen Arbeitstag _____ sie ein warmes Bad.

2. Ganz oben auf dem Eiffelturm _____ die Touristen den herrlichen Ausblick.

3. Nach dem ganzen Stress _____ ich mir jetzt eine Pause.

4. Komm, wir gehen noch ein Helles _____.

5. Ich würde gerne ein Stück von diesem Käse _____.

6. Sei nicht so sparsam, _____ dir mal etwas Gutes!

7. Sie macht Urlaub, sie kauft sich etwas Schönes, sie weiß das Leben zu _____.

8. Nach der Arbeit treffen wir uns oft in der Bar und _____ ein Bier.

9. Ich habe noch nie Gimbap _____, aber ich bin neugierig darauf.

고친 표현: In dieser Kneipe können Sie ein gutes Bier **trinken / probieren**.

90 같은 의견일 때

오류 진단

오류를 찾아 고쳐보세요.

A: Das ist eine gute Idee.

B: Ja, ich denke auch so.

A: 그거 좋은 생각이야.

B: 응, 나도 그렇게 생각해.

고친 문장 _____

오류 처방

이 오류의 원인도 영어 표현 I think so를 그대로 따른 데 있습니다. 내가 누군가와 같은 의견을 가지고 있다는 뜻을 전하려면 독일어로는 Das denke ich auch라고 해야 합니다. Ich denke genauso라고 해서 생각하는 방식이나 방법이 동일하다고 하는 일종의 비교를 할 수도 있습니다.

그러나 타인과 자신이 생각하는 방식을 비교하는 것이 아니라 자신의 생각을 밝히는 경우라면 Ich denke, dass ... 라고 표현하는 것이 표준적입니다. 어떤 경우는 영어에서 간섭 받은 so가 불필요합니다. 독일어에서 어휘는 항상 이렇게(이러한 방식으로: so!) 맥락 속에서 익히는 것이 훨씬 더 효과적입니다(79번 항목 참고).

A: Die Vorlesung war ziemlich langweilig, **findest** du nicht?

강의는 꽤 지루했어. 너는 그렇게 생각 안 해?

B: Ja, das **denke** ich **auch**. Ich hatte Mühe, mich zu konzentrieren.

응, 나도 그렇게 생각해. 집중하기가 힘들었어.

Ich **denke**, **dass** diese Idee wirklich vielversprechend ist.

나는 이 아이디어가 정말 유망하다고 생각해.

빈 칸에 알맞은 말로 so, auch, genauso를 써넣으세요.

1. Das andere Team ist zwar gut, aber wir sind _____ gut wie sie.

2. Du willst weniger Kaffee trinken? - Gute Idee, das versuche ich _____ mal.

3. Ich habe es _____ gemacht, wie du es mir gesagt hast.

4. Wenn mein Bruder ein Eis bekommt, will ich das _____.

5. Bitte fahr immer vorsichtig. _____ kann dir nichts passieren.

6. Zum Backen nehme ich Butter statt Margarine. Meine Mutter hatte es _____ gemacht.

7. Zum Backen nehme ich Butter statt Margarine. _____ wird der Kuchen saftiger.

고친 표현: A: Das ist eine gute Idee.

B: Ja, ich denke auch. / Ja, **das** denke ich auch.

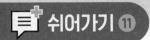

사실을 말한다 해도 진실의 왜곡이 가능하다

Ein Kapitän und sein Schiffsjunge haben schon eine Weile miteinander gestritten. Sie kommen nicht gut miteinander aus. Der Kapitän trinkt keinen Alkohol, während der Schiffsjunge oft betrunken ist. Der Kapitän denkt daran, dem Schiffsjungen eine Strafe zu geben, wenn das Schiff wieder im Hafen ist. Eines Tages, als der Kapitän Dienst hat und der Schiffsjunge wieder laut betrunken ist, kann der Kapitän nicht mehr ruhig bleiben und schreibt ins Logbuch:

(a) *Heute, 23. März, der Schiffsjunge ist betrunken.*

Ein paar Tage später, als der Schiffsjunge Dienst hat, entdeckt er diesen Eintrag im Logbuch und überlegt, wie er sich rächen kann, aber so, dass der Kapitän ihn später nicht bestrafen kann. Schließlich schreibt auch er einen Eintrag ins Logbuch, der lautet:

(b) *Heute, 26. März, der Kapitän ist nicht betrunken.*

문화 차이에
의한 오류

91

Level **A1**

친구 사귀기란?

 오류 진단

오류를 찾아 고쳐보세요.

Hier habe ich schon viele Freunde kennengelernt.

여기서 난 이미 많은 친구들을 사귀었어.

고친 문장 _____

오류 처방

우리가 '누군가를 알게 된다'(kennenlernen[*])는 것은 적어도 그 사람을 만나기 전까지는 아직 알지 못했음을 전제로 합니다. 그런데 Freund라는 표현은 이미 상당 기간 잘 알고 지내온 친밀한 사람을 가리킵니다. 따라서 '이제 막 처음 만나 알게 되다'라는 뜻의 kennenlernen의 목적어로 Freund를 쓰는 것은 논리적으로 맞지 않습니다. 한국어에서는 '친구를 사귀다'라는 말이 잘 쓰이기 때문에 학습자들은 그에 상응한다고 생각하는 Freunde kennenlernen이라는 표현을 주저 없이 사용하곤 합니다. 그러나 '알게 되다'라는 뜻의 kennenlernen과 '사귀다' 사이에는 뚜렷한 의미차이가 있습니다. 전자는 '어떤 것 또는 어떤 사람을 새로 알게 되다, 서로 아는 사이가 되다'라는 것이고 후자는 '누군가를 만나 그 사람을 나와 가까운 사람으로 만들다'라는 뜻입니다. 두 사람이 서로 친구 사이가 되는 하나의 과정을 놓고 볼 때, 전자는 가장 앞선 단계에서 일시적으로 일어나는 일이고, 후자는 맨앞 단계부터 지속적으로 진행되는 과정입니다.

누군가를 좀 더 깊이 알게 되다, 즉 '사귀다'의 의미를 살리고 싶으면 jemanden näher kennenlernen이라는 표현도 가능하지만, 이 표현은 자칫 남녀간의 보다 깊은 관계, 이를테면 육체적 관계를 암시하는 표현으로 이해될 수도 있으니 조심해서 사용해야 합니다. Freunde라는 표현을 굳이 사용하고 싶으

---

* 이와 같은 복합동사는 붙여 쓸 수도 있고(kennenlernen) 띄어 쓸 수도 있습니다(kennen lernen).

면 다음과 같이 말할 수 있습니다.

> **Hier habe ich schon viele Freunde gefunden.**
> 여기서 나는 이미 친구가 많이 생겼어.

> **Hier habe ich schon viele Freundschaften geschlossen.**
> 여기서 나는 이미 많은 친구들을 사귀었어.

'어떤 사람들을 처음 알게 되어 그들과 친구 사이가 되다'라는 의미는 Freunde finden이라는 말로 충분히 표현될 수 있습니다. 반면에 Freunde machen은 불가능한데, 이런 표현은 영어에는 있지만 (make friends) 독일어에는 없는 이른바 '거짓 짝'이기 때문입니다 (쉬어가기 6 참고).
kennenlernen 동사를 쓰고 싶으면 다음과 같이 말할 수 있습니다.

> **Ich habe hier schon viele nette Leute kennengelernt.**
> 나는 여기서 이미 좋은 사람들을 많이 알게 되었어.

여기서는 Leute를 쓰는 게 맞고, Menschen은 너무 무겁게 들립니다(61번 항목 참고). '새로운 인간을 알게 되었다'는 말은 심지어 우리말로도 참으로 어색하게 들립니다! Mensch같이 무겁게 들리는 표현을 사용하면 친밀감 있게 들리지 않을 수도 있는데, 한국인 학습자들은 그런 표현을 흔히 사용합니다.

> **Ich habe hier Mark und Reza kennengelernt, die meine Freunde geworden sind.**
> 나는 여기에서 마크와 레자를 새로 만나 서로 친구 사이가 되었어.

위의 예문은 '나는 누구누구를 알게 되었고, 그 사람들은 나의 친구가 되었다'는 말이니 좀 번거롭긴 하지만 정확하게 표현할 수 있다는 장점이 있습니다.
문화적 관점에서 볼 때, 독일에서는 실제로 번갯불에 콩 볶아먹듯이 그렇게 서로 빨리 친구가 되지는 않고, 친구가 되기까지는 어느 정도 시간이 걸리는 것이 일반적입니다. 영어의 friend, 우리말 '친구'와 독일어 Freund 사이의 간격은 큰 편입니다. 왜냐하면 독일어 Freund 개념은 영어 friend나 한국어 '친구'보다 더욱 더 친밀하고 장기간의 관계를 전제하고 정말로 이미 상당히 오랫동안 잘 알고 가까이 지내온 사람을 가리키기 때문입니다. 낯선 사람에 대한 호칭으로까지 사용되는 스페인어 amigo와는 더더욱 멀리 떨어져 있는 개념입니다.
매우 오래되고 깊은 우정관계가 아닌, 누군지 알고는 있지만 가깝지는 않거나 아직은 그다지 잘 알지 못하는 사람은 Bekannte, Bekannter라 부릅니다. 이는 우리말의 '지인' 정도에 해당됩니다.

> **Mein Bekannter hat mir empfohlen, dieses Buch zu lesen.**
> 나의 지인이 이 책을 읽어보라고 추천해주었어.

1. 빈 칸에 알맞은 말을 보기에서 골라 써넣으세요.

(1) Jedermanns Freund ist _____ Freund. [속담]

(2) In der _____ erkennt man seine Freunde. [속담]

(3) Es ist schwierig, neue _____ zu finden.

(4) Kleine _____ erhalten die Freundschaft. [속담]

(5) Beim _____ hört die Freundschaft auf. [속담]

(6) Kurze _____ verlängern die Freundschaft. [속담]

보기   Freunde   Besuche   Geld   niemandes   Geschenke   Not

2. 빈 칸에 알맞은 말을 보기에서 골라 써넣으세요.

(1) Freut mich, _____ kennenzulernen.

(2) Du wirst _____ noch kennenlernen!*

(3) Ich freue _____ , Sie kennenzulernen.

(4) Schön, dass wir _____ endlich einmal persönlich kennenlernen.

보기   mich   mich   uns   Sie

고친 표현: Hier habe ich schon viele **Freunde gefunden**. 또는 Ich habe hier schon viele
nette **Leute kennengelernt**.

---

* 농담반 진담반으로 위협하는 뜻에서 '앞으로 두고 보자'

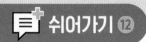

민간어원설

민간어원설은 역사적인 사실을 들어서 참된 어원을 설명하는 것이 아니라 주로 어형과 의미의 우연한 유사성을 근거로 어원을 설명하는 것을 가리킨다. 실제의 어원은 엄밀한 어원학적 방법에 의해 구체적인 자료와 과학적인 방법으로 규명되어야 한다. 이에 비해 민간어원은 객관적 자료나 과학적 방법보다는 주로 소리와 뜻, 어형과 의미의 유사성에 착안하는 직관적 연상에 기초한다.

민간어원은 대개 역사적으로나 어원상으로 아무 연관성이 없는 두 어형의 유사성에 기반하기 때문에 종종 터무니없는 어원 설명으로 귀결된다. 흔히 대중들 사이에 잘못 알려진 낱말의 유래에 대한 속설들이 여기에서 비롯한다. 낱말은 생성된 뒤에 시간이 지나면서 점차 발음과 표기가 바뀌기 때문에 생긴지 오래된 낱말은 그 본디의 형태나 의미를 대중들이 정확히 알 수 없게 되어 임의적으로 추측하게 되고, 따라서 그럴 듯하게 여겨지는 해석이 널리 퍼지는 경우가 많다.

- Armbrust (석궁): 라틴어 arcuballista(활 모양의 새총)에서 프랑스어 arbaleste가 독일어화 되었다. 이는 독일어로 비슷하게 들리는 낱말 Arm(팔)과 중고지독일어 berust/berost(무기)의 조합으로 형성된 합성어(팔에 든 무기)이며, 이 두 번째 성분이 나중에 단순한 음성적 유사성에서 Brust(가슴)와 동일시되었던 것이다.

- Maulwurf (두더지): 민간어원설에서 주둥이로 땅을 파는 동물을 가리키는데, 실제로는 고고지독일어에서 (흙)더미를 던지는 동물이라는 뜻의 mūwerfo였고, 중고지독일어에서는 moltwerf로 사용되었다. 이후 '흙, 먼지'라는 뜻의 molt가 소멸하자 발음이 비슷한 Maul(주둥이)로 대체되었다.

- Sintflut (대홍수): 중고지독일어 sin(t)vluot, 고고지독일어 sin(t)fluot에서 오래 지속되는 대규모의 범람을 의미했고, Sünde(죄)에서 유래한 말이 아니다. sin은 단순히 끊이지 않는, 지속적인, 광범위한을 의미했다. 그러나 13세기에 민간에 의해 인간이 지은 죄로 인해 하느님에게 벌을 받아 대홍수가 일어난 Sündflut로 잘못 재해석되었다.

- Guten Rutsch (ins neue Jahr)! (새해 복 많이 받으세요): 이 새해 인사말은 독일어 rutschen(미끄러지다)과는 아무 관련이 없고, '한 해의 시작'을 뜻하는 히브리어 Rosch ha-Schana에서 유래된 것으로 추정된다.

- Hals- und Beinbruch! (행운을 빌어요): 성공과 축복을 의미하는 히브리어 hatsloche un broche הצלחה וברכה에서 유래한 인사말이다. 성패가 갈리는 중요한 일을 앞둔 이에게 좋은 것을 기원해줄 경우 심술궂은 신이 일이 잘 못되도록 훼방을 놓는다는 미신에서 오히려 거꾸로 나쁜 말을 해줌으로써 신이 장난치지 못하게 할 수 있다는 민간신앙과도 관련이 깊다.

92 편지쓰기

📋 오류 진단

오류를 찾아 고쳐보세요.

Meine liebe Mama, es ist Jojo.

사랑하는 나의 엄마, 나 조조야.

고친 문장 _____

💊 오류 처방

전화통화를 하거나 집의 현관 문 앞에 서서 자신의 신원을 밝힐 때는 보통 Ich bin's, Jojo(나야, 조조)라고 말합니다. 이에 반해 편지나 이메일의 맨 앞부분에는 신원을 밝히는 이런 표현이 불필요합니다! 왜냐하면 편지나 이메일의 수신자는 그것을 받아 열어보는 즉시 바로 그 순간에 그것이 누구한테서 온 것인지 이미 알게 되기 때문입니다. 보통은 편지 봉투에 찍힌 발신자를 확인한 후 편지를 개봉하고, 이메일의 제목을 클릭하여 내용을 읽기 전에 수신 메일함에 표시된 발신자를 확인하게 되어 있기 때문입니다. 이런 경우에는 ich bin's 같은 신원 확인의 표현이 잉여적이고 부자연스럽습니다. 자신의 신원을 밝히는 말은 내가 누군지 상대방이 모를 때만이 필요한 것입니다. 내가 누군지 상대방이 안다면 굳이 자신의 신원을 밝힐 필요가 없습니다.

우리나라에서는 편지 쓸 때 본문에 자기 소개 또는 발신자의 신원을 밝히는 경우도 있습니다. (예: 선생님, 안녕하세요? 저 길동이에요) 하지만 독일에서는 그런 자기 신원의 표현은 불필요합니다. 위 예문에서 어차피 부적절하고 불필요한 형태인 es ist Jojo를 빼기만 하면 아무 문제가 없습니다.

빈 칸에 편지나 이메일의 맨앞에 쓰는 알맞은 말을 써넣으세요.

1. Sehr _____ Damen und Herren, ...

2. Sehr _____ Frau Weber, ...

3. Sehr _____ Herr Becker, ...

4. _____ Marcus, ...

5. _____ Claudia, ...

6. _____ Maria und _____ Peter, ...

7. _____ Familie, ...

8. _____ Freund, ...

9. _____ Freundin, ...

10. _____ Studentinnen und Studenten, ...

고친 표현: Meine liebe Mama,

93 존칭과 친칭

오류 진단

오류를 찾아 고쳐보세요.

Hallo, mein Name ist Kim Minsu, und wie heißen Sie?

[대학 캠퍼스에서 두 대학생 사이의 대화]
안녕하세요. 저는 김민수예요. 이름이 어떻게 되세요?

고친 문장 _____

오류 처방

독일의 일상생활에서 성(姓)이 중요한 것은 예를 들어 은행에서 통장을 만들 때, 관청에서 정해진 양식에 기입할 때, 공식 문서를 작성하면서 신원을 정확히 밝혀야 할 때 정도밖엔 없습니다. 어떤 때는 지인이나 친구들의 성이 무엇이었더라... 곰곰이 생각해보아야만 할 정도입니다. 대학에서, 스포츠 동호인 모임에서, 술집에서, 그리고 젊은 사람들끼리는 일반적으로 서로 이름을 부르고, 또 상대방을 가리키는 인칭대명사로 Sie 대신에 du가 사용됩니다. 1960년대에 일어난 혁명과도 같은 사회운동, 이른바 '68 운동'(68er Bewegung)의 결실로 사회계층 간의 거리라든가 언어사용에 의한 권위 과시하기, 권위 다지기는 옛날 이야기가 되어버렸습니다. du는 가까움과 평등의식을 배경으로 사용되는 데 반해 Sie는 거리감 있게 들리고, 최악의 경우에는 자칫 거만한 느낌을 줄 수도 있습니다.

이와 관련하여 재미있는 이야기가 하나 있습니다. 바이에른과 오스트리아의 알프스 지방에서는 '1000미터 이상의 높이에서는 du밖엔 없다'는 원칙이 있습니다. 이것을 모른 채 Sie를 사용하는 사람에게는 즉시 du로 교정해줍니다. 이런 식의 언어적 거리감 줄이기를 통해 고산지역에서 위험이 발생한 경우 서로 나 몰라라 하는 것이 아니라 함께 뭉치고 서로 도와줄 수 있도록 하기 위함이겠지요.

어쨌든 독일 대학에서는 학생들 사이에서 아무리 처음 만난 사이일지라도 Sie를 쓴다거나 Frau XX 또는 Herr XX처럼 경의를 표시하는 호칭을 사용하지 않습니다. 이러한 호칭 문화는 한국과 달라 혼동하는 경우가 있습니다. 독일 대학에서 새로 사람을 알게 되는 상황에서는 친근하게 자신의 이름 (Vorname)을 밝히고 편하게 du로 상대방의 이름을 물어보도록 합시다!

Hallo, ich bin Seongsu. Und wie heißt du?
안녕, 나는 성수야. 네 이름은 뭐야?

물론 상대방이 하필 처음 만난 교수님이라면 이야기가 달라집니다. 처음 만난 교수님에게 이름을 직접 물어보는 상황이라는 것은 좀 예외적일테지만, 부득이하게 그 분의 이름을 물어보지 않을 수 없는 상황 이라면 충분히 예의를 갖춰 다음과 같이 물어보면 됩니다.

Darf ich Sie bitte nach Ihrem Namen fragen?
혹시 성함을 여쭤봐도 될까요?

Dürfte ich wissen, wie Sie heißen?
혹시 성함 좀 알 수 있을까요?

Ich wäre froh, wenn ich Ihren Namen wüsste.
성함 좀 알고 싶습니다.

인사말 또한 편하고 친밀한 사이에서 많이 쓰는 Hallo! 대신에 격식을 갖춘 Guten Tag!이 더 적절합니 다. 만약 교수님의 성함을 들은 적이 있지만 잊어버린 경우엔 다음과 같이 정중하게 재차 요청해 볼 수 있습니다.

Entschuldigung, wie war noch mal Ihr Name? Ich habe Ihren Namen leider vergessen...
죄송합니다, 성함이 어떻게 된다고 하셨죠? 제가 성함을 그만 잊어버렸어요.

1. 대학생들 사이의 대화입니다. 빈 칸에 알맞은 말을 써넣으세요.

A: Hallo, du _____ neu hier, oder? Ich bin Yuna. Und wie _____ du?

B: Ich heiße Nevin.

A: Freut mich! Du _____ also aus der Türkei? Wie lange _____ du schon hier?

B: Seit zwei Wochen.

A: Dann _____ du ja wirklich ganz neu hier! Ich bin schon seit einem Jahr hier.

2. 아래 사진에서 du와 Sie*를 쓰는 상황을 구분해보세요.

(1)

(2)

(3)

_____

_____

_____

(4)

(5)

_____

_____

고친 표현: Hallo, mein Name ist **Minsu**, und wie **heißt du**?

---

* du / Sie는 대화 상대방 간의 사회적 거리(친밀도)에 의해 정해진다.

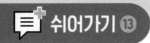

언어간섭에 의한 오류로서 유명해진 사례

사람은 누구나 자기만의 방언, 즉 개인방언(Idiolekt)을 갖는다. 개인방언이란 한 사람의 개인적 언어 습관, 즉 화자가 자기만의 방식으로 고유하게 사용하는 언어 변이를 가리킨다. 개인방언은 어휘, 발음, 언어 행동, 표현 방식 등에서 나타날 수 있다.

개인방언이 새삼 많은 사람의 이목을 끌었던 적이 있다. 1998년 3월, 분데스리가 바이에른 뮌헨 축구팀의 감독이었던 이탈리아 출신의 Giovanni Trapattoni는 경기 후 기자회견을 할 때 팀 패배의 원인을 감독의 전술 탓으로 돌리는 몸값 비싼 선수들을 비판하는 짤막한 분노의 연설을 하며 다음과 같이 말해 유명해진 적이 있다.

- Was erlauben Strunz? … Und diese Spieler, diese zwei oder drei, vier Spieler waren schwach wie eine Flasche leer! … Ich habe fertig! (Strunz가 뭐라고 그런 행동을 하는 거죠? 이 선수들, 이 둘, 셋, 네 선수들은 마치 빈 병처럼 약했어요! … 이상입니다!)

어떤 부분이 오류일까?

Was erlauben Strunz?는 주어와 동사 어미의 일치에 관한 규칙에 어긋난 비문이다. 주어가 3인칭 단수 고유명사인 Strunz이므로 동사는 erlaubt sich 또는 hat sich … erlaubt이어야 문법적으로 맞다. eine Flasche leer는 이탈리아어에 일반적인 [관사 + 명사 + 형용사]의 어순으로, 이는 통상적인 독일어 어순 규칙 [관사 + 형용사 + 명사]에서 벗어난 것이다. 독일어식으로 표현하자면 eine leere Flasche이어야 한다. 또한 '어떤 일을 끝냈다'는 것을 뜻하는 Ich habe fertig도 이탈리아어로는 문제가 되지 않는 표현방식이지만 독일어에서는 분명한 오류 문장으로, haben 대신에 sein을 썼어야 했다: Ich bin fertig.

이 기자회견 이후로 Ich habe fertig는 문법에 맞지 않는 말임에도 독일 사람들에게 강렬한 인상을 남겨 스포츠와 엔터테인먼트 분야에서 자주 인용되고 패러디되었다. 외국인에 의해 쓰여진 잘못된 표현이 오히려 독일어를 풍부하게 만들었다는 역설이 생겨난 셈이니 아이러니한 일이 아닐 수 없다.

94 아프면 어디로?

오류 진단

오류를 찾아 고쳐보세요.

Ich komme heute etwas später, weil ich noch ins Krankenhaus muss.

나 오늘 병원에 가야 해서, 조금 늦어.

`고친 문장` _____

오류 처방

독일에서는 누가 '병원에 간다'(ins Krankenhaus müssen)라고 말하면 대체로 그 사람이 입원하는 것으로 이해하기 때문에 최소한 입원 당일에 또 다른 곳으로 가거나 다른 볼 일을 볼 수 있으리라 생각하지 않습니다. ins Krankenhaus müssen라는 표현은 상당히 심각한 병환이나 상처의 치료를 위해 최소한 며칠 정도는 병원에 머물러야 함을 뜻하는 경우가 많습니다. Krankenhaus*는 일반적으로 다수의 전문 진료 부서와 법에 의해 정해진 병상 수를 갖추고 있는 규모가 큰 의료기관을 가리킵니다. 따라서 ins Krankenhaus müssen라는 말을 들으면 누군가 구급차로 대형병원 응급실에 옮겨지거나 비교적 장기간의 치료 또는 수술이 필요하거나 심지어 어떤 사고를 당해서 치료를 요한다고 생각합니다. 이와 달리 비교적 규모가 작고 내과 전문의 같은 전문의사가 일하는 곳은 Arztpraxis 또는 간단하게 Praxis 라고 부르며, Krankenhaus와 확실하게 구분됩니다.

몸이 아프긴 하지만 심각하게 아프지는 않아서 동네에 있는 작은 규모의 의원에 갈 경우에도 우리말로는 일반적으로 '병원에 간다'라고 하는데, 이것을 낱말 대 낱말로 옮겨 ins Krankenhaus müssen이라

---

* 오스트리아와 스위스에서는 Spital 또는 Hospital이라고 한다.

는 표현을 쓰면 독일에서는 오해를 받을 수 있습니다. Krankenhaus에 간다는 말을 들으면 독일인은 분명 상대방의 건강에 대해 걱정을 많이 할 것이므로 가까운 의원에 진찰을 받으러 갈 때는 zum Arzt(의사에게 가다)이라고 말하는 것이 적절합니다. 주치의 제도가 확립되어 있는 독일의 경우, 웬만한 가벼운 증세나 상처에는 대형 종합병원에 가지 않고 가까운 의원의 주치의(Hausarzt)에게 갑니다.

연습문제

1. Krankenhaus 외에 krank- 로 시작하는 합성명사 및 파생어를 찾아보세요.

2. 빈 칸에 알맞은 말로 Arzt 또는 Krankenhaus의 올바른 형태를 써넣으세요.

(1) Die meisten Deutschen sterben im _____ oder im Pflegeheim.

(2) Iss einen Apfel am Tag und du hast dir den _____ erspart. [속담]

(3) Ich hatte gestern starke Kopfschmerzen und war beim _____.

(4) Die _____ haben ihn wieder gesund gemacht.

(5) Die Gangster haben ihn _____ reif geschlagen.

고친 표현: Ich komme heute etwas später, weil ich noch **zum Arzt muss.**

95 교수님을 부를 때

오류 진단

오류를 찾아 고쳐보세요.

Professor, können Sie das bitte wiederholen?

교수님, 다시 한번 말씀해주시겠어요?

고친 문장 _____

오류 처방

교수직을 가지고 있지 않은 강사에게 Professor라는 호칭은 좀 과분하게 들리는 것이 사실입니다. 물론 학생들의 마음 한구석에는 일정한 자격을 갖추었든 갖추지 못했든 대학의 모든 교원에 대해 일괄적으로 '교수'라 불러주는 것이 오히려 공평하리라는 의식이 자리 잡고 있다는 것은 이해할 만합니다. 다만 독일어의 호칭 중에 어떤 것이 적절한 것이고 어떤 것이 관습에 맞거나 맞지 않는 것인지를 분명하게 구분할 필요는 있겠지요?

Professor는 독일의 대학에서 정규직으로 임용되어 특정한 전문적 연구와 교육 활동을 하는 학자에게만 붙여주는 칭호이자 동시에 부를 때 사용하는 호칭입니다. 교수의 지위를 갖지 않는 대학 교원은 한국에서는 '강사', 독일에서는 Dozent라고 불립니다. 그렇다고 교수 외의 교원을 부를 때 '강사님!' 또는 Dozent!라고 부르지는 않습니다. '교수'와 Professor는 직업명이자 동시에 호칭으로도 쓰이지만 '강사'와 Dozent는 직업명일 뿐 호칭으로는 사용되지 않기 때문입니다.

독일에서는 교수를 부르거나 교수에게 말을 걸 때 Professor 칭호에 성을 붙이는 것이 일반적인데, 오류 예문에서는 성이 빠져 있습니다. 그러나 '교수님!'이라는 한국어식 표현을 독일어에 그대로 적용하여 Professor!라고 부르진 않습니다.

Professor Müller!	교수님!
(Frau) Professor Müller!	교수님(여교수인 경우)!

거꾸로 한국어를 배우는 독일 학생들한테서 매우 흔하게 듣는 호칭이 바로 "김 교수님", "이 교수님"인데, 이 또한 독일어의 호칭 관습을 그대로 한국어에 적용한 문화적 오류입니다. 한국어에서는 성과 칭호만으로 부르는 것보다는 성, 이름, 칭호(김철수 교수님, 이영희 교수님)를 모두 갖춰 부르는 것이 좀 더 높은 존대법입니다. '김 교수님', '이 교수님'은 또래나 손아래 교수에게 사용하는 호칭으로 학생이 교수에게 사용하는 것은 적절치 않습니다.

박사학위를 소지한 사람에게는 추가적으로 Doktor라는 칭호를 붙이고, 박사학위가 없는 강사는 보통 성 앞에 Herr 또는 Frau라는 말을 붙여서 부릅니다.

> **Doktor Maier!**
>
> **(Frau) Doktor Maier!**
>
> **Herr Gärber!**
>
> **Frau Schindler!**

오스트리아에서는 좀 다른 점이 있는데, 박사학위가 없지만 꽤나 진지하게 행동하는 사람을 Herr Doktor!라고 부르는 경우도 있다는 것입니다. 이는 그저 듣기 좋으라고 불러주는 호칭 정도로 이해할 수 있습니다.

연습문제

대학에 종사하거나 관련된 사람들은 어떤 사람들이고 그들은 어떤 일을 하는지 설명해보세요.

1. Dekan

2. Emeritus

3. HiWi

4. Lehrbeauftragte

5. Rektor

고친 표현: Professor Müller, können Sie das bitte wiederholen? 또는

Herr Professor, können Sie das bitte wiederholen? (교수의 성을 모르거나 굳이 언급하고 싶지 않을 때는 단순히 Herr Professor,… 라고 부릅니다)

Level A2

문화 고유어를 말할 때

오류 진단

오류를 찾아 고쳐보세요.

Ich liebe Ddeokbokgi.

[외국인에게 떡볶이를 언급하며]
저는 떡볶이를 좋아해요.

고친 문장 _____

오류 처방

이 문장은 그 자체로서 아무 문제가 없습니다. 그러나 특정한 맥락에서는 약간 부족할 수 있습니다. 왜냐하면 떡볶이, 김치찌개, 동대문, 청계천 등의 명칭들은 한국어 이름, 즉 고유명사라서 외국어로 번역할 수 없고, 또 한국에 대해 잘 알지 못하는 외국인 입장에서는 추가로 설명을 해줘야 그것이 어떤 범주에 속하는 대상인지 알 수 있기 때문입니다. 한국인 학습자가 독일어로 쓴 글을 읽게 될 독자, 예를 들어 독일인 교사나 TestDaF 같은 어학인증시험의 시험관/채점관은 이런 명칭들이 도대체 무엇을 가리키는지 모를 확률이 높기 때문에 설명을 해주는 것이 좋습니다. 그러기 위해서는 이들 한국어 명칭을 독일어 알파벳으로 옮기되, 이탤릭체로 표시하여 주의를 끄는 것이 필요합니다. 말할 때에는 목소리를 약간 높이거나 낮춰서 표현할 수 있습니다.

> Ich liebe Ddeokbokgi, (also) koreanischen Reiskuchen mit scharfer Soße.
> 나는 매콤한 소스의 한국 떡 간식인 '떡볶이'를 좋아해요.

> Viele mögen Gimbap, eine koreanische Reisrolle.
> 많은 사람들이 한국식 밥말이 음식인 '김밥'을 좋아해요.

Gestern ging ich am Cheongyecheon, dem künstlichen Flüsschen inmitten Seoul, spazieren.

어제 서울 한가운데 있는 인공하천인 '청계천'에서 산책했어요.

이와 같이 독자에게 낯설게 여겨질 개념이나 명칭을 부연 설명하기 위해 바로 앞에 또는 앞과 뒤에 콤마를 넣어 따로 분리시켜 삽입한 성분을 '동격' 또는 '동격 부가어'라 부릅니다. 말 그대로 동격(同格)이기 때문에 특별한 경우가 아니라면 이러한 명사구의 성, 수, 격은 바로 앞 명칭이나 개념의 성, 수, 격에 따라야 합니다.

연습문제

아래 낱말을 동격 부가어를 이용하여 설명해보세요.

학원 (Hagwon)

비빔밥 (Bibimbap)

코엑스 (COEX)

감자탕 (Gamjatang)

노래방 (Noraebang)

소주 (Soju)

고시텔 (Goshitel)

하숙집 (Hasukjib)

폭탄주 (Poktanju)

갑질 (Gapjil)

고친 표현: Ich liebe Ddeokbokgi, **koreanischen Reiskuchen mit scharfer Soße.**

문화 차이에
의한 오류

97 알게 해준다는 것

Level **B2**

 오류 진단

오류를 찾아 고쳐보세요.

**Er war so nett und stellte uns
die Falafel vor.**

그는 친절하게도 우리에게 팔라펠에 대해 알려줬어.

고친 문장 _____

오류 처방

오류 예문에서 화자는 아마 '그는 매우 친절하게 (팔라펠을 아직 모르는) 우리에게 팔라펠에 대해 처음으로 알려주었다'라는 뜻을 의도하고 vorstellen(소개하다)을 사용하였을 것입니다. 이 오류는 독일어 vorstellen과 한국어 '소개하다'의 표현 관습, 의미 범주 등의 차이에서 발생한 것입니다. vorstellen은 통상적으로 어떤 사람을 누군가에게 처음으로 소개할 때 쓰입니다. 그런데 상황에 따라 그 소개라는 것이 어떤 사람에게 다른 사람을 소개하는 것이 아니라 그가 알지 못했던 어떤 대상을 자세하게 설명을 해주는 경우라면, 그때는 vorstellen을 쓸 수 있는 조건에서 벗어난 것입니다. 예문에서 소개의 대상인 팔라펠은 음식으로서, 주어인 er가 이 팔라펠이 어떤 음식이고 무엇으로 어떻게 만들어지는지 등에 관해 설명해준 것을 화자는 vorstellen 해주었다고 잘못 표현하였습니다. 이보다는 다음과 같이 erklären(설명하다)을 사용하여 말하는 것이 훨씬 더 자연스럽습니다.

Er war so nett und erklärte uns, was Falafel ist.
그는 친절하게도 팔라펠이 무엇인지 우리에게 설명해줬어.

**Er war so nett und gab uns den Hinweis auf die Falafel, die Spezialität
in dem Restaurant.**
그는 친절하게도 그 레스토랑의 특선 요리인 팔라펠에 대해 우리에게 알려줬어.

Er war so nett und **zeigte** uns die Falafel in dem Restaurant.
그는 친절하게도 그 레스토랑의 팔라펠을 우리에게 보여줬어.

연습문제

빈 칸에 erklären과 vorstellen을 구분하여 올바른 형태로 써넣으세요.

1. Ich möchte euch unseren neuen Kollegen _____.

2. Darf ich mich _____?

3. Die Vereinigten Staaten _____ am 4. Juli 1776 die Unabhängigkeit von Großbritannien.

4. Großbritannien _____ ihnen daraufhin den Krieg.

5. Kannst du mir das nochmal _____? Ich habe es nicht verstanden.

6. Ich kann mir _____, dass wir in Zukunft eine andere Strategie verfolgen.

고친 표현: Er war so nett und **erklärte** uns, **was Falafel ist**.

우리가 오해하는 것은 어떤 것?

오류 진단

오류를 찾아 고쳐보세요.

**Wenn sie das Geschenk nehmen
würde, könnte er ihre Meinung
missverstehen.**

그녀가 선물을 받으면, 그는 그녀의 마음을 오해할 수도 있어.

고친 문장 _____

오류 처방

Meinung(의견)이라는 것은 어떤 사물이나 현상에 대하여 합리적 근거에서 형성된 주관적 입장입니다. 위 예문에서 여자가 선물을 받게 될 경우 남자가 잘못 해석하게 될 것이라고 예상되는 것은 남자의 선물에 의해 형성된 이성적 판단이나 입장이라기보다는 선물을 받았다는 사실 그 자체, 또는 여자가 선물을 받고서 그로부터 느꼈을 것, 즉 놀람이라든가 불안감 같은 감정이라고 할 수 있습니다.

우리는 어떤 선물을 받으면 그것에 대한 평가나 견해를 먼저 내보이기보다는 그 선물의 의미를 개인적으로 받아들여 일종의 감정이 먼저 형성됩니다. 이를테면 고마움이라든가 부담스러움을 느낄 수 있고 뜻밖의 선물일 경우에는 놀라거나 반가움을 느끼기도 합니다. 물론 선물 자체에 대한 객관적인 의견 형성도 가능합니다. 예를 들어, 선물이 크다거나 튼튼하게 포장이 잘 되었다거나 비싸 보인다고 하는 의견, 또는 자신에게 잘 어울린다거나 거꾸로 잘 어울리지 않는다고 하는 특정한 의견을 갖게 될 수도 있습니다. 그렇다 하더라도 개인적으로 선물을 받으면, 일반적으로 아무런 감정 없이 사무적인 판단을 먼저 내놓지는 않습니다. 선물은 받는 즉시 개인적인 감정을 불러일으킵니다. 이러한 감정은 이성적 '이해'의 대상이라기보다는 오히려 '판단'이나 '해석'의 대상이 되기 때문에, 이러한 관계를 올바르게 표현하려면 위의 예문을 다음과 같이 처리하는 것이 바람직합니다.

Wenn sie das Geschenk **annehmen** würde, könnte er ihre **Gefühle missdeuten.**   (그녀의 감정을 잘못 짚음)

Wenn sie das Geschenk **annehmen** würde, könnte er es **falsch deuten.**   (선물받는 그녀의 행동 자체를 틀리게 해석)

Wenn sie das Geschenk **annehmen** würde, könnte er es **falsch interpretieren.**   (선물받는 그녀의 행동 자체를 틀리게 해석)

Wenn sie das Geschenk **annehmen** würde, könnte er sie **missverstehen.**   (그녀를 오해)

여기서는 여러 동사의 목적어가 서로 다르다는 것에 주의하세요! 그녀가 선물을 수령할 경우에 그가 오해할지도 모르는 것은 그녀의 이성적 의견이나 입장이 아니라 그녀가 남자의 선물을 수령한 사실 또는 선물 제공과 관련하여 갖게 된 생각, 판단, 느낌입니다. 또한 여기서 '선물을 받는다'는 것에 대해서는 예문처럼 nehmen이 아니라 annehmen 동사를 사용하는 것이 좋습니다. 뭔가를 nehmen한다는 것은 그것을 (능동적으로, 즉 의지에 따라) 선택한다, 집는다, 집어든다, 취한다, 가져간다는 것이기 때문에 상대방이 제공한 선물을 주는대로(수동적으로) 받는 것과는 거리가 멀다고 할 수 있습니다(63번 항목 참고).

밑줄 친 부분에서 Meinung 또는 Gefühl이 올바로 쓰였는지 확인하고, 올바르지 않은 경우에는 고쳐보세요.

1. Bei allem Respekt, da bin ich ganz <u>anderer Meinung</u>.

2. Bilde dir selbst <u>ein Gefühl</u>!

3. <u>Meine Gefühle</u> nach dieser bitteren Niederlage kann ich jetzt gar nicht beschreiben.

4. Wir sind nicht immer <u>einer Meinung</u>.

5. Davon habe ich keine Ahnung, aber <u>meiner Meinung</u> nach kann das nur schiefgehen. Das vermute ich jedenfalls.

6. Sie hatten genug Zeit, darüber nachzudenken. Wie ist nun <u>Ihr Gefühl</u> darüber?

7. Meine Mutter kocht Eier viereinhalb Minuten lang, nicht nach der Uhr, sondern nach <u>Gefühl</u>.

8. Wir möchten gerne <u>Ihr Gefühl</u> zu dieser Angelegenheit erfahren.

9. Unser Chef ist eiskalt. Denn er nimmt keine Rücksicht auf die <u>Gefühle</u> der Mitarbeiter.

고친 표현: Wenn sie das Geschenk **annehmen** würde, könnte er ihre **Gefühle missdeuten**.

··· könnte er es **falsch deuten**.

··· könnte er es **falsch interpretieren**.

··· könnte er sie **missverstehen**.

NOTE

A1~B2의 학습자라면 꼭 봐야 할

독일어 오류 마스터

연습문제 정답

연습문제 정답

1과 사랑하는 나의 엄마,

1. Lieber Herr Müller!
2. Ach, du liebe Zeit!
3. Liebe Frau Kerber,
4. Für unsere lieben Gäste
5. Viele liebe Grüße (이 경우 liebe가 viele 의 뒤에 오는 이유는 viele가 관사류에 속하 기 때문)

2과 기준치보다 더하거나 덜하거나

1. 새 집(갓 지은 집) - (지은 지 얼마 안 된) 최 근에 지은 비교적 새 집
2. 나의 오래된 동료 + 나이가 많은 나의 동료 - (많이 늙지는 않았지만) 나이가 꽤 든 나 의 동료
3. 젊은 사람들 - (더 이상 아주 젊지는 않지 만) 아직은 젊은 사람들
4. 짧은 치마 - (아주 짧지는 않지만) 꽤 짧은 치마
5. 오래된 도시 - (아주 오래되지는 않았지만) 비교적 오래된 도시

3과 앞에서 말한 그 …

1. einen Der
2. das Das
3. eine Die die
4. eine die
5. das das das
6. der einen einen
7. einen ein
8. das die

4과 내가 지금 느끼는 것

1. 나 지루해.
2. 나 지루해.
3. 나는 그것이 지루하다고 생각해.
4. 나는 지루하다고 느껴.

5. „Das aktuelle Sportstudio"라는 텔레비 전 프로그램이 아주 흥미로워.
6. 나는 음악에 관심이 많아. 그래서 매일 멜론 플레이어를 들어.

5과 날씨에 의한 감각

1. (자유 정답) heiß: Kaffee, Feuer, Herd, Tee … / warm: Pullover, Decke, Tee … / kalt: Eis, Klimaanlage, Kühlschrankregal …

2. (1) mir / es   (2) es
   (3) warm   (4) kalt
   (5) warm   (6) heißen
   (7) kalter   (8) kalte

6과 안부 묻고 표현하기

gefällt, fehlt, schmeckt, hilft

7과 과거에 있었던 일

1. wenn
2. als
3. wenn
4. Wenn
5. Als
6. als

8과 부가? 서술?

1. (1) am schnellsten
   (2) wichtigste
   (3) teuersten … elegantesten
   (4) neuesten … am liebsten
   (5) am besten
   (6) dicksten (성공이 꼭 공정하게 이루어지는 것은 아니라는 뜻의 속담)
2. 자유정답

(1) Ich höre gern Musik.

(2) Ich bin gut in Mathe.

(3) Ich finde *Harry Potter* sehr interessant.

(4) Ich esse sehr viel Reis.

(5) Ich mag es nicht, früh aufzustehen.

9과 전체와 각자

1. jede
2. Alle
3. jeden
4. alle
5. Jedes
6. alle
7. allen
8. jedes
9. aller
10. Jeder

10과 te-ka-mo-lo

1. Endlich fuhr der Zug mit zwei Stunden Verspätung ab.
2. Sabine hat uns gestern bei unserem Umzug geholfen.
3. Ungeduldig wartet sie seit drei Stunden am Flughafen.
4. Leider hat sie die Prüfung in Biologie nicht bestanden.
5. Wir treffen uns um acht am Bahnhof.
6. Er ist vor drei Jahren nach Frankfurt umgezogen.
7. Nach langem Überlegen hat sie eine Entscheidung getroffen.
8. Ich werde den Polizisten nach dem Weg zum Bahnhof fragen.

11과 모든 것, 모든 일, 모든 면

1. Alles
2. Alle
3. alle
4. Aller
5. Alles
6. Aller
7. alles
8. alles
9. Alles
10. alles
11. alle

12과 정해진 것

1. Die
2. ein -er ⋯ der
3. Der der -e
4. ein -es
5. die -e
6. eine Die
7. _____ den
8. _____ _____ _____ _____
9. Der ein
10. Den -en -en _____

13과 무엇을 추천하나...

1. empfehlenswert / zu empfehlen
2. empfohlen
3. empfehlen
4. empfohlen
5. Empfehlung
6. empfehlen

14과 망각의 표현

1. Vergesslichkeit
2. Vergessenheit
3. unvergesslich
4. vergessen
5. Vergessen

6. vergesslich

15과 알려진 것에서 새로운 것으로

1. Nach dem Kurs habe ich mit Freunden in einem Café Kaffee getrunken.
2. Letzten Samstag zwischen 2 und 5 Uhr war ich zu Hause.
3. Vor drei Jahren sind wir mit dem Schiff zum Opa auf Jeju gefahren.
4. Mein Praktikum bei der Firma in Seoul habe ich vor zwei Jahren gemacht. / Vor zwei Jahren habe ich mein Praktikum bei der Firma in Seoul gemacht. (더 자연스러운 어순)
5. Vor einem Jahr haben wir als Informatiker in einem Unternehmen in Berlin gearbeitet.
6. Nächstes Jahr möchten wir nach Österreich in Urlaub fahren.
7. Du solltest dich bei Onkel Fritz für dein Verhalten entschuldigen.

16과 '나'는 어디에…?

1. Meine Freunde und ich haben gestern eine Party gefeiert.
2. Künstlerinnen und Künstler zeigen ihre Werke in der Galerie.
3. Mein Nachbar und ich haben heute den Garten gemeinsam gepflegt.
4. Meine Klasse und ich haben gestern einen Ausflug ins Museum gemacht.
5. Sportlerinnen und Sportler trainieren hart für bevorstehende Wettbewerbe.
6. Musikerinnen und Musiker treten auf der Bühne auf, um ihr Talent zu zeigen.

7. Mein Arbeitspartner und ich haben heute ein wichtiges Projekt abgeschlossen.
8. Meine Arbeitskollegen und ich sind heute gemeinsam zum Mittagessen gegangen.

17과 열거하기의 규칙

1. 문장	2. 명사구
3. 문장	4. 명사구
5. 낱말	6. 문장
7. 문장	8. 낱말

18과 둘, 두 개, 두 사람

1. beiden beide	2. beiden
3. Beide	4. beide
5. beiden	6. beide
7. Beides	

19과 파생된 말

1. Hoffentlich	2. höfische
3. höfliche	4. Höflichkeit
5. höfische	6. hoffentlich

20과 문장부호의 사용 규칙

1. 왼	2. 왼
3. 왼	4. 오
5. 오	6. 오
7. 오	8. 왼
9. 오	10. 왼
11. 오	12. 왼

21과 여러 낱말로 된 주어

1. Man
2. einem
3. einen
4. einem
5. man
6. einen
7. man
8. einem
9. einem
10. einen
11. Man ... einem

22과 대상언어 표시

1. *Nelke*
2. *Nelke ... carnation*
3. *Fritz*
4. *Essen ist eine Stadt*
5. *Freiheit*
6. *sein / ich bin*

23과 인용할 때

1. Er rief sie alle zusammen: seinen Koch, seine Frau und ihren Liebhaber.
2. In Hamburg fand sie, was sie sich lange gewünscht hatte: eine unterirdische Villa.

24과 내용 나누기

1. Er kam nach Hause, müde, hungrig und schlecht gelaunt; seine Frau war noch nicht da.
2. Zum Nachtisch gab es Äpfel, Bananen und Kirschen; doch den hochprozentigen Schnaps trank der Vater ganz alleine.
3. Es reicht absolut nicht, nur Grammatik zu pauken; wer eine Fremdsprache erfolgreich lernen will, muss außer Strukturen auch einen breiten Wortschatz differenziert anwenden können.

25과 긍정 응대

1. Guten Abend
2. Auf Wiedersehen
3. Bitte
4. Kein Problem / Macht nichts

26과 작별 인사

만났을 때의 인사말	Grüß Gott - Guten Tag - Moin, moin - Hallo - Willkommen - Angenehm - Grüezi - Schön, dich zu sehen - Mahlzeit
헤어질 때의 인사말	Bis nachher - Adieu - Schönen Tag noch - Tschüs(s) - Man sieht sich - Bis dann - Auf Wiederschauen
만났을 때와 헤어질 때 모두 가능한 인사말	Servus - Ciao - Salü

27과 재미

1. gemacht
2. gehabt
3. macht
4. macht
5. hatte
6. macht
7. haben
8. hatten

28과 두 종류의 구매

1. eingekauft
2. gekauft / eingekauft
3. kaufe
4. kaufen / einkaufen
5. eingekauft
6. kaufen
7. Kaufhaus
8. Einkaufszentrum
9. einkaufen
10. Kauf

29과 불특정한 사람

1. Mann
2. man
3. man
4. Mann
5. Mann
6. Man
7. man
8. man … man

30과 뭔가를 안다는 것

1. Weißt
2. weiß
3. Kennst
4. gewusst
5. kannte
6. Weißt
7. gewusst
8. gekannt
9. weiß
10. kenne
11. Kennen
12. weiß
13. Weißt
14. weiß
15. gewusst

31과 오해

1. stimmten
2. verstanden
3. missverstanden
4. irren
5. wusste

32과 젊은이들

1. -en
2. -en
3. -en
4. -en
5. -en
6. -en
7. -er
8. - -en
9. -en
10. -es

33과 복장 착용

1. anziehen
2. anziehen
3. hatte … an / hat … getragen
4. angezogen
5. setzt … auf / hat … aufgesetzt
6. trägt
7. tragen / anziehen

34과 찾으라, 그리하면 얻으리라

1. (1) suche   (2) durchsucht
   (3) untersuchen (4) besuchen
   (5) aussuchen   (6) gesucht

2. (1) befindet   (2) befindet
   (3) gefunden   (4) finde
   (5) erfunden
   (6) fand … heraus /
       habe … herausgefunden

35과 다양한 수업 형태

1. Vorlesungen
2. Seminar
3. Kurs
4. Seminare
5. Deutschkursen
6. Vorlesungen

36과 애호의 표현

1. möchte / will
2. möchte / will
3. gern
4. mag / will / möchte
5. gefällt
6. gefällt
7. Magst
8. Magst
9. Willst / Möchtest
10. Magst
11. gern

37과 말과 낱말

1. Wörter ... Worten
2. Worte
3. Wörtern
4. Worten
5. Worte
6. Wort ... Wörterbuch
7. Worten
8. Worte
9. Wort

38과 편치 않은 마음

1. ist schade
2. tut mir leid
3. leid tut
4. ist aber schade
5. tut ... leid
6. leid tun
7. ist schade

39과 이동

1. geht (=funktioniert)
2. geht (=passt)
3. geht (=wird besser)
4. geht (=funktioniert)
5. geht (=führt)
6. gehen (=steigen)
7. gehe (=fliege / reise)
8. geht (=ist gut für mich)
9. gehen (=ich bezahle)
10. geht (=fährt ab)

40과 확실성의 표현

1. herausfinden
2. finde
3. findest
4. herausgefunden
5. gefunden
6. finde
7. finde
8. herausfinden
9. Findet

41과 과거에 일어난 사건의 순간에

1. Damals
2. dann
3. dann / da
4. dann
5. Damals
6. da / dann
7. Dann / Da
8. da
9. damals / da

42과 들뜬 마음으로 기다리기

1. über / auf
2. über
3. für
4. für
5. über
6. auf
7. auf
8. mit
9. von
10. mit ... mit
11. an
12. auf

43과 끝나든지 끝내든지

1. beschädigst
2. belästigen
3. belogen
4. beantworte
5. bewerten
6. betrogen
7. belauscht
8. belastet
9. befolgen
10. beraten

44과 취소

1. abgesagt
2. lehnte … ab
3. verneinte
4. ablehnen
5. abgesagt
6. verneinte

45과 '같은 것'의 두 가지 의미

1. das gleiche
2. dasselbe
3. das Gleiche
4. das Gleiche
5. dieselbe
6. die gleiche

46과 '다른'의 여러 가지 의미

1. verschiedene
2. unterschiedliche / verschiedene
3. verschiedene / unterschiedliche
4. unterschiedliche
5. verschieden / unterschiedlich
6. verschieden / unterschiedlich
7. verschieden / unterschiedlich
8. anderen
9. anderer
10. unterschiedliche

47과 어려운 것

1. schwer
2. schwere / schwierige
3. schwierig
4. schwerer
5. Schwere
6. schwieriges
7. schwere
8. schwer
9. schwierige
10. schwere / schwierige
11. schwierig
12. schwierige

48과 데려오/가기와 가져오/가기

1. mitgebracht
2. Hat … mitgebracht
3. mitgenommen
4. mitgenommen
5. mitgebracht
6. mitgenommen
7. mitgebracht
8. mitgenommen

49과 사과와 유감 표현

1. Tut mir Leid
2. verzeihen
3. Verzeihung
4. Entschuldigung
5. entschuldigen / verzeihen
6. Tut mir leid
7. Entschuldigung / Verzeihung
8. Entschuldigung
9. entschuldige
10. Entschuldigung
11. verziehen
12. tut mir leid

50과 정신적, 육체적, 물질적 돌봄

1. kümmern
2. sorgen
3. pflegt
4. kümmert
5. pflegt
6. pflegt
7. sorgt
8. kümmert

51과 고어가 되어 가는 낱말

1. treibt
2. treibst

3. treibt   4. machte

5. mache   6. gemacht

7. trieb   8. treibst / machst

52과 값 치르기

1. bezahlt / gezahlt

2. bezahlt

3. zählt   4. zählen

5. bezahlt   6. bezahlt

7. Zahlen / Bezahlen

8. bezahlt   9. zählt

10. bezahlen

53과 뭔가를 사용한다는 것

1. verbrauchen   2. verbraucht

3. gebraucht   4. Gebrauche

5. verbrauchen / brauchen

6. verbraucht / braucht

7. gebraucht   8. gebraucht

54과 여러 가지

1. vielmals   2. vielfältiger

3. verschiedene   4. oft

5. verschiedene   6. verschiedenen

7. oft   8. verschiedene

9. immer

55과 행운과 행복 I

1. Zum Glück   2. Zum Glück

3. glücklich   4. glücklich

5. zum Glück   6. Glücklich

56과 말하기의 동사 I

1. gesagt   2. sprechen

3. reden / sprechen

4. sagen

5. sagen   6. sprechen / reden

7. spricht   8. sprechen

9. sprach   10. sagen

11. Reden   12. Rede

13. redet ... redet   14. sagen

15. spricht / redet   16. Sprechen

해설

2, 15, 16번에서는 '말하는 능력을 구사하다'라는 의미의 sprechen 동사가 사용되었고, 8번의 sprechen의 경우에는 특정한 목적을 가지고 대화를 하는 '말하기'라고 할 수 있다.

7번의 sprechen은 '연설하다'라는 뜻이고, 9번의 sprechen은 관용적으로 쓰여 das Urteil과 함께 '판결을 내리다'라는 뜻이다.

끝으로 sagen은 정보나 메시지를 전달한다는 뜻으로 대개 무엇'을' 누구'에게' 말하는지가 통사적으로 실현된다.

1, 4, 10, 14번에서 모두 sagen의 대상 또는 방향성이 인칭대명사나 전치사로 실현되어 있음을 볼 수 있다.

57과 말하기의 동사 II

1. unterhalten

2. gesagt / Bescheid gesagt

3. mitgeteilt

4. Bescheid sagen

5. tratschen

6. geplaudert / gequatscht

7. besprechen

8. sprechen

9. reden / sprechen

10. sagen

11. teilte mit / hat mitgeteilt

12. reden

13. diskutieren

14. sag Bescheid

15. unterhalten uns

16. hat … erzählt

58과 머무르는 이유

1. Egal, was passiert, er bleibt immer noch mein Freund.

2. Wie lange willst du im Bett bleiben? 또는 Wie lange bleibst du noch im Bett?

3. Dieser Sänger wird unbekannt bleiben.

4. Ich hoffe, dass du gesund bleibst.

5. Bleib bitte so wie du bist!

6. Bleib bei mir bitte!

7. Wir bleiben hier.

8. Bitte bleib optimistisch!

9. Kant blieb sein Leben lang in Königsberg.

10. Auch wenn ich jeden Tag Kimchi esse, bleibe ich ein Ausländer.

59과 행운과 행복 II

1. Unglück

2. Glück

3. Glück … Unglück

4. unglücklich

5. glücklich

6. Glückes (자신의 행복은 본인이 하기 나름이라는 뜻의 속담)

7. glücklich

8. glücklich / unglücklich

60과 만족

1. Zufriedenheit 2. Zufriedenheit

3. zufrieden 4. Frieden

5. friedlichen 6. friedlichen

61과 보통 사람들

1. Mensch 2. Menschen

3. Leute 4. Leute

5. das jüdische Volk

6. das normale Volk

7. Bevölkerung … wurde

8. Die koreanische Bevölkerung gilt

9. Einwohner 10. Einwohner

11. Bürger 12. Bürgerpflicht

13. Personen 14. Personen

15. Staatsbürger 16. Staatsbürgerschaft

62과 바꾼다는 것

1. geändert

2. tauschten

3. ersetzte

4. verändert sich / wechselt

5. verändert

6. veränderten

7. ausgetauscht

8. veränderte

9. wechselt / verändert sich

10. ausgetauscht

11. ersetzen

12. tauschen

13. umzutauschen

14. ausgetauscht / ausgewechselt

15. wechseln / tauschen

63과 받기, 얻기, 쥐기, 잡기

1. nehmen   2. ergriff

3. bekommen   4. ergreifen

5. nehme   6. Bekommst

7. nehme   8. nehmen

9. greifen   10. greift

64과 보기와 보여주기

1. schauen (=aufpassen)

2. Zeig   3. sehe

4. sehe   5. Schau

6. Siehst   7. gesehen

8. geschaut   9. sehen / schauen

10. schaue / sehe

11. zeigt

65과 ~을 하다

1. gemacht   2. getan

3. macht   4. getan

5. macht   6. Machen

7. tun / machen   8. getan

9. Tu(e)   10. gemacht

11. tut   12. macht

13. tut / macht   14. tun

15. Mach   16. Tu(e)

17. macht ... tut   18. macht

66과 만남의 종류

1. treffen   2. trifft

3. treffe ... triffst   4. begegnete

5. treffen   6. begegne

67과 좋지 않은 마음: 유감, 후회, 슬픔

1. bedauert / bedauerte

2. bedauerte

3. bereuen / bedauern

4. bereut / bereute

5. bedauert / bedauerte

6. bedauert / bedauerte

68과 사용, 이용 I

1. benutzt   2. benutzt

3. benutze   4. benutzt

5. nützen   6. genutzt

7. nützlich   8. benutzen

9. nützen ... nützt   10. nutzen

11. genutzt

69과 사용, 이용 II

1. verwendete / gebrauchte

2. gebraucht / benutzt

3. benutze

4. benutzen

5. verwendet / benutzt

6. benutzt

7. gebraucht / verwendet / benutzt

8. gebrauchen / benutzen / verwenden

9. Gebrauche / Benutze

10. verwenden

70과 음식 관련 표현

1. **E-S-S-E-N**: Eier - **S**uppe - **S**alat - Eintopf - **N**achtisch

   S-P-E-I-S-E-N: **S**chnitzel - **P**astete - **e**xotisch - **I**nstant-Nudeln - **S**oße - **E**ssgeschirr - **N**udelsuppe

   G-E-R-I-C-H-T: **G**ulasch - **e**ingelegtes Gemüse - **R**otkohl - **I**ngwer - **C**urry - **H**ühnerfrikassee - **T**ortellini

   O-B-S-T: **O**range - **B**irne - **S**chwarzkirsche - **T**raube

   G-E-M-Ü-S-E: **G**urke - **E**rbsen - **M**öhre - **Ü**berrest - **S**pargel - **E**ichblattsalat

   B-R-O-T: **B**äcker - **R**ezept - **O**fen - **T**eig

   F-L-E-I-S-C-H: **f**risch - **L**amm - **E**nte - **i**n einer würzigen Soße - **S**chwein - **C**urryhuhn - **H**ackfleisch

   Z-U-C-K-E-R-W-A-R-E-N: **Z**imtsterne - **u**mmantelte Mandeln - **C**reme - **K**augummi - **E**iskonfekt - **R**umkugeln - **w**eißer Nougat - **A**pfelmus - **R**ohrzucker - **E**rdnussriegel - **N**ussplätzchen

2. **Küchenutensilien**: Gabel, Messbecher, Salatschüssel, Pfanne, Messer, Teller

   Zutaten: Gewürze, Alkohol, Salami, Austern, Zwiebel, Kartoffel, Pfeffer, Zucker

   Geschmack: fett, exotisch, salzig, gesund, lecker, edel, sauer, süß, bitter

71과 친한 관계의 시작

1. anfreunden

2. befreundetes / freundliches

3. befreundete

4. freundlich

5. freundlich

6. anfreunden

7. angefreundet

8. befreundet

72과 연도 표시

과거형 및 현재완료형 (Präteritum bzw. Perfekt)	gestern, heute, vor zwei Tagen, damals, früher, vorher, neulich, zu der Zeit, in der letzten Woche, vorgestern, in diesem Monat, gerade, letzte Woche, dieses Jahr, letzten Sommer, bisher, im Winter 1935, vor einer Stunde, heute Vormittag, im Jahr(e) 2001, diesen Monat, am letzten Freitag
현재형 (Präsens)	in einer Woche, heute, morgen, am kommenden Sonntag, jetzt, nächstes Jahr, bald, übermorgen, irgendwann, in diesem Monat, im nächsten Jahr, gerade, dieses Jahr, heute Vormittag, in zwei Monaten, diesen Monat, nächstes Jahr, nächsten Dienstag

73과 의지냐 약속이냐

1. werde
2. wird
3. will
4. wollen
5. werde
6. wird
7. willst
8. wirst / willst

소망: 3, 4, 7, 8 / 추측: 2, 6 / 약속: 1, 5

74과 공부와 학업

1. lernt
2. lernen
3. studiert
4. lernen
5. studiert
6. gelernt
7. lernen
8. studierte

75과 끝에 가서는...

1. (1) Schließlich   (2) endlich
   (3) Schließlich   (4) endlich
   (5) schließlich
   (6) schließlich ('왜냐하면'을 뜻함)
   (7) Endlich

2.
(1)-1. 총리는 오랜 기다림 끝에 마침내 자신의 개혁안을 관철시켰다.
(1)-2. 총리는 오랜 기다림 후 결국 자신의 개혁안을 관철시켰다.
(2)-1. 오랜 협상 끝에 드디어 우리는 결론에 도달했다.
(2)-2. 오랜 협상 후 결국 우리는 결론에 도달했다.
(3)-1. 나는 며칠 동안 인터넷에서 화가에 대한 정보를 검색했고, 마침내 베를린에 있는 갤러리에서 그의 그림을 찾아냈다.
(3)-2. 나는 며칠 동안 인터넷에서 화가에 대한 정보를 검색했고, 결국 베를린에 있는 갤러리에서 그의 그림을 찾아냈다.

76과 국가와 나라

1. Staaten / Länder
2. Staat
3. Länder
4. Land
5. Bundeslang / Land
6. Staaten
7. Nation
8. Nation
9. Land
10. Land
11. Staatsgewalt

77과 '놀다'의 의미

1. Spielen
2. spielt
3. gespielt
4. spielte
5. Computerspiele
6. gespielt
7. spielt
8. Fußballspielen
9. spielt
10. Spiel(e)

78과 시간적, 내용적 연속성

1. Dann
2. dann
3. jetzt
4. jetzt
5. dann
6. dann
7. jetzt
8. dann

79과 인과 관계 I

1. deshalb
2. so
3. Deshalb
4. so
5. So
6. so
7. so
8. deshalb
9. Deshalb

80과 인과 관계 II

1. Er war ein bedeutender Politiker. Deshalb hatte er großen Einfluss.

2. Sie ist krank. Also / Deshalb bleibt sie zu Hause.

3. Es stimmt leider nicht so, wie du es mir erklärt hast.

4. Es regnete stark und ich hatte keinen Regenschirm dabei. Also / Deshalb wurde ich nass.

5. Er spricht langsam und deutlich. Also / Deshalb versteht ihn jeder.

6. Fünf Bier hat er getrunken. Also / Deshalb war er richtig blau. (deshalb도 가능하지만 also가 더 적합함)

7. Die Leute wollen alle ins Ausland zum Urlaub. Deshalb / Also kommen immer weniger nach Jejudo. (also도 가능하지만 deshalb가 더 적합함)

8. Sie sah ihr Buch endlich gedruckt. Deshalb war sie so glücklich.

9. Wenn du kannst, so komm heute!

10. Wie man schmiert, so fährt man. (뇌물을 준 만큼 출세한다는 뜻의 속담)

81과 마음에 든다는 것은 무엇?

1. Hat
2. mir
3. der
4. Wem
5. mir
6. froh

82과 시간적 순서 관계

1. 오류 없음.
2. Am Anfang
3. zum ersten Mal
4. zu Beginn / am Anfang
5. zuerst
6. zu Beginn / am Anfang

83과 사람 형용사의 명사화

1.
(1) deutsche
(2) Deutscher
(3) deutsche
(4) deutsche
(5) Deutschen
(6) Deutscher

2.
(1) Paris ist in Frankreich. Sie ist Französin. Er ist Franzose.
(2) Rom ist in Italien. Sie ist Italienerin. Er ist Italiener.
(3) Tokio ist in Japan. Sie ist Japanerin. Er ist Japaner.
(4) Warschau ist in Polen. Sie ist Polin. Er ist Pole.
(5) Peking ist in China. Sie ist Chinesin. Er ist Chinese.
(6) Moskau ist in Russland. Sie ist Russin. Er ist Russe.
(7) Ankara ist in der Türkei. Sie ist Türkin. Er ist Türke.

84과 남은, 또 다른

übrig restliche andere

85과 안색은 외모에 속할까?

1. Du siehst heute gut aus.
2. So wie es aussieht, wird es bald anfangen zu regnen.

3. Dein Reiseplan sieht gut aus.

4. Wie wird die Zukunft für junge Menschen in Deutschland aussehen?

5. Prominente machen sich ständig Gedanken über ihr Aussehen.

6. Wie kann eine konkrete Lösung für die Treibhausproblematik aussehen?

86과 어차피

1. So oder so

2. so oder so / sowieso

3. sowieso

4. sowieso

5. so oder so

87과 회피와 예방

1. ignorieren

2. vermeiden / meiden

3. Ignorieren   4. Vermeiden

5. Vermeiden   6. gemieden

7. meidet   8. vermeidet

9. meidet / vermeidet ... vermeiden

10. meidet   11. vermeidet

12. meidet   13. vermeidet

14. vermied

88과 이상한 일

3. Angelegenheit / Sache

4. Ein besonderes Anliegen

5. Angelegenheit

6. Angelegenheit

7. Sache

89과 우리가 즐기는 것들은...

1. genießt   2. genießen

3. gönne   4. zischen / trinken

5. probieren   6. gönn

7. genießen   8. zischen / trinken

9. probiert

90과 같은 의견일 때

1. genauso   2. auch

3. genauso   4. auch

5. So   6. genauso

7. So

91과 친구 사귀기란?

1. (1) niemandes   (2) Not

   (3) Freunde   (4) Geschenke

   (5) Geld   (6) Besuche

2. (1) Sie   (2) mich

   (3) mich   (4) uns

92과 편지쓰기

1. geehrte   2. geehrte

3. geehrter   4. Lieber

5. Liebe   6. Liebe ... lieber

7. Liebe   8. Lieber

9. Liebe   10. Liebe

93과 존칭과 친칭

1. bist ... heißt ... kommst ... bist ... bist

2. (1) du   (2) du

   (3) Sie   (4) Sie

   (5) Sie

94과 아프면 어디로?

1.

합성어	파생어
Krankenwagen, Krankenversicherung, Krankenschwester, Krankenpfleger, Krankenbesuch, Krankenkasse, Krankenschein, krankfeiern, Krankengeschichte, krankschreiben	Krankheit, Kinderkrankheit, kränkeln, kränklich

2. (1) Krankenhaus (2) Arzt
   (3) Arzt   (4) Ärzte
   (5) krankenhausreif

95과 교수님을 부를 때

1. 단과 대학 학장(lat. decanus = Vorsteher)
2. 정년 퇴임한 명예교수(lat. emeritus = ausgedient)
3. 교수의 연구·교육을 돕는 연구 조교
4. 강의를 맡는 교원(촉탁 강사)
5. 총장

96과 문화 고유어를 말할 때

자유정답

97과 알게 해준다는 것

1. vorstellen   2. vorstellen
3. erklärten   4. erklärte
5. erklären   6. vorstellen

2번과 6번의 vorstellen은 서로 다른 뜻임.
mich / jdn. vorstellen(소개하다); sich(3격 재귀대명사) etwas vorstellen(상상하다)

98과 우리가 오해하는 것은 어떤 것?

2. ☺ eine Meinung!
5. ☺ meinem Gefühl nach
6. ☹ Ihre Meinung
8. ☺ Ihre Meinung

A1~B2의 학습자라면 꼭 봐야 할

독일어
오류
마스터

부록

1

„Liebe meine Mama,"

(Zu Beginn eines Briefes.) Interferenz mit 사랑하는 내 엄마? Verwechslung mit der Verbalphrase „ich liebe meine Mama"? „Liebe nette Mama", „liebe gute Mama" oder ähnliches wäre denkbar, wenn auch nicht sehr üblich, doch ein Possessivpronomen wie *mein-* oder Zeigewörter wie *du* müssen immer vor dem Adjektiv stehen, hier also „meine liebe Mama". Ähnlich: „ach, *du* lieber Himmel!" oder „mein liebes Kind".

2

„Er ist ein alter junger Mann."

Wenn ein junger Mann älter wird, was wird er dann? Ein älterer junger Mann? Nein, im Gegenteil, er wird ein jüngerer Mann! Ein jüngerer Mann ist also nicht jünger, sondern älter als ein junger Mann, d. h. er ist nicht mehr ganz so jung, aber doch noch relativ jung. Deshalb der Komparativ, der Vergleich mit dem absoluten Jungsein. Ein Mann Ende dreißig wäre also *ein jüngerer Mann* oder *ein noch junger Mann*. Analog dazu mit dem Alter: Ein alter Mann ist wirklich alt, und deshalb älter als ein älterer Mann, so paradox es auch klingt: Ein älterer Mann ist also jünger als ein alter Mann.
Und wie nennen wir einen Mann, der nicht mehr so jung, aber auch noch nicht zu alt ist? Vielleicht einen mittelälteren Mann? Lieber nicht! Sagen wir besser: Ein Mann im mittleren Alter. Früher sagte man auch im besten Alter, aber das klingt heute etwas altmodisch.
In Deutschland gilt generell, dass sich der Angesprochene freut, wenn man ihn für jünger hält, als er wirklich ist (und wenn man ihn auch so anredet). Es kann daher tatsächlich vorkommen, als Endvierziger noch mit „junger Mann!" angesprochen zu werden, etwa von Verkäufern, die sich beim Kunden beliebt machen wollen: „Das Hemd steht Ihnen aber gut, junger Mann!" Man(n) fühlt sich geschmeichelt und kauft es dann vielleicht ...

3

„Sie hat eine Vase geschenkt bekommen. Sie sagt, dass eine Vase von ihren Eltern ist."

Wann benutzt man *ein/eine/einen* ...? Wenn man etwas zum ersten Mal zum Thema macht, und der Rezipient dieses nicht kennt oder darüber noch nichts weiß! Ab der zweiten Benennung jedoch, oder wenn der Rezipient weiß, worüber wir sprechen, oder wenn es nur ein Einziges (*die Insel Rügen, der FC Bayern München*) davon gibt, gebrauchen wir *der/die/das*! Deshalb müsste es richtig heißen:
„Sie hat eine Vase mit Blumen geschenkt bekommen. Sie sagt, dass die Vase mit (den) Blumen von ihren Eltern ist."

4

„Ich bin/war langweilig."

Na, hoffentlich nicht! Es könnte schon sein, dass jemand ein langweiliger Mensch ist, dass man mit ihm/ihr keine guten Gespräche führen kann, dass er/sie uninteressant ist. Doch gemeint war natürlich, dass dieser Mensch nicht wusste, wie er/sie die Zeit sinnvoll nutzen sollte. Deshalb müssen wir sagen: „Mir/Es ist/war langweilig." Oder, schon sehr elegant: „Ich bin/war gelangweilt."

5

„Ich bin heiß."

Vorsicht! Der Muttersprachler versteht natürlich, was gemeint ist, doch er wird sich ein Grinsen nicht verkneifen können. Denn alle diese Wörter bekommen, im Nominativ benutzt, eine ganz andere Bedeutung. *Ich bin heiß* bedeutet *ich bin (sexuell) attraktiv* oder sogar *ich bin (sexuell) erregt*. Außerdem: *Er ist warm* bedeutet (nur über Männer; sehr abwertend) *er ist homosexuell*, und *er/sie ist kalt* ist nicht eindeutig, aber man kann es als *er/sie ist gefühllos, ohne Mitleid* verstehen.
Richtig heißt es deshalb: „Mir ist heiß/warm/kalt." oder auch „Es ist heiß/warm/kalt."

6

A: „Wie geht es dir?" – B: „Danke, ich bin gut!"

Man könnte zurückfragen: Worin (=in was) bist du gut? Bist du gut im Schwimmen? Im Sprachenlernen, im Denken, im Sojutrinken? Wir brauchen hier jedoch ähnlich wie bei *langweilig, kalt, heiß* (siehe Eintrag 5 *ich bin heiß*) usw. den Dativ: „Danke, mir geht's gut, dir auch?" lautet die korrekte Antwort.

7

„Wenn ich ein Kind war, hatte ich oft Streit mit meinen Brüdern."

Das Problem des temporalen *wenn* oder *als* ist eigentlich nicht so kompliziert, doch das englische Äquivalent „When I was a child ..." dürfte der Grund für diese Verwechslung sein. Im Deutschen gilt: Nur wenn etwas wiederholt, also öfter, in der Vergangenheit passiert ist, benutzt man *wenn*, oder besser, weil noch deutlicher, *immer(,) wenn*. Beispiel: „Immer wenn wir die Großeltern besuchten" oder „Der Winter in meiner Kindheit war (*gemeint ist:* jedes Mal) sehr schön. Wenn es schneite, gingen wir Ski fahren." Doch das Kindsein oder das 15-Jahre-alt-Sein wird als *eine einzige Zeit* in ihrer Gesamtheit gesehen. Es ist ja die heutige Perspektive! Man war nur *ein* Mal Kind, und man war nur *ein* Mal 15 Jahre alt! Deshalb: „Als ich ein Kind war" und „als ich 15 war".
In den anderen Fällen, also in Gegenwart und Zukunft und egal wie oft, wird immer *wenn* benutzt.

8

„Viel lesen ist am besten Methode zum Deutschlernen."

Immer dann, wenn sich der Superlativ auf ein Substantiv davor oder danach im Satz bezieht, benutzen wir den bestimmten Artikel oder den Possessivartikel: „Sie ist die beste Mutter der Welt! Von allen Müttern ist sie die beste. Du hast viele gute Ideen, aber das ist deine beste. Das ist das Beste, was ich heute gehört habe." Wenn sich der Superlativ jedoch auf ein Verb oder ein Adverb bezieht, benutzen wir *am*: „Sie singt am besten. Das schmeckt am besten. Am besten morgens. Ehrlich währt am längsten."

Für unseren Beispielsatz gibt es demnach zwei richtige Lösungen: „*Viel lesen ist am besten* zum Deutschlernen" oder „viel lesen ist *die beste Methode* zum Deutschlernen."

9

„Jede Studenten müssen am Wochenende lernen."

Jede/r wird nur im Singular verwendet, wobei die Betonung auf dem einzelnen Menschen liegt. Wenn wir eher auf die Gruppe als auf den Einzelnen schauen, verwenden wir *all-* (meist im Plural).

Der Unterschied ist nur eine winzige Nuance und besteht aus der Perspektive: „Jeder Student muss am Wochenende lernen." (Student individuell) vs. „Alle Studenten müssen am Wochenende lernen." (Gruppe der Studenten)

Nur wenn eine unbestimmte Menge oder etwas Abstraktes genannt wird, ist *all-* auch im Singular möglich:

„Alles gefällt mir. Es wird bestimmt alles gut ausgehen!"

„Am Sonntag ist alles vorbei."

„All die Mühe, all die Anstrengung war umsonst. Alles war umsonst."

„Alles, was ihr wollt, ist möglich."

Dagegen wird *jede/r* tendenziell benutzt, wenn sich etwas wiederholt, etwas seltener auch *alle*:

„Jedes Mal kommst du zu spät!"

„Jeden Morgen muss ich früh aufstehen."

„Der Bus kommt jede halbe Stunde / alle halbe Stunde."

„Jedes Jahr besuche ich meine Eltern in Deutschland."

„Alle zwei bis drei Jahre besuche ich meine Eltern in Deutschland."

10

„Ich lerne Deutsch fleißig an der Uni seit einem Jahr."

Die Wortstellung im Deutschen ist zu kompliziert, um sie hier im Detail erklären zu können. Trotzdem zwei Regeln für einfache Hauptsätze, die manchmal helfen können: Erstens, feste Verb-Nomen-Verbindungen (Deutsch lernen, Sport machen, Wasser trinken, Spaß haben etc.) kann man wie trennbare Verben behandeln. Das bedeutet, dass diese Nomen oft am Ende des Satzes stehen können. Zweitens gilt fast immer: Temporal vor kausal / konzessiv vor modal vor lokal, also nach dem Merkspruch „Tanzen kann man lernen". Daraus ergibt sich im Normalfall folgende Reihenfolge: „Ich lerne seit einem Jahr *(seit wann? temporal)* begeistert *(wie? modal)* an der Uni *(wo? lokal)* Deutsch *(Verb-Nomen-Verbindung)*."
„Machst du heute *(wann? temporal)* trotz deiner Erkältung (trotzdem? konzessiv) hier *(wo? lokal)* Sport *(Verb-Nomen-Verbindung)*?"

11

„Mir geht's alles gut."

Die Schwierigkeit liegt wohl darin, dass „alles" einen inhaltlichen „Plural" kennzeichnet, grammatikalisch aber im Singular verwendet wird. (Ähnlich wie „vieles", „einiges", „etwas", „nichts", „manches" und ähnliche auf -s endende Indefinitpronomen.) Eine Interferenz mit „나는 다 좋아요" ist anzunehmen. Korrekt wäre allerdings ganz einfach „Mir geht's gut" oder, falls man wirklich das „alles" betonen möchte, „Mir geht's mit allem gut", etwas freier „Alles ist wunderbar" oder die Kombination aus beidem: „Mir geht's gut, alles ist / läuft prima."

12

„Wir haben ein arabisches Essen „Falafel" probiert."

Neue Information, etwas zum ersten Mal genannt? Dann unbestimmter Artikel, also *ein/eine* usw. – diese Faustregel hat im obigen Beispiel nicht geholfen, da diese neue Information direkt mit einem Namen (Falafel) markiert wurde. Wir haben dabei mehrere Möglichkeiten, dieses Problem zu lösen: „Wir haben ein arabisches Essen, nämlich (und zwar) Falafel, probiert." Oder: „Wir haben ein arabisches Essen (Falafel) probiert." Oder: „Wir haben das arabische Essen Falafel probiert." Die Unterschiede dabei scheinen minimal, sind jedoch nützlich zu wissen. Im ersten Satz wird die neue Information durch einen Attributivsatz (nämlich / und zwar …) erläutert. Im zweiten Satz wird die neue Information durch einen Zusatz in Klammern, also ( ), benannt. Diese Klammern – denkbar wäre auch ein Gedankenstrich (der lange Strich in der Mitte) davor und danach, so wie hier – sind wichtig! Beim Sprechen würde man diese Klammern durch eine veränderte Tonlage, meist etwas tiefer deutlich machen. Auch beim dritten Satz würde man beim Sprechen des Wortes Falafel die Tonlage ändern und beim Schreiben auf irgendeine Weise signalisieren, dass es sich um einen Namen handelt. Dies kann durch Kursivschreibung realisiert werden oder durch doppelte Anführungszeichen („"). Doppelte Anführungszeichen („") werden aber meist für Zitate benutzt, deshalb ist Kursivschreibung noch besser.

Wir haben also ein reiches Instrumentarium an Zeichen und Markierungen, nämlich Klammern (Wort), Kursivschreibung Wort, Anführungszeichen Anfang unten Ende oben „Wort", oder lange Gedankenstriche (ich bin – glaub es mir – glücklich), einfach oder als Paar. Nutzen wir diese Mittel! Beim Sprechen benutzen wir verschiedene Intonationen, bzw. höher oder tiefer sprechen.

13

„Er hat uns empfohlen, dass dort die beste Falafel von Köln war."

Jemandem etwas empfehlen bedeutet meistens, einen Ratschlag zu geben, etwas zu tun. Außer, dass in dem Beispielsatz war durch eine Konstruktion von es gibt ersetzt werden müsste, brauchen wir hier also ein Verb des Handelns mit einer zu-tun-Konstruktion, etwa „… dort hinzugehen, weil es dort die beste Falafel von Köln gibt". Doch es ist auch möglich, nur einen Ort oder eine Sache zu empfehlen: „Er hat uns diesen Imbiss empfohlen, weil es dort die beste Falafel von Köln gibt."

14

„Ich vergesse die Hausaufgabe."

Vergessen bedeutet, sich an ein Wort, ein Wissen oder eine Pflicht nicht mehr erinnern zu können. Etwas ist also aus dem Bewusstsein verschwunden. Ein *ich vergesse etwas* wäre jedoch sehr wohl im Bewusstsein, oder sogar eine Absicht, und demnach kein *Vergessen*, sondern ein *Ignorieren* (absichtlich nicht an etwas denken). Wir müssten stattdessen sagen: „Ich habe die Hausaufgabe vergessen", wenn wir über etwas Singuläres sprechen, oder „Oh, immer vergesse ich die Hausaufgabe!", wenn es sich um eine Selbstreflexion oder um einen Selbstvorwurf handelt. Übrigens: Versuchen Sie doch mal, absichtlich etwas zu vergessen! Geht das?

15

A: „Wann stehst du am Wochenende auf?"
– B: „Ich stehe früh am Wochenende auf."

Da man Informationen, die schon länger zurückliegen, leichter vergessen kann als neuere Informationen, gibt es im Deutschen ein Ordnungsprinzip: Wenn syntaktisch möglich, zuerst das bereits Bekannte, danach das Neue (Thema-Rhema-Prinzip). Viele Sätze im Deutschen sind so aufgebaut, dass (der Klammerstruktur von Verben und Verb-Nomen-Verbindungen sei Dank) das inhaltlich Wichtige erst am Schluss des Satzes kommt. Beispiele:
„Ich gebe dir später nach der ganzen Anstrengung *eine Belohnung*."
„Allerdings kommen meine Eltern heute Abend wegen des schlechten Wetters *nicht*."

Auch in unserem Beispielsatz gibt es schon Bekanntes *(ich; am Wochenende; aufstehen)* und neue, für das Gespräch relevante Informationen *(früh)*. Nach dem Thema-Rhema-Prinzip muss unser Beispielsatz also lauten:
„Ich stehe am Wochenende *(bekannte Information; Thema)* früh *(neue Information; Rhema)* auf." Oder, noch besser:
„Am Wochenende stehe ich *früh* auf."

16

„Ich und meine Freundin waren gestern im Schwimmbad."

Wenn ein deutschsprachiges Kind sagt, „ich und meine Freundin waren gestern im Schwimmbad", dann wird ein Erwachsener wahrscheinlich antworten: „Der Esel nennt sich immer zuerst." Kinder lernen auf diese Weise, die/den andere/n zuerst zu nennen: „Meine Freundin und ich", das bedeutet, sich selbst nicht in den (auch sprachlichen) Mittelpunkt zu stellen.

Stimmt dagegen „meine Freundin und Ich"? Fast. Wo befindet sich der kleine Fehler? Natürlich, *ich* schreiben wir klein, also nicht wie im Englischen, wo das „I" immer groß geschrieben wird. (Siehe auch das Selbstbewusstsein vieler anglophoner Muttersprachler, welches ja auch meist *groß* ist ...).

Auch bei der Nennung von Geschlechtern gibt es eine besondere Regelung: *Ladies first!*, oder auf Deutsch: *Die Damen zuerst!* Es heißt also *Schülerinnen und Schüler, Lehrerinnen und Lehrer, Ärztinnen und Ärzte* usw.

Dazu gibt es noch andere Schreibweisen: SchülerInnen, Schüler_innen, Schüler*innen und weitere. Letztere Schreibweise mit dem Asterisk (*) wird seit einigen Jahren dazu benutzt, auch nicht-binäre Geschlechter mit einzuschließen. Zu diesem Thema, also die Frage, wie andere Geschlechter außer *Frau* und *Mann*, nämlich *diverse* mitgenannt werden können, diskutiert und streitet man in Deutschland derzeit sehr emotional. Wichtig scheint: Sprache ändert sich, genauso wie sich Wirklichkeiten und Bedürfnisse ändern.

17

„Sie hat Tim, Maria, Jana eingeladen."

Obiger Satz ist verwirrend, da man nach *Jana* noch eine weitere Person („Jana und ...") erwartet. Das Komma (bzw. beim Sprechen die nicht absinkende Intonation) innerhalb einer Aufzählung ist ein Signal der Aufmerksamkeit an den Leser (bzw. Hörer): Da kommt noch einiges, hör mir weiter gut zu. Dagegen sagt ein *und* dem Leser / Hörer: Aufzählung gleich beendet, nur eins kommt noch, entspann dich.

Und deshalb steht im Deutschen zwischen den letzten beiden Teilen einer Aufzählung kein Komma, sondern ein *und*. Richtig muss es also lauten: „Sie hat Tim, Maria *und*

Jana eingeladen."

18

„Die Beiden sind Studenten und sehr nett zu mir."

Warum nur wird „beide/die beiden" so oft groß geschrieben? Vermutlich weil
man das dazu passende Substantiv im Kopf hat. Die Alternative macht es deutlich:
„Die zwei sind Studenten ..."; wir haben hier also ein Indefinitpronomen, welches
normalerweise klein geschrieben wird. Dazu kommt, dass *beide* wie ein Adjektiv
dekliniert werden muss, was es noch schwieriger macht. Und es muss entschieden
werden, ob dabei der bestimmte Artikel oder gar kein Artikel angewendet wird.
Merken wir uns einfach: *beide* bedeutet *zwei*, und *zwei* wird meist klein geschrieben.

19

„Mark ist oft ziemlich unhöfflich."

Wird *höflich* so oft mit zwei F geschrieben, weil es fälschlich mit *hoffen* in Verbindung
gebracht wird?

20

„(Tom)Was glaubst du:Funktioniert das?–(Miko)Klar,warum nicht?"

Ohne Leerstellen könnten wir einenTextnursehrschwerlesen. Auch einige Satzzeichen
verlangen im Deutschen Leerzeichen. Wichtig ist, dass man nach . , ; ! ? ein
Leerzeichen setzt (nicht aber davor). Vor der Anfangs(klammer und nach der Schluss)
klammer, und – vor und nach – dem Gedankenstrich – setzt man auch ein Leerzeichen.
Beispiele:
„Wie geht's ?" (falsch; ein Leerzeichen zu viel)
„Wie geht's?" (richtig)
„Danke,gut!" (falsch; ein Leerzeichen fehlt)

„Danke, gut!" (richtig)

„Wie geht's?–Danke, gut!" (falsch; zwei Leerzeichen fehlen)

„Wie geht's? – Danke, gut!" (richtig)

„Regensburg(Bayern)ist schön." (falsch; zwei Leerzeichen fehlen)

„Regensburg (Bayern) ist schön." (richtig)

„Regensburg–eine Stadt in Bayern–ist schön."(falsch; vier Leerzeichen fehlen)

„Regensburg – eine Stadt in Bayern – ist schön." (richtig)

„(Tom)Was glaubst du:Funktioniert das?–(Miko)Klar,warum nicht?" (falsch; sechs Leerzeichen fehlen)

„(Tom) Was glaubst du: Funktioniert das? – (Miko) Klar, warum nicht?" (richtig)

Anmerkung: Der Gedankenstrich – ein Satzzeichen – ist laaaaang und immer mit Leerzeichen davor und danach. Das ist der Trennstrich (kurz) nicht, da er nur Einzel-Wörter oder kom-pli-zier-te Wort-Teile ver-bin-det, die man je-doch auch zu-sam-men-schrei-ben könn-te. Also *Deutschbuch* (besser) oder *Deutsch-Buch* (schlechter), aber n i c h t Deutsch – Buch (völlig falsch). Kleiner Trost: Auch die meisten Deutschen haben davon – leider – keine Ahnung.

21

„Aber manchmal mit der Hand schreiben macht man Spaß!"

Da bei dem Ausdruck *Spaß machen* die Person im Dativ (*mir, dir* usw.) stehen muss, kann anstelle von *mir* auch das Indefinitpronomen *man* im Dativ stehen: *einem*. Und da *mit der Hand schreiben* das Subjekt ist, muss es heißen: „Aber manchmal macht einem (mir) das Schreiben Spaß." Oder etwas komplizierter: „Aber manchmal macht einem (mir) das Mit-der-Hand-Schreiben Spaß."

22

„Kuchen hat sechs Buchstaben."

Schauen wir uns einen Kuchen genau an. Er hat wahrscheinlich Butter, Sahne, Eier, Zucker, vielleicht auch Schokolade oder Obst, aber wo sind die sechs Buchstaben? Wir sehen: Das WORT *Kuchen* hat etwas, und mit „hat sechs Buchstaben" sprechen wir über Sprache, befinden wir uns also auf der Ebene der Metasprache. Dies müssen wir deutlich machen! Handschriftlich eignen sich dazu am besten „" (Anführungszeichen unten – Anführungszeichen oben). In der Textverarbeitung dagegen benutzen wir am besten *Kursivschrift*, da die Anführungszeichen für Zitate verwendet werden. Dazu noch einige Beispiele:

„*Arbeit* ist ein Substantiv, und *gehen* passt in diesem Satz nicht."

„Hier muss ein *und* oder ein *oder* stehen. Das Komma ist falsch."

„Zwischen *Spaß machen* und *Spaß haben* besteht ein feiner Unterschied."

„Das das Reisen erschwerende Wetter: Das *das*, das nach dem *das* steht, ist richtig."

23

„Und dann sagte er, „Gut!"

Oh, du armer Doppelpunkt, was du alles kannst! Du kannst uns darauf aufmerksam machen: „Bitte aufpassen, jetzt kommt etwas Wichtiges!" Du kannst uns signalisieren: „Jetzt spricht jemand!" Du kannst uns Beispiele für etwas nennen, etwa für Sprachen: Deutsch, Koreanisch, Englisch.

Du kannst ankündigen, dass etwas Schwieriges gleich erklärt wird, z. B. Anführungszeichen: Zeichen, mit denen man ein Zitat erkennbar macht.

Doch warum ignoriert man dich fast immer? Warum wirst du so oft mit dem ; (Semikolon, Strichpunkt) verwechselt? Damit wir dich besser verstehen, zeig uns nochmal, was du alles kannst, du *Aufpassen-jetzt-kommt-es-Signal!*

Bitteschön:

Wer Pfannkuchen machen will, der braucht fünf Zutaten: Mehl, Eier, Zucker, Backpulver und Öl. (Aufzählung)

Lotterie: Eine Steuer für Leute, die schlecht in Mathematik sind. (Erklärung/Definition)

… und dann stellte er sein Glas ab, schaute sie ernst an und sagte: „Aber ich liebe dich doch." (direkte Rede in der Literatur)

Einstein hatte wohl Recht: „Phantasie ist wichtiger als Wissen, denn Wissen ist begrenzt." (Zitat)

24

„Ich mag Klassik, Pop und Jazz, Volksmusik mag ich nicht so gern."

Was mag diese Person, und was mag sie nicht? Ist es [*mag Klassik, Pop und Jazz*] und [*mag Volksmusik nicht*] oder ist es [*mag Klassik und Pop*] und [*mag Jazz und Volksmusik nicht*]?

Um diesen Satz eindeutig zu machen, setzen wir ein Semikolon (Strichpunkt). Es trennt inhaltlich stärker als ein Komma, aber nicht so stark wie ein Punkt. Oft ist das Semikolon sehr nützlich, um längere Sätze inhaltlich zu gliedern und dadurch verständlicher zu machen. Deshalb:

„Ich mag Klassik, Pop und Jazz; Volksmusik mag ich nicht so gern."

Weitere Beispiele:

„Es gibt rote, grüne und gelbe Gummibärchen; die roten sind am beliebtesten."

„Bitte noch einkaufen: Äpfel, Kirschen und Bananen; Brot und Kuchen; Wurst, Schinken und Käse."

„Stundenlang hatte sie gewartet, ob er noch kommen würde; sie hatte ihn angerufen, SMS geschrieben und ihn heimlich verflucht; jetzt hatte sie genug, und sie ging nach Hause."

„Zweimal im Jahr findet unser TestDaF-Vorbereitungskurs statt, der jeweils drei Wochen dauert; wer beim TestDaF erfolgreich sein will, sollte unbedingt daran teilnehmen."

25

A: „Könnten Sie bitte Frau Kim Bescheid sagen?" – B: „Jawohl!"

Bitte, bitte nicht! „Jawohl" wird fast nur beim Militär benutzt, und zwar auf Antwort auf einen Befehl. Wir haben stattdessen viel schönere Alternativen: „Gerne! / Aber gerne! / (Das) mache ich (gerne)! / Aber natürlich! / Selbstverständlich (mache ich das)."

26

„Bis bald!" (Abschied auf dem Campus, doch wir sehen uns in zwei Stunden wieder.)

Wenn man erklärt, dass man jemanden „bald" wieder sehen werde, bedeutet das, dass es unklar ist, wann das sein könnte. *Bis bald* hat also etwa die Bedeutung *irgendwann, aber es kann wohl einige Zeit dauern*, also *in einigen Tagen, Wochen oder Monaten*. Wenn wir dagegen wissen, wann wir uns wieder sehen werden, sind wir genauer. Wenn man sich noch am selben Tag sehen wird: „Bis später! / Bis nachher! / Bis heute Abend!" Wenn es in den nächsten Tagen sein wird, aber man weiß schon, wann: „Bis (über)morgen! / Bis Freitag! / Bis nächste Woche!" Wenn es in den nächsten Tagen sein wird, aber man weiß noch nicht, wann: „Bis dann! / Bis demnächst!"

27

„Am Wochenende habe ich viel Spaß gemacht."

Dieser Satz würde bedeuten: Ich habe viele lustige Sachen gesagt, die Leute haben gelacht, weil ich so lustig war, ich war wie ein Entertainer, der die Leute zum Lachen bringt. Das ist natürlich denkbar. Doch näheres Nachfragen ergibt normalerweise: Das Wochenende selbst war angenehm und lustig. Deshalb sagen wir richtig: „am Wochenende habe ich viel Spaß gehabt", „am Wochenende hatte ich viel Spaß" oder „das Wochenende hat viel Spaß gemacht".

28

„Mein Vater hat ein neues Auto eingekauft."

Etwas *kaufen* betont *Geld ausgeben* für ein Produkt. Die Betonung liegt dabei auf der Idee *im Austausch für Geld*, und man hat sich diesen Kauf meist gut überlegt, hat über den Preis nachgedacht usw. Auch wenn es ein Produkt ist, das man nicht täglich neu braucht, z. B. ein Buch, ein Kleidungsstück, ein Fahrrad, benutzt man immer *kaufen*.

Im Gegensatz dazu bedeutet *einkaufen* eher, dass man in einem Geschäft nach alltäglichen Dingen schaut, die man immer wieder braucht, etwa Lebensmittel, und man denkt dabei auch an den Weg und die Vorbereitung des Einkaufes. Grammatikalisch steht *einkaufen* oft in Verbindung mit *gehen*, jedoch meist ohne Objekt: „Wann gehst du heute einkaufen? Was möchtest du einkaufen? Ich bin gestern schon einkaufen gegangen. Für fast hundert Euro habe ich eingekauft. Warst du auch einkaufen?" „Ja, ich war im Aldi und habe Obst, Gemüse, Brot und Wein (ein) gekauft. Später habe ich für meine Schwester ein Geschenk gekauft, und für mich habe ich eine neue Jacke gekauft."

29

„Hier kann Mann sich gut erholen."

Ach, und eine Frau nicht? Gemeint ist offensichtlich *jemand* bzw. *jeder Mensch*, und demnach müssen wir sagen: „Hier kann man sich / können wir uns gut erholen." Einige Frauen, die sich durch das nur an die Männer erinnernde *man* gestört fühlen, schreiben manchmal auch: „Hier kann frau sich gut erholen." Dies ist ein kreativer Umgang mit Sprache und steht inzwischen sogar im DUDEN.

30

„Wissen Sie Busan?"

Natürlich kennen wir Busan. Wir kennen andere Menschen, Orte, Dinge, Geschichten, das bedeutet, sie sind uns bekannt und nicht neu. Wir haben diese Dinge gesehen, gehört oder durch andere Sinne erfahren. Meistens sind sie ziemlich konkret; grammatikalisch werden sie meist durch ein Substantiv im Akkusativ ausgedrückt. Wir kennen ETWAS oder JEMANDEN.

Auf der anderen Seite gibt es Tatsachen, die man eher lernt oder durch Nachdenken erfährt. Diese Tatsachen sind von Natur aus relativ abstrakt. Grammatikalisch werden sie oft durch *dass/ob* oder indirekte Fragesätze *(W-Fragen)* gekennzeichnet. Wir wissen, dass/ob/wie/wo/was/warum/... etwas ist.

Natürlich ist manchmal auch beides möglich. „Ich kenne das Wort" bedeutet, dass man es schon mal gehört oder gelesen hat. „Ich weiß das Wort" bedeutet, die Bedeutung ist klar. Außerdem: „Kennst / Weißt du einen guten Arzt?" Gemeint sein kann: Kennt man den Arzt als Menschen oder auch seine Praxis (die Adresse usw.)? Oder weiß man, wo es einen guten Arzt gibt, ob seine Praxis einladend ist? Weitere schwierige Fälle:

„Weißt du meinen Geburtstag?", weil es darum geht, *wann* er ist; „weißt du ihre Telefonnummer?", weil es darum geht, *wie* sie lautet.

Zu guter Letzt: Wer etwas vergessen hat, weiß es nicht mehr. Aber etwas *nicht mehr kennen?* Das geht wohl nicht!

31

„Ich habe gedacht, dass ich mit zwei Frauen zusammenleben würde. Das habe ich falsch gewusst."

Zunächst einmal gibt es die allzu häufige Verwechslung von *wissen* und *kennen*. Offensichtlich liegt hier eine Interferenz zu 잘못 알았어요 vor. Möglich wäre hier „das habe ich nicht gewusst", doch die Sprecherin will sagen, dass sie dachte, etwas zu wissen (mit zwei Frauen zu leben), was aber am Ende nicht stimmte. Deshalb sollten wir anstelle des Beispielsatzes schreiben: „Das habe/hatte ich falsch verstanden / missverstanden", „das war ein Irrtum", „das war falsch" oder „das hat nicht gestimmt".

32

„Die Jungen in Korea haben keine Freizeit, sondern müssen nur lernen."

Okay, kann man sich denken, das glauben wir gerne. Aber ist es denn nur bei den Jungen so? Ist es bei den Mädchen etwa anders?

Die Schwierigkeit liegt offensichtlich darin, dass der Ausdruck sowohl substantivisch (Gegenwort von *Mädchen*) als auch adjektivisch gebraucht werden kann: „Meistens sind alle Leute in Europa sehr tierlieb, vor allem die jungen." Hierbei wird „jungen" also als Kontrast zu den „alten" gebraucht!" Da sich alle Adjektive auch substantivisch, wie in unserem Beispielsatz gebrauchen lassen, herrscht bei kontextschwachen Situationen leicht Verwirrung, vor allem wenn wie in der mündlichen Sprache keine Schreibung hilft: /die jungen und die alten wandern gern/. Sind das jetzt 1. die Jungen, also nicht die Mädchen, und die Alten? Oder sind es 2. die jungen Leute und die alten Leute (die Alten)? Um es eindeutig zu machen, sollten wir schreiben: 1. die jungen Männer und die Alten (wenn schriftlich, da das A eindeutig ist!), oder die jungen Männer und die alten Leute, oder die Jungs (jedoch Umgangssprache) und die Alten, die männlichen Jugendlichen und die Alten, die männliche Jugend und die Alten, jedoch bitte, bitte nicht die Knaben und die Alten, denn das ist Urgroßvater-Deutsch. 2. die Jugend und das Alter, die Jugendlichen und die Alten, die jungen und die alten Leute (sofern schriftlich, und man dadurch die Kleinschreibung ersehen kann).

33

„Er sah stolz aus. Er hat eine Lederjacke und eine Sonnenbrille angezogen."

Meist wird *anziehen* als Synonym zu (Kleidung) *tragen* angesehen, doch die Nuance ist eine andere. Bei *anziehen* verstehen wir eher das *Ausprobieren*, ob uns ein Kleidungsstück passt, aber auch, ob es uns steht, also eher das Modische; bei *tragen* eher das *Gekleidetsein*, also das Ergebnis des Anziehens. Im Präsens ist beides gleich gut: „Ziehst du gern weiße Hosen an?", „Trägst du gern weiße Hosen?" Doch wenn man vorher etwas angezogen hat (Ausprobieren: passt es mir? gefällt es mir?), dann ist das sichtbare Ergebnis danach das *Tragen*.

34

„Wenn ich das Studium beendet habe, will ich schnell einen Job suchen."

Der Ausdruck *schnell* zeigt, dass es eigentlich nicht um das Suchen selbst geht. Im Idealfall endet diese Suche durch den Erfolg, dass man einen Job auch *findet*! Anders gesagt: Das Suchen ist nicht wichtig, sondern das Finden ist es! Semantisch gesehen handelt es sich hierbei oft um folgende Kausalität:
etwas nicht haben *(fehlen)* oder nicht mehr haben *(verlieren)* → diese Sache bekommen wollen *(suchen)* → diese Sache (bei Erfolg) bekommen *(finden)*. Auf diese Weise, also nach semantisch-logischen Verknüpfungen, sollte man Wörter lernen, egal in welcher Sprache: „Wenn du etwas verloren hast, dann suche es, und du wirst es finden! Ich habe es verloren, gesucht und zum Glück gefunden!" Denn auf diese Weise wird man seinen Wortschatz extrem erweitern, viel mehr als bei der kontextlosen 1:1-Lernerei. Noch ein Beispiel: *jemanden abholen* sollten wir nicht als Koreanisch XXXX lernen, sondern als *zu einem Ort gehen, dort jemanden treffen und mit dieser Person an einen anderen Ort weitergehen*. In den meisten Fällen können wir neue Wörter mit diesem oder ähnlichem A2-B1-Wortschatz umschreiben und natürlich auch auf diese Weise lernen. Unser Wortschatz wird es uns danken.

35

„Tut mir leid, dass ich gestern Ihre Vorlesung nicht besuchen konnte!"

Ob jemand in eine Vorlesung gekommen ist, ist der Professorin oder dem Dozenten wahrscheinlich ganz egal. Höchstwahrscheinlich hat sie/er gar nicht bemerkt, wer da und wer nicht da war. Denn eine Vorlesung ist – zumindest in Deutschland – eine Veranstaltung, die sehr viele Studenten besuchen, und bei der nicht kontrolliert wird, wer da ist. Meistens spricht der Dozent die ganze Zeit, und Studenten schreiben mit und stellen ihre Fragen erst am Ende der Vorlesung, wenn genug Zeit bleibt. Nur wer kommen will, kommt auch. Bei einer Vorlesung gibt es auch keine Noten am Ende des Semesters.

Ganz anders ist es bei einem Seminar oder einem (Sprach-)Kurs: Hier nehmen weniger Studenten teil, Anwesenheit wird immer erwünscht oder auch verlangt, auch deshalb, weil ein Seminar oder ein Kurs von der aktiven Mitarbeit der Studenten lebt. Die Studenten müssen hier in Partner- oder Gruppenarbeit zusammenarbeiten, Hausarbeiten schreiben, sich auf ein Thema vorbereiten und Referate halten. Der Dozent doziert, organisiert, delegiert und bewertet die Leistung der Studenten. Anders gesagt: Eine Vorlesung kann für Studenten gemütlich sein, manchmal hört man sogar nur ein bisschen zu. Ein Kurs oder ein Seminar jedoch bedeuten meistens Arbeit für die Studenten! Deshalb sage man dem Dozenten lieber: „Tut mir leid, dass ich gestern nicht Ihren Kurs besuchen konnte!"

36

„Mir gefällt deutsches Bier!"

Zwei dieser Wörter sind sich relativ ähnlich: *möchte* und *wollen*. Sie drücken beide einen Wunsch aus, *möchte* eher vorsichtiger, *wollen* eher selbstbewusster. (Es ist zwar richtig, dass *möchte* eigentlich der Konj. II von *mögen* ist, doch das ist für uns irrelevant.) „Ich möchte Sie etwas fragen" ist demnach etwas vorsichtiger und höflicher als „ich will Sie etwas fragen", doch beide drücken aus, dass man ganz konkret, meist hier und jetzt, einen Wunsch hat. Nach grammatikalischer Terminologie sind beide Verben Modalverben, sie verlangen also in der Regel ein weiteres Verb. Interessant ist zudem, wie diese Formen heute im Präteritum gebraucht werden: *ich mag → ich mochte; ich will → ich wollte; ich möchte → ich wollte.*

Aber: Im Gegensatz zu *möchten* und *wollen* kennzeichnet *mögen* nicht das Hier und Jetzt, sondern eine generelle Vorliebe: „Normalerweise mag ich keinen Kaffee, aber heute möchte ich einen! Ich mag dich. Ich mag Gespräche über Politik. Magst du lange Spaziergänge?" Wie wir sehen, ist *mögen* grammatikalisch betrachtet kein Modalverb und steht meistens nicht mit noch einem Verb, sondern mit Substantiv (außer im Süden Deutschlands). Auch im Präteritum ist das so: „Früher mochte ich keinen Alkohol."

Semantisch ähnlich, als generelle Vorliebe, aber grammatikalisch unterschiedlich zu *mögen* ist *gern*+Verb: „Ich trinke gern Tee. Ich sehe gern fern. Ich spreche gern über Politik. Machst du gern lange Spaziergänge? Früher habe ich nur ungern Alkohol getrunken." Während *mögen* hochsprachlich nur mit Substantiv funktioniert, passt *gern* nur mit Verben zusammen.

Gefallen dagegen bedeutet, dass etwas als schön oder angenehm, vor allem im ästhetischen Sinne empfunden wird. „Das Etikett auf der Flasche ist Kunst, das gefällt mir!"; „Du bist heute sehr schick, du gefällst mir!"; „Gefällt es dir, wenn wir über Politik sprechen?"; „Gefallen dir lange Spaziergänge?"

37

„Zu diesem Thema möchte ich noch ein paar Wörter sagen."

Wörter wird immer im linguistischen Kontext gebraucht: „Wie viele Wörter hat dieser Satz? Diese Wörter solltest du lernen!" *Worte* bezeichnet dagegen ihre Bedeutung im Kontext: „Ich will nur wenige Worte dazu sagen. Wahre Worte! Er sagte Worte des Dankes, bevor er mit seinem Vortrag begann."

38

A: „Ich bin heute krank." – B: „Schade!"

Wenn uns etwas leid tut, bedeutet das, wir empfinden Mitgefühl oder Mitleid für eine Situation, die für den anderen unangenehm ist. Dies kann durch uns selbst verschuldet worden sein oder auch nicht. Dagegen ist etwas schade, wenn es schlicht bedauerlich, also nicht wünschenswert ist. In manchen Situationen passt sowohl *leid tun* als auch *schade sein*, doch *schade* transportiert meist weniger Emotionalität als *leid tun*. Strukturell betrachtet steht *leid tun* immer mit einem Personalpronomen und *schade sein* immer mit einem Abstraktum *(es/das)*. Also:
„Ich kann dir leider nicht helfen, tut mir leid." – „Das ist schade!"
„Es tut mir leid (für dich), dass du so krank geworden bist. Und es ist wirklich schade, dass du deine Reise deshalb nicht antreten kannst."
„Du hast die Prüfung nicht bestanden? Schade." (weniger Mitgefühl)

„Du hast die Prüfung nicht bestanden? Das tut mir leid." (mehr Mitgefühl)

39

„Juhu, ein Stipendium! Im Sommer fliege ich nach Deutschland!"

Natürlich fliegt man nach Deutschland von Korea aus, mit dem Schiff oder mit dem Zug wäre für uns unvorstellbar. Diese/r Student/in wird also kaum an den Flug an sich denken, sondern eher an die Zeit des Aufenthalts, das Austauschsemester usw. Es ist nicht unbedingt falsch, doch „ich fliege nach Deutschland" würde eher ein Geschäftsreisender sagen, der wirklich an den langen und unbequemen Hinflug und Rückflug denkt, an den genauen Flugtermin und ähnliches. Auch „ich reise nach Deutschland" würde man eher nicht sagen, da *reisen* eher das gemütliche, spontane und nicht zielgerichtete Fortbewegen bedeutet. Wenn unser/e Student*in also nicht gerade an den Flug (vielleicht den ersten) denkt, würde er/sie vermutlich sagen: „Im Sommer gehe ich nach Deutschland!" Dass sie nicht wirklich „geht", ist dabei selbstverständlich. Weitere Beispiele:
„Ach, schon wieder muss ich nach Frankfurt fliegen!" (Flugangst, unbequemer Flug etc.)
„In den Ferien wollen wir drei Wochen durch Spanien reisen." (Ohne Ziel, wie es uns gefällt.)
„Oh, eine Einladung! Toll, ich gehe zum Symposium nach Tokio!" (Natürlich per Flugzeug und nicht zu Fuß, aber das ist selbstverständlich!)

40

„Ich finde, dass Patrick Jojo mag."

(Er mag sie, er tut alles für sie, er flirtet mir ihr, all das ist überdeutlich und nicht zu übersehen, daran besteht kein Zweifel.)
Wahrscheinlich liegt es daran, dass man im Anfängerunterricht oft *finden* mit *denken*, meinen und vielleicht auch noch mit *glauben* gleichsetzt. Dies ist oft in Ordnung, etwa in dem Beispiel „ich finde die Küche zu klein" und ähnliches. Doch *finden* inkludiert auch eine Meinung, die vielleicht nicht jeder hat, die vielleicht etwas

provokativ ist oder sogar auf Widerspruch stoßen könnte. Allzu Offensichtliches, etwa „ich finde, dass morgen die Sonne wieder aufgeht", ist daher ähnlich unsinnig, weil es daran keinen Zweifel geben kann. Das oben erwähnte Beispiel müsste also etwa so korrigiert werden: „Ich denke/glaube/meine (schon), dass Patrick Jojo mag." Dies wäre akzeptabel, doch da im obigen Kontext keine Zweifel bestehen, wäre es so noch viel besser: „Es ist (doch) klar/eindeutig/offensichtlich, dass ...", „Mir ist klar, dass ...", „Natürlich/Selbstverständlich mag Patrick Jojo" oder „ich bin ganz sicher, dass ...", um nur einige Möglichkeiten zu nennen. Oft gilt: Je freier, desto besser.

41

„Vor dem Kölner Dom hat mich ein Mann angerempelt. Damals war ich so erschrocken, dass ich nicht sprechen konnte."

Jemand erzählt hier etwas, das vor wenigen Tagen passiert ist. *Damals* bedeutet aber, der Sprecher empfindet etwas als sehr lange zurückliegend, zumeist Jahre oder sogar Jahrzehnte, oder er will sprachliche Distanz ausdrücken. Um allerdings auszudrücken, dass etwas vor kurzem, also vor wenigen Tagen, Wochen oder Monaten passiert ist, müssen wir es anders sagen: „Da/dabei/in diesem Moment/in dieser Minute/in dieser Situation war ich so erschrocken ...". Nicht so passend wäre übrigens *dann*, weil *dann* eine Folge ausdrückt. Gemeint ist hier aber eher eine Gleichzeitigkeit.

42

„Ich erwarte das Wochenende."

Dies würde bedeuten: Ich bin bereit für das Wochenende, es kann kommen, doch ich bin ruhig, egal was kommt, denn ändern kann man es nicht. Wir erwarten also den Winter, eine Rechnung, einen Anruf, nichts Besonderes. Denn wir sind uns ziemlich sicher, dass es kommt, und es kann sowohl etwas Erfreuliches, aber auch etwas Unerfreuliches sein, doch es gibt sicher wichtigere Dinge.
Ganz anders bei Dingen, die wir sehnsüchtig, mit großer Freude oder großen Hoffnungen erwarten: Auf diese Dinge, die in der Zukunft liegen, freuen wir uns: „Ich freue mich auf dich / auf den Urlaub / auf das Wochenende."

Handelt es sich um etwas, das jetzt gerade oder schon passiert ist, benutzen wir *sich freuen über*: „Ich freue mich sehr über dein Geschenk / darüber, dass du mich angerufen hast."

43

„Um 2 Uhr hat der Lehrer den Unterricht geendet."

Im Wörterbuch steht, dass einige Wörter wie *enden* intransitiv sind. Das bedeutet, dass sie keinen Akkusativ bei sich haben können, und dass sie nicht im Passiv stehen können. Es müsste also heißen: „Um 2 Uhr hat der Unterricht *(Nominativ; aktivisch)* geendet."
Verben mit *be-* dagegen stehen fast immer mit Akkusativ (jedoch ohne Präposition) und sind passivfähig. Daher: „Um 2 Uhr hat er den Unterricht beendet" oder „um 2 Uhr wurde der Unterricht (von ihm) beendet".
Übrigens, diese *be*-Verben sind *be*rühmt und *be*rüchtigt: Oft *be*deuten sie, dass jemand anderen Menschen Schaden zufügt, sie manipuliert oder dass sie in anderer Weise negative *Be*deutung haben, z. B. *jemanden belügen, belästigen, belasten, betrügen, begaffen, begrapschen, belauschen, bewerten, berichtigen, bevormunden; etwas bemängeln, beanstanden, beschädigen.* (siehe Eintrag 60)

44

„Ich muss unser Treffen heute leider ablehnen."

Ein Vorschlag oder ein Angebot passt oder gefällt uns nicht? Den oder das lehnen wir ab! Ein Termin, den wir schon gemacht haben, passt uns nicht? Wir sagen ihn ab. Wir müssen eine Frage negativ beantworten? Dann verneinen wir sie.
Als Illustration ein kleines Beziehungsdrama:
Zuerst hat sie seinen Vorschlag, zusammen auszugehen, abgelehnt. Etwas später hat sie zwar doch noch zugestimmt, doch als der große Abend dann kam, hat sie ihm zwei Stunden vor dem Treffen abgesagt. Ein paar Tage später hat sie ihn gefragt, ob er noch sauer ist. Weil er zu stolz war, hat er das verneint. Jetzt hat sie ihn zum Essen eingeladen. Und er hat überlegt: Sollte er direkt ablehnen? Oder sollte er zustimmen

und dann später aus Rache auch kurz vorher absagen? Und dann hat er ihr die folgende Kakao-Nachricht geschrieben: „Ich muss für heute Abend leider absagen."

45

„Sie trägt dieselben Schuhe wie du!"

Dasselbe und das Gleiche werden zwar oft synonym verwendet, sie sind jedoch nicht dasselbe. (Das merkt man schon daran, dass dasselbe klein und zusammen, und das Gleiche groß (wenn kein Substantiv folgt) und getrennt geschrieben werden!) Wenn wir in der Kantine unser Essen bekommen, bekommt unser Nachbar das Gleiche, nämlich das gleiche Fleisch und den gleichen Reis, wenn er das gleiche Essen bestellt hat, aber er bekommt nicht dasselbe, denn das gibt es nur ein Mal und liegt schon auf unserem Teller! Wenn wir jedoch die Suppe zusammen essen, aus einer einzigen Schüssel, dann essen wir dieselbe Suppe. Bei einer Prüfung bekommen Studenten das gleiche Blatt, aber nicht dasselbe, da sie die Prüfung nicht zusammen auf einem einzigen Blatt schreiben können. Dasselbe bedeutet also identisch, und das Gleiche ein Duplikat, ein Klon.

46

„Meine Meinung ist ganz verschieden."

Ähnlich wie bei dasselbe und das Gleiche werden vor allem verschieden und unterschiedlich oft synonym gebraucht. Doch es gibt Unterschiede:

Verschiedene bedeutet mehrere, wobei es weniger wichtig ist, ob diese ähnlich oder nicht sind. Unterschiedlich betont dagegen, dass etwas nicht gleich ist.
Wenn mein Freund und ich verschiedene Hobbys haben, dann kann das bedeuten, dass wir mehrere Hobbys haben, die vielleicht auch dieselben sind, z. B. Fußball und Billard. Es kann jedoch auch bedeuten, dass einer von uns Fußball, und der andere Billard mag. Im Vergleich dazu ist unterschiedlich eindeutig: „wir haben unterschiedliche Hobbys" bedeutet, dass es nicht dieselben Hobbys sind.
Beispiele:

Verschiedene (mehrere) Zeugen haben es gesehen.
Was sie sahen, war jedoch ganz unterschiedlich (nicht gleich).

Ähnlich wie *unterschiedlich* benutzen wir *anders*, jedoch nur dann, wenn wir eine
Sache mit dem Rest vergleichen:
Verschiedene Zeugen haben unterschiedliche Erklärungen abgegeben, doch fast alle
haben ein schwarzes Auto gesehen. Nur Zeuge X hat etwas anderes gesehen, nämlich
ein rotes Auto.

Unser Beispielsatz müsste also lauten: „Dazu habe ich eine ganz andere Meinung."

47

„Er hat einen schweren Charakter."

Obwohl *schwer* und *schwierig* oft synonym gebraucht werden, gibt es genau
genommen doch einen Unterschied. *Schwer* bezieht sich in erster Linie auf ein
Gewicht und darauf, wie gut man etwas tragen oder transportieren kann, also unter
körperlicher Anstrengung: „Der Koffer ist aber schwer! Ich werde ihn nehmen, nimm
du die leichtere Tasche." *Schwierig* benutzt man dagegen bei einer Aufgabe, einem
Problem, also in Bezug auf Kopfarbeit. „War die Prüfung schwierig? – Ein paar Fragen
waren ganz leicht / einfach, aber insgesamt war es schwierig, immer die richtige
Lösung zu finden."
In weiteren Kontexten wird *schwer* im Sinne von *groß / heftig / extrem* gebraucht,
und *schwierig* im Sinne von *kompliziert*. „Der Autofahrer machte einen schweren
Fehler. Kurz darauf geschah ein schwerer Unfall. Zwei Passanten mussten mit
schweren Verletzungen ins Krankenhaus gebracht werden. Die Rettung der Opfer
war schwierig. Sie erlitten schwierige Knochenbrüche. Der Autofahrer, der den Unfall
verursacht hatte, wollte sich bei den Unfallopfern nicht entschuldigen. Er hatte
wirklich einen schwierigen Charakter."

48

„Kann ich dich mit dem Auto mitbringen?"

Mitbringen und *mitnehmen* korrelieren mit *kommen* und *gehen*: Wenn ich etwas oder jemanden mitbringe, komme ich damit oder mit dieser Person an einen Ort. Wenn ich dagegen etwas oder jemanden mitnehme, gehe ich damit oder mit dieser Person zu einem Ort. Die Perspektive ist also eine andere! Oft ist beides möglich: „Kann ich meine Freundin zum Stammtisch mitbringen (kann ich mit meiner Freundin zusammen kommen)?" vs. „Kann ich meine Freundin zum Stammtisch mitnehmen (kann ich mit meiner Freundin dort hingehen)?"

„Ich fahre heute in die Stadt, soll ich dich mitnehmen? Nein? Aber ich kann dir etwas mitbringen. Eine Wassermelone kostet im Aldi heute nur vier Euro, da nehme ich mir eine mit! Soll ich dir auch eine mitbringen?"

49

A: „Sprechen Sie Russisch?" – B: „Nein, Entschuldigung."

Wenn ich unbeabsichtigt jemandem auf den Fuß trete oder ihn in der U-Bahn anremple, kann ich „Tut mir leid!" (einigermaßen höflich), „Entschuldigung!" (normal höflich) oder „Verzeihung!" (übertrieben höflich) sagen. Noch etwas höflicher wären „entschuldigen Sie (bitte)" oder „verzeihen Sie (bitte)". Alle diese Ausdrücke bedeuten, dass man jemanden bittet, uns von einer Schuld oder von einem Schuldgefühl zu befreien, uns also zu ent-schuld-igen. Bei der reflexiven Variante ändert sich die Perspektive, hier versucht man selbst, *sich* zu ent-schuld-igen.

„Entschuldigung (dass ich Sie störe), wie spät ist es? Entschuldigen Sie bitte meine Verspätung. Du musst dich entschuldigen, wenn du zu spät kommst."

Ansonsten sind *sich entschuldigen* und *verzeihen* gegenperspektivisch. Wenn Martin den Geburtstag von seiner Frau Maria vergessen hat, dann entschuldigt sich Martin hoffentlich und Maria verzeiht ihm vielleicht. Wenn Martin aber nicht wissen konnte, dass Mona Geburtstag hat (weil er sie nicht kannte), dann trifft Martin keine Schuld. Das bedeutet, er braucht sich nicht zu ent-schuld-igen, doch er würde sagen: „Tut mir leid, das wusste ich nicht."

Der Unterschied zwischen „tut mir leid" und „Entschuldigung" liegt also erstens in

der notwendigen Höflichkeit und zweitens darin, ob man überhaupt „schuldfähig"
war. Noch ein paar Beispiele:

„Tut mir leid, ich muss unbedingt lernen, ich habe keine Zeit." (unter Freunden, keine
Schuld)

„Entschuldigung, ich muss leider den Termin verschieben." (formeller Kontext, evtl.
meine Schuld aufgrund schlechter Planung)

„Wissen Sie, wo hier die Toiletten sind? – Tut mir leid, ich habe keine Ahnung."
(formeller Kontext, keine Schuld)

„Entschuldigung, das wusste ich nicht. Ich wollte dir nicht wehtun. Entschuldigung /
Es tut mir leid." (meine Schuld, eher Unaufmerksamkeit als böse Absicht)

„Ich habe mich tausendmal bei ihr entschuldigt, aber sie hat es mir nie verziehen."
(große Schuld)

50

„Er sorgt sich sehr für seine kranke Mutter."

Vorsicht! *Sich um jemanden sorgen* oder *sich um jemanden Sorgen machen* bedeutet,
dass man voll Liebe oder Mitgefühl hofft, dass es dem anderen gut gehen wird, und
dass man jedoch nicht sehr optimistisch dabei ist. Ob man dabei aktiv handelt oder
nicht, ist unwichtig.

„Ihr Bruder ist seit zwei Jahren arbeitslos. Sie sorgt sich sehr um ihn. Sie ist sehr
besorgt, dass er keine Arbeit finden könnte, und sie sorgt sich um seine Gesundheit
und um seine Zukunft."

Dagegen bedeutet *sorgen für jemanden*, dass man aktiv für eine Person da ist, etwa
durch finanzielle oder tatkräftige Unterstützung. Ob man hierbei jedoch Gefühle für
diese Person empfindet, sich also Sorgen um sie macht, bleibt offen.

„Er hat genug Geld, deshalb sorgt er auch für seinen arbeitslosen Bruder. Er gibt
ihm seine alte Kleidung und bezahlt seine Miete. Er sorgt also dafür, dass es seinem
Bruder besser geht."

Zwischen diesen Extremen befindet sich der Ausdruck *sich kümmern um etwas/
jemanden*. Dabei liegt die Betonung auf der aktiven Handlung, doch auch persönliche
Gefühle sind meist anzunehmen.

„Sie kümmert sich um die Schulprobleme der Kinder, um ihren Laden, und am
Wochenende um die Schwiegereltern. Sie kümmert sich wirklich um alles."

Eine etwas andere Bedeutung hat *jemanden pflegen*, welches auch die aktive Unterstützung einer Person bedeutet, doch im Vergleich zu *sorgen für* geht es dabei oft um einen kranken Menschen.

„Weil es im Ort keinen Krankenpfleger gibt, pflegt er seine kranken Eltern selbst. Außerdem pflegt er noch ihren Garten. Weil er dadurch so beschäftigt ist, hat er kaum noch Zeit, seine Freundschaften zu pflegen."

51

„Welchen Sport treibst du?"

Es ist nicht falsch. Doch die Benutzung der Wörter verändert sich, und der Geschmack, den diese Wörter annehmen, ebenso. In den letzten Jahrzehnten ist der Gebrauch von *treiben* immer ungewöhnlicher geworden, und es wird fast nur noch auf diese Weise benutzt: „Was treibst du zurzeit so?" (Womit beschäftigst du dich zurzeit?) oder „Was hast du heute getrieben?" (Hast du heute etwas Sinnvolles gemacht?) In speziellen Situationen sagt man auch (nur unter Freunden, sehr informell) „Treib es nicht zu bunt!", was bedeutet: „Übertreibe es nicht! Strapaziere meine Sympathie nicht zu sehr!"

Ansonsten wird *treiben* heute oft in *es treiben* und im Sinne von *Sex haben* benutzt. Auch der Trieb (Sexualtrieb) kommt daher! Um also das (sprachlich) veraltete *treiben* und das riskante *es treiben* zu umgehen, empfiehlt sich das simple *machen*: „Welchen Sport machst du?" Oder: „Machst du aktiv (irgendeinen) Sport?" Oder: „Bist du sportlich?"

52

„Hallo, wir möchten bitte bezahlen!"

Zählen bedeutet *eine Zahl feststellen*, also wie viele Personen oder Dinge es gibt: „Wie viele Leute sind wir? Eins, zwei, drei, … aha, wir sind 15!"

Zahlen oder *bezahlen* bedeutet beides *eine Rechnung begleichen*. Im wörtlichen Gebrauch, z. B. im Café, Restaurant oder Supermarkt, gibt es nur einen sehr feinen Unterschied. Wenn wir etwas *zahlen*, bedeutet das, wir machen das eher nebenbei, ohne großes Aufsehen, und die Geldsumme ist nicht so wichtig, also Portemonnaie herausholen, jemandem Geld geben und fertig: „Zahlen, bitte!" Oder: „Diesmal zahle ich, nächstes Mal du, okay?"

Im Gegensatz dazu bezeichnet *bezahlen* eher einen formellen Akt: „Wo kann ich hier bitte bezahlen?" Oder: „Über tausend Euro habe ich für diese Waschmaschine bezahlt, und jetzt ist sie kaputt!" Man kann es auch so beschreiben: *bezahlen* ist in den meisten Fällen unangenehmer als *zahlen*. Vergleiche: „Wie viel muss ich zahlen?" (Man denkt: Nur ein paar Euro, kein Problem!) versus „Wie viel muss ich bezahlen?" (Man denkt: Hoffentlich wird es nicht zu teuer.)

Auch im übertragenen Sinn gibt es einen Unterschied. Für eine Sünde oder für eine Dummheit, also wenn etwas negative Konsequenzen hat, kann man nur *bezahlen*, nicht aber *zahlen*: „Er hat Krebs bekommen, er hat also teuer für sein jahrelanges Rauchen bezahlt."

53

„Kannst du diesen Gutschein verbrauchen?"

Für *brauchen* als Hilfsverb gilt der altbekannte Spruch: „Wer *brauchen* ohne *zu* gebraucht, braucht *brauchen* gar nicht zu gebrauchen."

Als Vollverb kennzeichnet *brauchen* den Mangel von etwas bzw. dessen Ausgleich: „Wir brauchen noch ein bisschen Zeit!" Oder: „Brauchst du Hilfe?" Oder: „Wir brauchen viel Kaffeepulver für die Kaffeemaschine."

Von *gebrauchen* wird oft gesagt, dass es synonym mit *benutzen* oder *verwenden* sei, doch das stimmt nicht immer. *Gebrauchen* kann auch synonym mit *nutzen (nützen)* und *nützlich sein* sein, wenn das sinnvolle Tun dabei im Mittelpunkt steht: „Kannst du eine Kaffeemaschine gebrauchen?" (Wäre eine Kaffeemaschine nützlich für dich?) In anderen Fällen dagegen ist *gebrauchen* tatsächlich synonym mit *benutzen*: „Wie oft gebrauchen die Studenten das Wörterbuch?"

Nur wenn etwas *gebraucht* wird, mit dem Ergebnis, dass es danach nicht mehr da ist oder nur noch in anderer Form, benutzt man *verbrauchen*: „Unsere Kaffeemaschine verbraucht viel Strom." Oder: „Verbrauchen wir nicht so viel Papier!" Typischerweise steht *verbrauchen* oft im Zusammenhang mit Stoffen oder Energieformen: Papier, Holz, Diesel, Öl, Kraftstoff, Energie etc. werden *verbraucht*.

54

„Es gibt vielartige thailändische Speisen, die ich schon vielmals probiert habe."

Warum *vielartig* und *vielmal(s)* von koreanischen Studenten so oft gebraucht werden, ist ein Mysterium. Beide sind sehr selten und werden im Deutschen (fast) nicht verwendet. Vielleicht wird *vielartig* mit *vielfältig* (=viele Facetten) verwechselt? Das Wort *vielmals* existiert eigentlich nur in der festen Wendung „Danke vielmals!" und wird ansonsten durch das simple *oft* oder *häufig* ersetzt. Wenn man dagegen ausdrücken will, dass es von etwas nicht nur eins, sondern eine große Auswahl gibt, verwendet man *viele* oder *viele verschiedene*. Unser Satz lautet demnach am besten so:
„Es gibt viele (verschiedene) thailändische Speisen, die ich schon oft / häufig probiert habe."

55

„Glücklich konnte ich meine Wohnung finden."

Natürlich ist es denkbar, dass die Protagonistin glücklich, also in guter Stimmung und mit strahlendem Lächeln ihre Wohnung findet. Doch aus dem Kontext wissen wir mit Sicherheit, dass sie zu jener Zeit eher gestresst und schlecht gelaunt war. Es ist also klar, dass mit *glücklich* hier die Umstände gemeint sind, die wir mit *glücklicherweise*, *zum Glück* oder *Gott sei Dank* ausdrücken müssen: „Zum Glück / Glücklicherweise / Gott sei Dank konnte ich meine Wohnung finden."

56

„Ich entschuldige mich, dass ich dir nicht geredet habe, wohin ich fliegen wollte."

Die Unterscheidung zwischen *sprechen*, *sagen* und *reden* ist schwierig. *Reden* wird jedoch grundsätzlich so verwendet: *etwas reden*, *eine Zeitlang reden*, *vor Publikum* reden, *Unsinn reden* usw., und es hat Monologcharakter im Sinne von *eine Rede halten* oder Dialogcharakter im Sinne von *sich beraten.* Also: „Er redet schon seit zwanzig Minuten, aber ich verstehe nicht, was er sagt oder worüber er spricht." Oder: „Was/Wovon redest du?" Im zweiten Fall: „Wir müssen reden.", wenn es um ein ernstes Thema geht.

Für unseren Beispielsatz haben wir je nach Niveau und Eleganz verschiedene Optionen: „dass ich dir nicht gesagt/erzählt habe" (A2), „dass ich dir nicht Bescheid gesagt/gegeben habe" (B1), „dass ich ein Geheimnis daraus gemacht habe" (B2), „dass ich dich nicht eingeweiht habe" (C1) oder „dass ich dich nicht wissen ließ/habe wissen lassen" (C1), bis hin zu „dass ich dich im Unklaren darüber gelassen habe" (C1-C2).

57

„Leider habe ich vergessen, Ihnen das zu sprechen."

„Im Unterricht muss man viel sprechen."; „Bitte lauter/leiser/deutlicher sprechen!"; „Wie spricht man dieses Wort?"; „Worüber spricht man zurzeit in Indonesien?"; „Der Politiker hat lange gesprochen/geredet."; „Haben Sie schon mit Herrn Park gesprochen?"; „Erst denken, dann sprechen."

„Der Lehrer hat im Unterricht gesagt, dass man viel sprechen muss."; „Er hat es ganz klar gesagt."; „Wie sagt man *you are welcome* auf Deutsch?"; „Was sagt man in Indonesien zum Thema Politik?"; „Der Politiker hat lange gesprochen/geredet, aber nichts Neues gesagt."; „Was hat Herr Park gesagt?"; „Bitte sagen Sie, was Sie denken."

Es ist nicht ganz einfach, und es gibt sicherlich Gegenbeispiele, aber vielleicht können wir vereinfacht festhalten: Wir benutzen meistens *sprechen*, wenn es um die Artikulation von Sprache und um den Gedankenaustausch wie das Diskutieren von Themen geht. Dagegen benutzen wir tendenziell *sagen*, wenn es mehr um den Inhalt von Aussagen und Meinungen und deren Wiedergabe (meist mit *dass*-Sätzen) geht.

58

„Die letzten zwei Jahre bin ich in Frankfurt geblieben."

Dies ist nicht falsch, das kann man so sagen, es ist nur eine Frage des Stils. Denn wir wissen: *bleiben* bedeutet *nicht weggehen wollen oder können, weiterhin an demselben Ort sein.* Deshalb klingt der Satz so, als ob man nicht freiwillig dort war, oder als ob man keine andere Möglichkeit hatte! Als ob man z. B. wegen Corona die Stadt nicht verlassen durfte… Man bleibt ja zu Hause, wenn man krank ist, oder man bleibt in seinem Heimatort, wenn man nicht in den Urlaub fahren kann. Der Brief bleibt auf dem Tisch, wenn er nicht weggelegt wird, und die Blumenvase bleibt unbenutzt im Schrank stehen. Beim Ausdruck *bleiben* schwingt also stilistisch etwas nicht-Aktives, eine Nicht-Veränderung oder auch ein *Ruhen* mit.
Natürlich können wir diese Dinge auch in einem aktiven Sinn ausdrücken: „Die letzten zwei Jahre war ich in Frankfurt zu Hause." Oder etwas detaillierter: „Die letzten zwei Jahre habe ich in Frankfurt gelebt / studiert / gearbeitet." Oder, wenn es erfreulich war: „Die letzten zwei Jahre habe ich das Leben in Frankfurt genossen." Ebenso: „Der Brief liegt immer noch auf dem Tisch. Die Blumenvase steht weiterhin unbenutzt im Schrank."

59

„Du hoffst bestimmt, dass ich das wahre Glück habe, nicht wahr?"

Anders als im Englischen, wo man zwischen dem innerlichen Glück (happiness) und den glücklichen Lebensumständen (luck) unterscheidet, benutzen wir im Deutschen dafür nur *Glück* bzw. *glücklich.* Man fühlt also Glück, wenn man (innerlich) glücklich ist; dagegen hat man Glück, wenn etwas glücklich verlaufen ist, also wenn etwas unerwartet gut oder ohne Schaden (Unglück) verlaufen ist. Auch wer viel Glück hat, z. B. einen Lottogewinn, kann zwar, muss aber nicht unbedingt glücklich sein! Andererseits brauchen manche Menschen nicht viel Glück zum Glücklichsein. Ein Zwischending aus dem innerlichen und situativen Glück wäre wohl gegeben, wenn wir unseren Beispielsatz folgendermaßen abändern: „Du hoffst bestimmt, dass ich mein Glück finde." Für das nur äußerliche Glück würde man „Du hoffst bestimmt, das ich Glück habe." sagen, doch wahrscheinlich war oben der innere Seelenzustand gemeint. Deshalb ändern wir das Beispiel wie folgt: „Du hoffst bestimmt, dass ich glücklich bin / werde." Ein Dichter würde sich natürlich eleganter ausdrücken: „Du hoffst bestimmt, dass ich wahres Glück empfinde."

60

„Marie ist ein bisschen schwierig zu befriedigen."

Vorsicht! Dies hätte eine eindeutige sexuelle Bedeutung. Gemeint war natürlich: „Marie ist ein bisschen schwer zufriedenzustellen.", „Marie ist nie zufrieden.", „Marie ist immer unzufrieden." oder noch etwas freier: „Marie (=ihr) kann man es nie recht machen." bzw. „Marie hat immer etwas zu nörgeln / zu kritisieren / auszusetzen." Was sehr ähnlich aussieht, nämlich das Verb „befriedigen" und das Adjektiv „zufrieden", hat also doch eine andere Bedeutung. Interessant in diesem Zusammenhang ist sicher, dass Verben mit der Vorsilbe be-, sofern sie sich auf Menschen beziehen, meist einen negativen Beigeschmack haben, da sie ein Von-oben-herab, Macht oder sogar einen Machtmissbrauch ausdrücken können: jemanden bemitleiden, bevormunden, berichtigen, besänftigen, belästigen, bequatschen, betatschen usw.

61

„Die Menschen in Deutschland sind meist sehr freundlich."

Was macht den Menschen menschlich? Dass er zur Selbstreflexion fähig ist? Natürlich ist das obige Beispiel nicht falsch, sondern es hat nur einen etwas komischen Beigeschmack, als ob Politiker reden würden: z. B. „die Würde des Menschen", „die Menschen in unserem Land" usw. Der Ausdruck Mensch wird leider etwas inflationär und ritualisiert gebraucht und verliert dadurch an sprachlicher Kraft. Viele Alternativen haben wir leider nicht; benutzen wir statt Menschen lieber den neutralen Begriff Leute. Auch von Bürger ist abzuraten, da der Begriff politisch verstanden wird. Es fehlen hier wirklich ein paar schöne sprachliche Alternativen! Das Wort Volk ist aufgrund seiner politischen Bedeutung nur mit Vorsicht zu benutzen, Bevölkerung und Einwohner klingen technokratisch und damit unpassend, Staatsbürger klingt hochpolitisch. Personen ist offizielle bis juristische Sprache und passt hier gar nicht.

Da „die Deutschen sind normalerweise freundlich" alle Nicht-Deutschen ausschließen würde, was sicher nicht beabsichtigt war, bleibt nichts anderes übrig als zu sagen: „Die Leute in Deutschland sind meist sehr freundlich."

62

„Er hat sein Studienfach geändert."

Wenn wir etwas ändern, dann machen wir es ganz anders. Das bedeutet, es ist danach überhaupt nicht mehr wie vorher. Ähnlich ist es, wenn wir etwas verändern, dann ändern wir es aber nicht ganz so stark. Ein Schauspieler, der sich stark schminkt, verändert also sein Aussehen; wenn er jedoch eine Maske trägt, ändert er es. Wenn wir einen Plan verändern, modifizieren wir ihn; wenn wir ihn ändern, sind die Unterschiede danach noch etwas größer.

Wenn der Schauspieler eine ganz neue Verkleidung oder Maske trägt, dann wechselt er diese Maske und seine Rolle, was ihn zu einem ganz anderen macht; wenn wir einen Plan wechseln, bedeutet das, wir haben einen völlig neuen Plan, also Plan B, der den alten Plan ersetzt.
Wenn der Schauspieler krank wird und nicht spielen kann, wird er durch einen anderen Schauspieler ersetzt, also ausgetauscht. Auch die kaputten Lampen werden gegen neue Lampen ausgetauscht, und ein Plan, der zu schlecht ist, wird ebenfalls gegen einen anderen besseren ausgetauscht. Im Gegensatz zu *wechseln* denkt man bei *austauschen* also eher das *bessere Funktionieren*.

Wenn ein Schauspieler einem anderen Schauspieler seine Verkleidung, Maske oder Rolle gibt und umgekehrt, dann tauschen sie diese. Kinder tauschen ihre Spielsachen, Reisende tauschen (oder wechseln) Geld. Wenn wir einen Plan tauschen, heißt das, jemand gibt mir seinen Plan und bekommt dafür meinen. Man denkt hier also in erster Linie an den Ausgleich, an den Wert einer Sache. Wenn man ein Kleidungsstück zu groß oder zu klein gekauft hat, kann man es vielleicht im Geschäft gegen ein kleineres oder ein größeres umtauschen.
Dies nur als ungefähre Richtlinien, es wird immer auch ein paar Gegenbeispiele geben, denn das ist ein sehr weites Feld.

Wie sollte unser Beispielsatz nun lauten? Am besten so: „Er hat sein Studienfach gewechselt."

63

„Auf der Straße wollte mir jemand einen Zettel geben. Aber ich wollte ihn nicht bekommen."

Wenn uns jemand etwas gibt, nehmen wir das dann, bekommen wir es oder greifen (ergreifen) wir es sogar? Kommt darauf an! Ist es ein Geschenk oder irgendeine andere Sache, bei der wir passiv bleiben, bei der unser eigenes Tun nicht im Fokus steht, benutzen wir *bekommen*: „Ich habe eine Einladung bekommen. Er hat die Möglichkeit bekommen, eine neue Sprache zu lernen. Bekommst du immer so nette Komplimente? Bekommst du immer, was du willst? Was bekommen Sie zum Trinken? Das Kind hat Bonbons bekommen. Der Affe hat eine Banane bekommen."
Müssen wir jedoch tatsächlich aktiv werden, manchmal mittels der eigenen Hände, benutzen wir *nehmen* oder (in speziellen Wortverbindungen) *greifen* oder *ergreifen*: „Ich habe mir einen Prospekt vom Tisch genommen. Er hat die Möglichkeit bekommen / die Chance ergriffen, eine neue Sprache zu lernen. Nimmst du dir immer, was du willst? Was nehmen Sie zum Trinken? Das Kind hat Bonbons vom Tisch genommen. Das Kind hat nach den Bonbons gegriffen. Der Affe hat ganz schnell die Banane ergriffen."

64

„Hier, kann ich Ihnen meine Hausaufgaben schauen?"

Die Verben *sehen*, *schauen* und *zeigen* gehören semantisch eng zusammen. *Sehen* bedeutet eher etwas Zufälliges, denn wenn man die Augen geöffnet hat, sieht man etwas, ob man will oder nicht. Dagegen bezeichnet *schauen* eher ein bewusstes, zielgerichtetes Sehen, und *zeigen*, dass man eine andere Person etwas sehen oder (an) schauen lässt:
„Schauen Sie mal! Ich will Ihnen etwas zeigen. Sehen Sie das? Das ist ein Foto von 1953. Die Leute schauen alle ganz überrascht. Was haben sie wohl gesehen? Was hat

man ihnen wohl gezeigt?"

In unserem Beispielsatz müsste es also heißen: „Hier, kann ich Ihnen meine Hausaufgabe zeigen?"

65

„Er wollte mir mit seinem Geschenk eine Freude tun."

In einigen Fällen kann man *tun* und *machen* völlig synonym verwenden.

„Was soll ich tun / machen? Was muss noch getan / gemacht werden? Tu(e) / mach, was du willst!"

„Was hast du da nur getan / gemacht?" (Vorwurf)

„Keine Angst, der Hund bellt nur, aber er tut / macht nichts."

Tun hat generell jedoch eher die Bedeutung von *handeln* oder *arbeiten*, und Verbindungen mit *tun* kommen auch nicht so häufig vor. Bei *machen* dagegen steht eher die Bedeutung von *bewirken, verursachen* im Vordergrund, und es gibt unzählige feste Verbindungen mit *machen*, manchmal auch mit *sich machen*. Insgesamt ist *machen* sehr produktiv, das heißt es entstehen ständig neue Wortverbindungen damit.

„Es gibt nichts Gutes, außer man tut es." (Erich Kästner)

„Es gibt viel zu tun, packen wir's an!" (Werbespruch)

„Ich habe nichts zu tun, mir ist so langweilig."

„Damit habe ich nichts zu tun, das ist nicht meine Schuld!"

„Zuerst hat er Spaß gemacht, dann Lärm gemacht, dann Schwierigkeiten und Stress gemacht!"

„Sie hat sich an die Arbeit gemacht, hat alles anders gemacht, sich über ihre Kollegen lustig gemacht und sich am Ende zur Chefin gemacht."

„Pass auf, Zucker macht dick! – Ich weiß, aber Kleider machen Leute. Dann macht das Dicksein keinen Unterschied."

„Kannst du mir einen großen Gefallen tun? – Aber klar, ich wollte dir schon immer mal eine Freude machen."

„Das macht 250 Euro." – „Sie machen mich arm!"

66

A: „Wann triffst du ihn heute?" – B: „Um sieben am Rathaus."

Obwohl man dies manchmal sagt, ist es eigentlich falsch. Denn wenn ein Treffen geplant ist, benutzen wir *sich treffen*: „Wann triffst du dich heute mit ihm?"
Nur wenn dieses Treffen zufällig ist oder war, benutzen wir *treffen* oder *begegnen*: „Ich habe ihn heute (zufällig) in der Stadt getroffen." Oder: „Ich bin ihm heute (zufällig) in der Stadt begegnet." Dabei kann *treffen* bedeuten, dass man sich kurz oder auch etwas länger gesehen hat, dass man z. B. zusammen einen Kaffee getrunken oder sich kurz unterhalten hat. *Begegnen* bedeutet im Allgemeinen, dass dieses Treffen nur sehr kurz war, dass man vielleicht nur kurz *Hallo!* gesagt hat und dann weitergegangen ist. Beispiele:
„Ich bin ihm heute in der Stadt begegnet, aber er hatte es sehr eilig." (zufällig, sehr kurz)
„Wann hast du ihn eigentlich zum ersten Mal getroffen? – Vor zwei Jahren im Urlaub." (zufällig, wahrscheinlich nicht nur kurz)
„Alles klar, wir treffen uns heute Abend ab sieben in der Kneipe!" (geplant)

67

„Sie bedauert ihre schlechte Note."

Bedauern bedeutet etwas *schade finden, nicht glücklich über die Konsequenzen von etwas sein.*
Diese Tat mit ihren negativen Folgen kann selbst verschuldet sein, wobei man nicht immer tiefe Schuldgefühle haben muss: „Ich bedauere, nicht mehr gelernt zu haben" (… aber es ging nicht anders.) „Ich bedauere unsere Streitigkeiten" (… aber so ist das Leben.) „Ich bedauere, dass du krank geworden bist." (Pech gehabt!)
„Wir bedauern, den Mietvertrag kündigen zu müssen." (Es tut uns leid, aber wir können nicht anders.)
Typisch ist auch – besonders in der Sprache der Politik – das *bedauern* von selbst verschuldeten und auch fremdverschuldeten Ereignissen: „Wir bedauern, dass das Arbeitslosengeld nicht erhöht wird." „Die halbe Welt bedauert, dass er Präsident geworden ist."

Erst wenn persönliche Schuld die Ursache ist, wenn diese Schuld zugegeben wird und man seine Tat gern nachträglich korrigieren würde, benutzen wir das Verb *bereuen*: „Ich bereue meine Faulheit." (Ich hätte die Möglichkeit gehabt, mehr zu lernen.) „Ich bereue, was ich getan habe." (Hätte ich es doch nicht getan!)

„Ob es wohl Wähler gibt, die bereuen, dass sie ihn gewählt haben?" (Ob sie wohl merken, dass es falsch war?)

Während *bedauern* und *bereuen* eher eine Ursache benennen, steht *traurig sein* eher für das Ergebnis: „Ich bedauere / bereue, mit dir gestritten zu haben, und bin traurig deswegen."

„Die Studentin bedauert / bereut, dass sie so wenig gelernt hat, und ist traurig über die schlechte Note."

68

„Danke für das Geschenk. Das kann ich gut nützlich sein."

Wenn eine Person im Mittelpunkt steht, *benutzen* wir normalerweise *benutzen*: „Hast du die Kaffeemaschine schon benutzt?" Oder: „Wie oft benutzen Studenten das Wörterbuch?"

Wenn jedoch (auch grammatikalisch) ein Objekt im Fokus steht, wird *nutzen, (nützen)* oder *nützlich sein* benutzt. Beispiele: „Die Kaffeemaschine nutzt (nützt) mir sehr / ist (mir) sehr nützlich." Oder: „Nutzt (Nützt) ein Wörterbuch den Studenten?" „Ist ein Wörterbuch den Studenten / für Studenten nützlich?"

Wir erkennen den Unterschied: *Benutzen* hat die Bedeutung *sich einer Sache bedienen*. Ob diese Benutzung dabei sinnvoll ist, ist unwichtig. Im Gegenteil dazu bedeuten *nutzen (nützen)* und *nützlich sein*, dass der Gebrauch von einer Sache sinnvoll oder hilfreich ist. Beide Ausdrücke können synonym verwendet werden.

69

„Zum Unterzeichnen des Vertrags wurde ein goldener Füller gebraucht."

Die Unterschiede zwischen den drei Verben *benutzen*, *gebrauchen* und *verwenden* sind relativ subtil; man kann sie meistens synonym verwenden:
„Verwendet / Benutzt / Gebraucht man hier den Konjunktiv?"
„Oh, du verwendest / gebrauchst / benutzt keine Spülmaschine?"
„Warum benutzt / verwendet / gebraucht man so selten den Opera-Browser?"
Allerdings sind Abstufungen im Register erkennbar. *Verwenden* ist manchmal etwas eleganter, *gebrauchen* ziemlich neutral und *benutzen* manchmal umgangssprachlich.
„Sag mal, ~~verwendest gebrauchst~~ benutzt du deinen Kopf nur zum Hut aufsetzen? (Warum gebrauchst du deinen Kopf nicht zum Denken?"; umgangssprachlich)
„Wenn Sie unser Produkt verwenden ~~gebrauchen benutzen~~, werden Sie davon profitieren!" (Aufwertung durch gewählte Sprache, z. B. in der Werbung)
Dazu kommt, dass *benutzen* im heutigen Deutsch immer öfter eine negative Bedeutung (im Sinne von *ausnutzen*) bekommt. Einen Satz wie diesen hört man sehr oft: „Er hat seine Freundin nur benutzt." (Er hat sie ausgenutzt.)

70

„Koreanische Essen sind oft scharf, doch japanische Speise ist nicht so scharf. Ich esse gern eine gute Küche."

Der Unterschied zwischen *Essen*, *Gerichte* und *Speisen* (und ebenso zwischen den Verben *essen* und *speisen*) besteht zunächst einmal im Register. Während *Essen* sowie *essen* ein mittleres Sprachniveau kennzeichnet, dagegen *Gerichte* ein etwas höheres, steht *Speisen* sowie *speisen* (mit Ausnahme der *Speisekarte*) eher für ein gehobenes sprachliches Niveau und wird auch nicht so oft verwendet. *Küche* kann als regionales Angebot oder regionale Auswahl von Essen / Gerichten verstanden werden. Bei *Gericht* denkt man außerdem oft daran, *wie* etwas zubereitet wird.
Außerdem gibt es grammatikalische Einschränkungen: *Essen* (ebenso wie *Küche* im Sinne von *Angebot*) kann nur im Singular verwendet werden. Es muss also immer *die Küche* und *das Essen* (analog zu *die Familie*, *die Kleidung*, *das Obst*, *das Gemüse*, *das*

Fleisch u. a.) heißen.

Wenn wir diese Einschränkungen beachten, muss unser Beispielsatz lauten:

„Koreanisches Essen ist oft scharf, doch japanische Gerichte (Speisen) sind nicht so scharf. Ich esse gern Gerichte aus (Ländern mit) einer guten Küche."

Weitere Beispiele:

„Bei ihrer luxuriösen Hochzeit gab es exquisite Speisen aus allen möglichen Ländern."

„*Falscher Hase* – was ist das für ein Gericht, und wie wird das zubereitet?"

„Die mediterrane Küche Italiens ist in Deutschland sehr beliebt."

„An Freitagen gibt es bei uns oft nur ein leichtes Essen."

71

„Ich habe mich mit ihm freundlich gemacht."

Der interessante Unterschied zu *Freund* besteht bei *freundlich* ja darin, dass wer freundlich ist, noch lange nicht jemandes Freund sein muss. Etwa die freundliche Verkäuferin, der freundliche Hausmeister usw., die wir ja trotz ihrer temporären Freundlichkeit deshalb nicht als unsere Freunde bezeichnen würden. Ursache ist sicher das englische *make friends*, das wir im Deutschen allerdings nicht mit *machen* übertragen können, sondern mit einem genuinen Verb: „Ich habe mich mit ihm angefreundet" oder „Wir haben uns angefreundet", was eine noch nicht so tiefe Freundschaft bedeutet, oder „Wir sind Freunde geworden", was auf eine etwas längere und schon etwas tiefere Freundschaft hindeutet.

72

„In 2019 war ich schon mal in Europa."

Klingt gut, ist aber leider Englisch. Immer mehr Journalisten schreibseln (schreibseln: gedankenloses Zeug schreiben) das nach, doch das sollte nicht sein. Stattdessen ganz einfach, ohne Präposition „2019 war ich in Europa" oder „Im Jahr 2019 war ich in Europa". Es geht auch „im Jahre 2019", wenn es etwas schwärmerisch oder gefühlsbetonter klingen soll. Die Jahreszahl (hier 2019) hat die Funktion eines Temporaladverbs, welche normalerweise mit, aber auch ohne Präposition gebraucht werden können: *letzte Woche, diesen Monat, nächstes Jahr* steht gleichbedeutend neben *in der letzten Woche, in diesem Monat, im nächsten Jahr*. Doch warum kompliziert, wenn es auch einfach geht? Übrigens stehen die meisten Temporaladverbien ebenso *ohne* Präposition: *gestern, heute, morgen; damals, früher, jetzt, bald, irgendwann*.

73

A: „Bitte nicht vergessen!" – B: „Okay, ich will es nicht vergessen!"

Eine solche Antwort wäre ungewöhnlich. Denn auf eine Forderung, erkennbar an dem Wort *bitte* in Erststellung, der eindeutigen Intonation und durch das „!" am Ende, antwortet man im positiven Fall mit einem Versprechen *(ich werde ...)*. Unser Beispiel müsste also heißen: „Bitte nicht vergessen! – Okay, ich werde es nicht vergessen!" Vermutlich ist der Grund auch hier das Englische, wo man „I will not forget it" antworten würde.

Bekannt ist natürlich die mehrfache Funktion von *werden*. Oft wird dabei behauptet, *werden* sei ein typisches Kennzeichen für das Tempus *Futur*. Doch das ist tatsächlich eher selten, denn Aussagen über die Zukunft werden meistens ohne *werden*, stattdessen jedoch mit Temporaladverb realisiert: „*Morgen* fahre ich nach Busan. Dort gibt es *am Abend* eine Party." Diese beiden Sätze wären mit Temporaladverb *(morgen; am Abend)* und *werden* redundant und deshalb unnatürlich. „Morgen werde ich nach Busan fahren."? Das ist unnatürliches Schulbuch-Deutsch.

Tatsächlich gebraucht man *werden* meist für Vermutungen, Prognosen oder Versprechen: „Er wird spät zur Party kommen." (Vermutung, Prognose) bzw. „Ich werde dich nie, nie vergessen." (Versprechen).

74

„Gestern habe ich den ganzen Tag in der Bibliothek studiert."

Studieren bedeutet, offiziell an der Universität registriert zu sein, diese Hochschule zu besuchen und dort in einem Fach umfangreiche Kenntnisse zu erwerben. Man sagt „ich habe Germanistik studiert" oder „ich studiere an der Korea Universität". *Studieren* bedeutet also, den Status einer Studentin / eines Studenten zu haben. Wenn man aber zu Hause oder in der Bibliothek über Büchern sitzt, sich auf eine Prüfung vorbereitet und sich etwas ins Gedächtnis packt, dann *lernt* man. Dieser Mensch hat also in der Bibliothek nicht studiert, sondern gelernt.

Liebe Studentinnen und Studenten: Immer wenn wir „gestern Abend habe ich studiert" hören, möchten wir weinen!

75

„Endlich hat sie ihre Tasche vergessen."

Klassiker! Dieser Fehler wird zwar ständig korrigiert, doch er wird wohl nie aussterben, vermutlich ist die Interferenz mit engl. *finally* die Ursache. Gemeint ist natürlich „schließlich", „am Ende" oder „zu guter Letzt", denn „endlich" bedeutet immer ein Warten auf etwas. Typische Beispiele wären also „endlich Ferien", „endlich haben wir uns wiedergesehen", „ich habe es endlich geschafft", also nur in Verbindung mit positiv konnotierten Ausdrücken.

76

„Deutschland ist ein schöner Staat."

Wie kann ein Staat sein? Demokratisch, föderalistisch, sozial, fortschrittlich …
Meist betrachten wir also einen Staat aus dem abstrakt-politischen Blickwinkel und beschreiben ihn nach objektiven Kriterien. Kann ein Staat schön, sympathisch, angenehm sein? Wohl eher nicht. Wenn es um das geht, was man konkret sehen, erfahren und erleben kann, also die Städte, Landschaften und ihre Bewohner, dann benutzen wir einfach „Land", also „Deutschland ist ein schönes Land". Bayern, Hessen, Nordrhein-Westfalen usw. nennen wir ein *Bundesland*, und kleinere Einheiten, z. B. das Ruhrgebiet, eine *Region*.

77

„Am Wochenende habe ich gespielt."

Bitte nicht! Wie oft hört man das, obwohl die koreanischen Deutschlerner immer wieder angefleht werden, das allzu offensichtlich daran schuldige 놀다 bitte nicht mit *spielen* zu übersetzen? *Spielen* kann sehr vieles bedeuten: Fußball oder eine andere Ballsportart spielen, ein Instrument spielen, ein Computerspiel spielen, ein Gesellschaftsspiel (z. B. Karten, Jegi, Yutnori) spielen, mit den Kindern spielen, Kinder spielen (lassen), Theater spielen und vieles mehr. Satzgrammatisch bedeutet das grob gesagt, nur Kinder spielen einfach so (weil sie so unkompliziert sind?), oder wir spielen mit ihnen, doch bei allen anderen Verbindungen mit *spielen* brauchen wir zwingend die Angabe, *was* wir spielen. Zu unserem Beispielsatz haben wir viele schöne Lösungsmöglichkeiten: „Ich hatte ein schönes / amüsantes / wunderbares Wochenende.", „Ich habe ein schönes Wochenende gehabt / verbracht.", „Ich habe am Wochenende nur gefaulenzt (und nicht gearbeitet).", oder ganz elegant „Ich habe es mir am Wochenende richtig gutgehen lassen." Um es noch einmal ganz plakativ zu sagen: „Am Wochenende habe ich gespielt." lässt einen deutschen Muttersprachler an einen Dreijährigen denken, der mit Lego spielt. Nur wenn man solche Assoziationen wachrufen möchte, aber auch nur dann, dann bitte sage oder schreibe man „am Wochenende gespielt".

78

„Es war mein lebenslänglicher Wunsch, auf die Universität zu gehen, dann habe ich es geschafft."

Was man nur aus dem Kontext weiß: Die Sprecherin hat die Aufnahmeprüfung erst vor ein paar Tagen bestanden. *Dann* in Verbindung mit einer Vergangenheitsform bezieht sich aber auf eine frühere Handlung, die durch *zuerst* o. ä. ausgedrückt wurde, wobei beide Handlungen inhaltlich eng miteinander verknüpft sind. Wenn wir in unserem Beispielsatz beide Teile als Vergangenheit ansehen, wäre es so richtig: „Es war mein lebenslänglicher Wunsch, auf die Universität zu gehen, und dann habe ich es (endlich) geschafft." Oder wir beziehen den zweiten Teil auf die Gegenwart bzw. die nahe Vergangenheit: „Es war mein lebenslänglicher Wunsch, auf die Universität zu gehen, und jetzt habe ich es (endlich) geschafft."

79

„Beim Sport habe ich viel geschwitzt, und so werde ich duschen."

Klingt so (=sehr) gut, versteht man so (=sehr) gut, ist aber leider falsch so (=auf diese Weise). Und man hört es so (=sehr) oft! Und man hört es oft so (=auf diese Weise)! Vielleicht weil es so (=auf diese Weise) wie im Englischen gebildet wird? Also, erklären wir es. Der obige Satz würde bedeuten:

„Beim Sport habe ich viel geschwitzt, und so, wie ich bin, (so) durchgeschwitzt, (so) voller Schweiß, (so) werde ich duschen." *So* bedeutet hier (und in den meisten anderen Fällen) *auf diese Weise, in solchem Maße* oder *derart/derartig/sehr.* (Manchmal auch *folgendermaßen* oder *ohne Bedingungen.*)

Doch gemeint war es offensichtlich ganz anders. Und zwar so (=auf diese Weise):

„Beim Sport habe ich viel geschwitzt. Jetzt bin ich voller Schweiß. Ich muss duschen." Wir erkennen, dass eine kausale Konjunktion sinnvoll ist, al~so benutzen wir in diesem Beispiel *deshalb* oder *also.* Deshalb lautet unser Beispielsatz jetzt so:

„Beim Sport habe ich viel geschwitzt, (und) deshalb werde ich duschen." Oder so:

„Beim Sport habe ich viel geschwitzt, also werde ich duschen."

80

„Ich war krank. So weiß ich nicht, was wir im Unterricht gemacht haben."

So klingt Englisch! Doch im Deutschen sagen wir *also* oder noch besser *deshalb*:

„Ich war krank. Deshalb (*nicht ganz so gut*: Also) weiß ich nicht, was wir im Unterricht gemacht haben." Mit *also* klingt der zweite Satz eher wie eine Selbstreflexion, und mit *deshalb* handelt es sich um eine richtige Begründung.

81

„Ich habe die Aufnahmeprüfung bestanden und hoffe, dass dir das gefällt."

Dieser Satz klingt doch gar nicht so falsch, oder? Stimmt, und als Anfänger sollten wir damit zufrieden sein, doch auf den zweiten Blick merken wir sicher, dass meist andere Dinge gefallen: Kunst, Musik, Architektur, ein Mensch, … also Dinge, die wir ästhetisch („schön") finden. Doch in Sätzen wie oben wird *gefallen* eher selten verwendet. (Auch wenn wir Freude oder Schadenfreude empfinden, können wir im abstrakten Sinn „das gefällt mir" sagen, doch wir tun das nicht bei so etwas wie das *Bestehen der Aufnahmeprüfung.*) Vermutlich handelt es sich hier um Interferenz mit 마

음에 들다. Im Deutschen müssen wir das anders machen, am besten sagen wir „… und hoffe, dass du dich (darüber / mit mir) freust". Elegant wäre auch noch „… und hoffe, dass du froh/glücklich darüber bist".

82

„Der Weg auf den Berg war beim ersten Mal flach, doch später wurde er steiler."

Dies würde normalerweise bedeuten: Als ich zum ersten Mal auf den Berg ging, war der Berg (oder empfand ich ihn) nicht so steil wie beim zweiten oder dritten Mal, als ich dort später ging. (Vielleicht war ich *beim zweiten Mal* zehn Jahre älter und beim dritten Mal schon zwanzig Jahre älter, und der Weg wurde deshalb immer anstrengender?) Wir erkennen, dass beim ersten Mal rein temporal gemeint ist! Doch offensichtlich war etwas ganz anderes gemeint, und zwar *zu Beginn* oder *am Anfang* (hier: des Weges). Deshalb müssen wir sagen:
„Der Weg auf den Berg war zuerst / zu Beginn / am Anfang flach, doch später wurde er steiler."
Zuerst, zu Beginn und *am Anfang* können dabei sowohl zeitlich als auch räumlich verstanden werden:
„Der Weg auf den Berg war zuerst / zu Beginn / am Anfang (=während der ersten zwei Stunden) flach, doch später (=nach den ersten Stunden) wurde er steiler."
(zeitlich)
„Der Weg auf den Berg war zuerst / zu Beginn / am Anfang (=während der ersten Kilometer) flach, doch später (=nach den ersten Kilometern) wurde er steiler."
(räumlich)

83

„Was denken die deutschen Leute über Korea?"

Es gibt keine deutschen Leute. Es gibt Deutsche, oder es gibt Leute / Menschen in Deutschland, also die Deutschen inklusive der Immigranten. Wichtig ist, dass wir alle Adjektive vor *Mensch / Leute / Bürger* normalerweise substantivieren (siehe Eintrag

61):

„Die ~~deutschen Leute~~ Deutschen wissen wenig über die ~~koreanischen Menschen~~ Koreaner."

„Die ~~ehrlichen Menschen~~ Ehrlichen werden am Ende belohnt.

„Ein ~~deutscher Mann~~ Deutscher, ein ~~amerikanischer Mann~~ Amerikaner und ein ~~russischer Mann~~ Russe ..." (typischer Anfang eines Witzes)

84

„Es geht mir gut, nur vermisse ich dich und die andere Familie."

Dies klingt hier so, als ob es noch eine zweite Familie gäbe, etwa auch noch Schwiegereltern oder Stiefmutter, Stiefvater usw. Dies ist aber nicht so, und da sich das *andere* ziemlich negativ anhören kann (etwa so: diese andere Familie da, die ich normalerweise nicht so mag), müssen wir es klarer formulieren: „Ich vermisse dich und den Rest der Familie." oder „Ich vermisse dich und alle anderen (aus der Familie)." Denn natürlich wollte sie schreiben, dass sie nicht nur die Mutter vermisst, sondern auch den Vater und ihre Geschwister, die Großeltern, die Hauskatze usw.

85

„Sie sieht nicht gut aus, als sie auf ihren Freund wartet."

Natürlich ist es möglich, dass sie unvorteilhaft aussieht, dass man in diesem Moment nicht ihre Schokoladenseite sehen kann. Doch in der zugrunde liegenden Situation drückt ihr Gesicht Traurigkeit aus. Wir müssten also sagen: „Sie sieht unglücklich / bedrückt / traurig aus." Wenn wir die Szene als Ganzes deuten wollen, könnten wir sogar sagen: „Es (die Situation) sieht nicht gut (für sie) aus." Doch das wäre dann schon eine Interpretation.

86

„Ich hatte einige Probleme mit den Vermietern. Sowieso bin ich

eingezogen."

Sowieso bedeutet, dass die Umstände egal sind, dass etwas unabhängig von anderen Dingen passiert. Beispiel: „Kein Problem, wenn du mich nicht besuchen kannst, ich hätte sowieso keine Zeit." (Auch wenn du mich besuchen könntest, hätte ich keine Zeit, es würde nichts ändern.) Doch unser Beispiel meint eigentlich das Gegenteil: Nach langem Hin und Her, nach einigen Schwierigkeiten (es schien überhaupt nicht egal zu sein!) hat man etwas trotzdem getan. Dies klingt im Deutschen ähnlich wie *sowieso*, hat aber eine komplett andere Bedeutung: „So oder so, am Ende bin ich eingezogen.", oder: „Sei es wie es sei, ich bin eingezogen.", oder: Wie es / Wie dem auch sei, ich bin eingezogen."

Zum Beweis dafür, wie wichtig Intonation und graphische Hervorhebung sein können, eine Scherzfrage, bei der die Betonung wichtig ist: Was ist konsequent? <u>Heute</u> so, und <u>morgen</u> so. Und was ist inkonsequent? Heute <u>so</u>, und morgen <u>so</u>.

87

„Ich kann alle negativen Meinungen vermeiden, und dann wird alles wieder besser."

Vermeiden bedeutet bewusst so handeln, damit etwas Unerwünschtes nicht passiert. Man kann also nur vermeiden, oder zumindest es versuchen, worauf man selbst teilweise Einfluss nehmen kann: einen Unfall, indem man vorsichtig fährt; einen Stau, indem man nicht Auto fährt; Armut im Alter, indem man für später sorgt; die eigene Unwissenheit, indem man sich bildet usw. Dann gibt es wiederum Dinge, die man zwar nicht vermeiden kann, weil sie ja doch existieren, doch bei denen man vielleicht versuchen kann, ihnen aus dem Weg zu gehen. Dann meiden wir andere Menschen oder bestimmte erwartbare Situationen. Doch einige Dinge kann man kaum meiden oder vermeiden: das Wetter, Naturkatastrophen, die Zukunft, plötzliche und unerwartete Situationen, die Meinungen anderer über einen selbst usw. Einige Dinge dagegen kann man nur ignorieren oder nicht ignorieren, also auf sie achten oder nicht: Meinungen, Warnungen, Drohungen usw.

88

„In letzter Zeit habe ich ein paar Affären erlebt, zum Beispiel die Schwierigkeiten beim Umzug oder die unfreundliche Frau auf der Straße."

Affäre (oder Affaire) bedeutet meistens eine kurzzeitige, verborgene, evtl. außereheliche Liebesgeschichte, dazu als Nebenbedeutung ein politischer Skandal. Hier ist wohl der falsche Freund *affaire / affair* die Ursache, und dementsprechend müssen wir schreiben (der Kontext macht es klar): „Aber ich habe doch ein paar komische Geschichten / seltsame Dinge erlebt." Oder noch etwas eleganter: „Ich habe doch ein paar komische Begebenheiten erlebt."

89

„In dieser Kneipe können Sie ein gutes Bier genießen."

Nun ja. Die Werbung ist uns jahrzehntelang damit auf die Nerven gegangen, was wir alles *genießen* sollen: Bier, Käse, Schokoriegel, Zigaretten und so weiter. Die Ausdrücke *genießen* und *Genuss* haben sehr unter diesem inflationären Gebrauch gelitten, so dass sie heute in Verbindung mit Lebensmitteln kraftlos und lächerlich wirken. Außerdem, was kann man mit einem Bier sonst noch tun, außer es zu trinken? Baden oder duschen? Man benutzt *genießen* und *Genuss* heute nur noch in Verbindung mit *Wochenende, Freizeit, Urlaub* usw., also meist im Sinne von *das Beste aus einer Sache (einem Zeitabschnitt) machen*. Wenn wir uns dagegen wirklich auf ein Lebensmittel beziehen, sagen wir lieber ganz einfach: *ein gutes Bier trinken* oder *probieren*. Oder umgangssprachlich: *ein Bier zischen, sich einen* (gemeint ist: Schluck) *hinter die Binde kippen* (und hundert weitere Ausdrücke). Oder etwas eleganter: *sich auf ein Bier freuen, sich ein Bier gönnen, sich ein Bier schmecken lassen*.

90

A: „Das ist eine gute Idee." – B: „Ja, ich denke auch so."

Auch hier ist das Englische vermutlich die Ursache, und zwar „I think so". Doch wenn wir jemandem erklären möchten, dass wir eine ganz ähnliche Meinung haben, können wir einfach sagen: „Das denke ich auch." Wenn wir eher die Denkweise betonen wollen, sagen wir „Ich denke genauso." Es handelt sich also um einen Vergleich. Geht es nicht um einen Vergleich, können wir sagen „Ich denke, dass...". Und nur wenn *auf diese Weise* gemeint ist, sollten wir *so* benutzen: „Bitte Wörter immer im Kontext lernen. So (auf diese Weise) lernt man viel effektiver."

91

„Hier habe ich schon viele Freunde kennengelernt."

Ein Klassiker im Deutschunterricht! Hierbei handelt es sich eigentlich um einen Logikfehler: Kennenlernen kann man nur, was man vorher noch nicht kannte, und ebenso bei Menschen. Wenn man den Ausdruck „Freunde" gebrauchen will, könnte man einfach sagen, „hier habe ich schon viele Freunde gefunden", oder noch etwas eleganter, „hier habe ich schon viele Freundschaften geschlossen". Nicht möglich ist „… viele Freunde gemacht", denn das gibt es nur im Englischen und ist ein *falscher Freund!*
Wenn man „kennenlernen" benutzen möchte, gibt es folgende Möglichkeiten: „Ich habe hier schon viele nette Leute kennengelernt." In der Tat „Leute", und nicht „Menschen", was zu vornehm klingen würde. Oder: „Hier habe ich viele spätere Freunde kennengelernt." Oder etwas umständlicher: „Ich habe hier Mark und Reza kennengelernt, die meine Freunde geworden sind." Jaja, im Deutschen ist oder wird man nicht so schnell jemandes Freund, das kann ein bisschen dauern. Und genau dies drückt das „werden" aus. Vom relativ inflationär gebrauchten „friend" oder „친구" ist der deutsche „Freund" damit weit entfernt. Ein Freund ist im Deutschen jemand, den man wirklich schon recht lange und gut kennt. Alles andere, also etwa eine Person, die man noch nicht so gut kennt, wäre ein „Bekannter" oder eine „Bekannte".

92

„Meine liebe Mama, es ist Jojo."

Würde man am alten Haustelefon oder vor der Tür noch sagen „ich bin's, Jojo", um das Erkennen zu sichern, ergibt das zu Beginn des Briefes jedoch keinen Sinn, da der Empfänger sofort weiß, von wem der Brief (oder die Mail) ist. Es gibt hier nur die Möglichkeit des Weglassens, also schlicht „Meine liebe Mama".

93

[Gespräch unter Studenten auf dem Campus]
„Hallo, mein Name ist Kim Minsu, und wie heißen Sie?"

Der Nachname ist in Deutschland nur von Interesse auf der Bank, auf Ämtern, für Dokumente, und in vergleichbaren Situationen. Manchmal hat man stattdessen Bekannte, deren Nachnamen man gar nicht kennt! Wozu auch? An der Uni, im Sportverein, in der Kneipe und unter jungen Leuten gilt generell „du"! Wer unter Studenten „Sie" benutzt, signalisiert dadurch: „Sie sind aber alt!" Ein „du" transportiert Nähe und Gleichheit, ein „Sie" dagegen klingt nach Distanz und schlimmstenfalls nach Überheblichkeit. Ein Kuriosum nebenbei: In den bayrischen und österreichischen Alpen gilt sogar der Grundsatz: Über 1.000 Höhenmetern gibt es nur noch „du". Wer irrtümlich siezt, wird sofort korrigiert: „Hier gibt's kein *Sie!* Wir sagen alle *du* zueinander! Ich bin die Theresa. Und du?" Vermutlich möchte man durch diese sprachliche Nähe erreichen, dass man sich in der Gefahr hilft, anstatt zu denken, die oder den kenne ich nicht, also helfe ich auch nicht.

94

„Ich komme heute etwas später, weil ich noch ins Krankenhaus muss."

Wer in Deutschland ins Krankenhaus geht, kommt später wahrscheinlich nicht mehr zu uns. Denn ins Krankenhaus zu gehen bedeutet meist, wegen einer ziemlich ernsthaften Sache ein paar Tage dort bleiben zu müssen. Unter *Krankenhaus* (Österreich: *Hospital*) versteht man demnach auch meistens einen allgemeinen, ziemlich großen Komplex mit allen möglichen medizinischen Bereichen, wenn es nicht eine Spezialklinik, z. B. eine Augenklinik ist. Das bedeutet, wenn man auf Deutsch „Krankenhaus" hört, denkt man meist an *dort bleiben müssen, längere Behandlung, Operation* oder im schlimmsten Fall sogar an *Unfallopfer*.
Alles andere, z. B. bei einer kleineren, spezialisierten Praxis, etwa ein Internist, eine Frauenärztin, eine Orthopädin, nennt man eine *Arztpraxis* oder einfach nur eine *Praxis*, man geht also normalerweise nicht *ins Krankenhaus*, sondern einfach nur *zum Arzt*. Wenn man also möchte, dass sich der deutsche Gesprächspartner keine großen

Sorgen macht, sage man bitte: „… weil ich noch zum Arzt (gehen) muss."

95

„Professor, können Sie das bitte wiederholen?"

Professor? Oh, wohl zu viel dieser Ehre. Der *Professor* oder die *Professorin* (in der deutschen Sprache) ist ein akademischer Titel, der meist eine unbefristete Vollzeitstelle mit speziellen Pflichten an der Universität bezeichnet. Gegenwärtig gibt es beispielsweise an der Korea Universität vier Professoren. Alle anderen sollte man besser *Dozenten* nennen, wenn man über sie spricht. Wenn man diese Personen anspricht, würde man in Deutschland eben nur diese echten Professoren mit diesem Titel plus ihrem Namen nennen, also etwa *Professor Müller* oder *Frau Professor Müller*. Wer einen Doktorgrad hat, kann mit *Doktor Maier* bzw. *Frau Doktor Maier* angesprochen werden. Dozenten ohne Doktorgrad spricht man üblicherweise mit ihrem Nachnamen an, also *Herr Gärber*. Nur in Österreich ist es etwas anders; dort spricht man manchmal jemanden mit „Doktor" an, auch wenn diese Person keinen Doktortitel hat, aber vielleicht ziemlich seriös wirkt. Das ist dann Schmeichelei.

96

„Ich liebe Ddeokbokgi."

Egal ob 떡볶이 (Ddeokbokgi), 김치찌개 (Kimchijjigae), 동대문 (Dongdaemun), 청계천 (Cheongyecheon) usw: Man kann diese Benennungen nicht übersetzen, man kann sie nur erklären! Und wenn wir wissen, dass der Leser, z. B. der deutsche Lehrer oder TestDaF-Prüfer, nicht weiß, was das ist, sollten wir genau das tun. Dazu empfiehlt es sich, das koreanische Wort in der deutschen Umschrift *kursiv* zu setzen, quasi als Aufmerksamkeitssignal: Vorsicht, jetzt kommt ein spezielles Wort, und ich werde es erklären! Beim Sprechen kann man stattdessen die Stimme etwas heben oder senken. Beispiele:
„Ich liebe *Ddeokbokgi*, (also) koreanischen Reiskuchen mit scharfer Soße."
„Wie viel kostet ein *Gimbap*, eine koreanische Reisrolle?"
„Gestern war ich am *Cheongyecheon*, dem künstlichen Flüsschen inmitten Seoul,

spazieren."

97

„Er war so nett und stellte uns die Falafel vor."

Eine Person stellt man anderen Menschen vor, doch wie ist es bei Dingen? Ein Gericht (Falafel) als Produkt, dessen Vor- und Nachteile man darstellt? Das hört sich komisch an. Wir müssen stattdessen sagen: „Er war so nett und erklärte uns, was Falafel ist." Oder: „Er war so nett und empfahl uns die Falafel (die Spezialität in dem Restaurant)." Oder ganz simpel: „Er war so nett und zeigte uns die Falafel in dem Restaurant."

98

„Wenn sie das Geschenk nehmen würde, könnte er ihre Meinung missverstehen."

Eine Meinung ist ein subjektiver, rational begründeter Standpunkt. Da es hier jedoch nicht um eine Meinung, sondern um Emotionen wie Überraschung und Verunsicherung geht, und da es eher um das Interpretieren und das Deuten als das rationale Verstehen geht, sollte es richtigerweise heißen: „Wenn sie das Geschenk annehmen würde, könnte er ihre Gefühle missdeuten / falsch deuten / falsch interpretieren."